Walter Dirks · Der singende Stotterer

Walter Dirks

Der singende Stotterer

Autobiographische Texte

Mit einem Vorwort von Fritz Boll

Kösel-Verlag München

CIP-Kurztitelaufnahme der Deutschen Bibliothek

Dirks, Walter:
Der singende Stotterer: autobiograph. Texte / Walter
Dirks. Mit e. Vorw. von Fritz Boll. – München: Kösel,
1983.
  ISBN 3-466-20239-6

ISBN 3-466-20239-6
© 1983 by Kösel-Verlag GmbH & Co., München
Printed in Germany. Alle Rechte vorbehalten
Gesamtherstellung: Kösel, Kempten
Umschlag: Günther Oberhauser, München

Inhalt

Ein Rollenspieler 11 – Zwischen der Schule und dem
Elternhaus 12 – Katholisch erzogen 14 – In der Jugendbewegung 16 – Zwischen religiösem Humanismus und
gläubigem Sozialismus 17 – Zwischen katholischer Kirche
und säkularer Gesellschaft 18 – Unsere heroische Periode
21 – Bitterer Geschmack der »inneren Emigration« 23
– Der schwerste Irrtum meines Lebens 25 – Den Roten zu
schwarz – den Schwarzen zu rot 27 – Erfahrungen aus den
Teamarbeiten 28 – Voller Sorge, nicht ohne Hoffnung 31
– Ein Katholik sucht ein Christ zu werden 32 – Dankbar
34

Vom Stottern zum Singen 37 – Befreiung 40 – Ein
Weltverbesserer 43 – Ein Verdacht, der beunruhigt 45
– Dank und Buße 47

Der Knabe, seine Träume und das Milieu 49 – Spiele, die
man nicht allein spielt 53 – Eltern und Großvater 55 – Die
Trübung der Kindheit 57 – Im Schatten des Clara-Stiftes
59

Vorwort

Einen Mann des Friedens und der konstruktiven Utopie – so nannte ein Freund den damals 80jährigen Walter Dirks. Der singende Stotterer, so bezeichnet der jetzt 82jährige sich selbst. Ist das der bekannte Widerspruch zwischen Fremdbild und Selbstbild, den nur fachkundige Seelenforscher aufzulösen vermögen? Der Leser mag selbst entscheiden, es ist nicht Sache eines Vorwortes, Deutungen vorwegzunehmen. Zudem zwingt ein Mann, der immer »den Schwarzen zu rot und den Roten zu schwarz« erschien, der mit unbestechlichem Denken sich einmischte (und damit ein schlichtes Zeitwort zur ehrenden Definition der Journalisten- und Publizistenzunft machte), zur eigenen Stellungnahme.

Wenn also dem Urteil und der Deutung des Lesers nicht vorgegriffen werden soll, so bleibt nur die persönliche Einschätzung dessen, der an der Entstehung und Sammlung der autobiographischen Texte mitgewirkt hat: zuhörend, manchmal kritisch, meist zustimmend. Wenn ein Mann, der seinen Beruf darin sieht, »die großen Themen des Menschen und der Zeit in eigener Wahl und Bestimmung abzuhandeln«, solche autobiographischen Texte schreibt, so steht dahinter sicherlich das vitale Bedürfnis, sich mit dem eigenen Leben auseinanderzusetzen, sich selbst gegenüber Rechenschaft abzulegen, Bilanz zu ziehen. Als Walter Dirks seinen 80. Geburtstag feierte, versuchten Freunde, junge und alte, Antworten zu geben auf die Dirkssche Frage »Wird es denn überhaupt gehen?« Jetzt versucht er, sich selbst zu antworten. Dies geschieht erzählend, in der Ich-Form, nicht hinter vermeintlich objektiven Formeln versteckt. Es hat wenig mit nostalgischen Gefühlen zu tun, wenn daran zu erinnern ist, daß Erzählen die Grundform aller Mitteilung ist: kaum beginnen unsere Kinder zu verstehen, erzählen wir ihnen Geschichten, und von den Eltern und Älteren hoffen wir, ihre ganze Geschichte zu hören, ehe sie von uns gehen. Es passiert viel beim Erzählen – der Zuhörer wird in Erfahrungen verwickelt (der Verlust an mitteilbarer Erfahrung wäre der Verlust der eigenen Geschichte), grenzt sich ab, setzt sich auseinander, gewinnt ein Stück der eigenen Identität. Walter Dirks wird mir verzeihen, wenn ich sein persönliches Bedürfnis, erzählend zu bilanzieren, in eine egoistische Forderung ummünze: ich brauche die Erfahrungen des alten Mannes, der ein Jahrhundert erlebt und erlitten hat. Seine autobiographischen Texte sind nicht nur Umgang mit ihm, sondern auch mit mir selbst.

Als die Texte abgeschlossen waren, mit dem Verlag der Titel abzusprechen war, da gab es bei kritischen Gesprächspartnern Widerspruch zum schließlich gewählten: Der singende Stotterer – das ist doch nicht der ganze Walter Dirks, doch höchstens nur ein Aspekt seiner Persönlichkeit! Und steckt nicht auch ein Stück Koketterie in diesem Titel, eine Bescheidenheit, die auch zu entlarven wäre? Gegenrede und Begründung müssen in einer Deutung bestehen, in einer persönlichen freilich. Für mich ist »Der singende Stotterer« ein Symbol für die Befindlichkeit vieler wacher Zeitgenossen. Daß wir in einer tödlich ernsten geschichtlichen Situation leben, ist nicht mehr nur die Einsicht von Kulturpessimisten. Viele stellen angesichts der Bedrohungen die Brecht'sche Frage »vor allem: wie handelt man?«, geraten bei Antwortversuchen ins Stottern, singen gegen die eigene Angst an; manche packt die »Lust am Widerruf« als Folge ihrer Ohnmachtsgefühle. Dagegen steht die Solidarität der singenden Stotterer, – Walter Dirks mitten drin. In seiner Sicht läßt sich diese Solidarität auch theologisch-konkret ausdrücken: »Das Reich Gottes auf Erden, das ist, wenn wir Kranken einander heilen, wenn wir Sünder einander verzeihen, wenn wir Dummen einander lehren, wenn wir Schwachen einander stärken«. Und schließlich ist er einer von denen, die immer noch den Traum vom guten Staat träumen: »Wäre es Zeit, vom Schlafe und aus billiger Wachheit aufzustehen? Mindestens ist es Zeit, auch vom Wachtraum aufzustehen und etwas zu richten, was seiner Erfüllung dient, irgend etwas, sei es groß oder klein.«

Fritz Boll

10

Anstelle einer Biographie

Zwischen den Fronten

Ich habe über mein Leben zu berichten, über Etappen und Entwicklungen, Positionen und Meinungen. Wie alle Lebenden meines Geburtsjahrgangs 1901 habe ich ein Stück Frieden nach der Jahrhundertwende, den Ersten Weltkrieg, die Weimarer Republik, den Nationalsozialismus und den Zweiten Weltkrieg erlebt, zwei Inflationen, eine Restauration und ein Konzil. Mein älterer Bruder ist 1923 von einem betrunkenen Franzosen erschossen worden, mein jüngerer beim Rückzug vom Kaukasus jämmerlich umgekommen. Ich habe überlebt. Da ist allerhand zu erzählen, über vieles Rechenschaft abzulegen.

Ein Rollenspieler

Der früheren Gewohnheit meiner Generation folgend, zitiere ich Goethe, wenn auch nur einen Buchtitel: »Dichtung und Wahrheit«. Der alte Schlaukopf wußte genau, daß keiner die Wahrheit über sich selber zu berichten vermag; er kann es schon deshalb nicht, weil er sie nicht kennt, nicht kennen kann, und so koppelte er das Wort »Dichtung« an die »Wahrheit« und war salviert. Mit Dichtung kann ich meine Wahrheit nicht inszenieren, ich bin kein Dichter. Ich möchte den Versuch, bei der Wahrheit zu bleiben, mit einem anderen Begriff verkoppeln: dem der Rolle. Der Mensch ist ein Rollenspieler. Er spielt meist mehrere, deren Autoren er selbst, seine Lebenspartner und Gegner – alle anderen sind, deren Erwartungen er einigermaßen entsprechen muß.

Es ist keineswegs gesagt, daß er lügen oder posieren müßte: seine Wahrheit geht auch in seine Rollen ein, und er hat das, was er nach ihren Stichworten ist und tut und sagt, genau so zu verantworten wie seine wirkliche Wahrheit; die aber erfassen sogar er selbst und seine Frau nicht als einen Zusammenhang eindeutiger Feststellungen, sondern eher ahnend oder wie im Licht eines Blitzes. Ganz kennt sie nur Gott – falls es ihn gibt –, was ich allen Anfechtungen zum Trotz immer noch glaube. Dies zur Warnung an meine Leser, und zur eigenen Absicherung. Literarisch handelt es sich, da sich 55 Jahre bewußten Lebens nicht in wenigen Seiten wiedergeben lassen, um ein Arrangement. Sein Leitmotiv: Zwischen den Fronten.

Zwischen der Schule und dem Elternhaus

Unter anderem zwischen der Schule und dem Elternhaus. Die Penne hieß »Königliches Gymnasium«. Es war eine für die wachsende Minderheit der Dortmunder Katholiken gegründete schwarzweißrote Schule, die durch die Revolution 1918 – ich war in der Unterprima – in einige Verlegenheit geriet. Mein Großvater aber, Wirt und Bäcker und Bauernsohn, geboren 1825, war, um in der Sprache von damals zu reden, ein »aufrechter Katholik« und ein Mann »von echtem Schrot und Korn«. Er und meine Mutter gaben mir Hinweise, die auf das Gegenteil dessen hinausliefen, was ich in der Schule lernte. Bismarck und die protestantischen Kaiser waren für einen Katholiken, den den Kulturkampf mitgekämpft hatte, keine moralische Autorität. Westfalen hatte es nie besser gehabt als unter Jérome, und der Kaiser hatte durch seinen Code Napoleon und seine Straßen den Bauern der Grafschaft Mark und der Soester-Börde Gutes getan. Meine Mutter berichtete entrüstet über die Germanisierungspolitik in Posen – sie war in Fürsorgeangelegenheiten mehr als einmal bei den preußischen Polen gewesen. Sie lehrte mich, nicht nur die polnischen Mitschüler, sondern auch die jüdischen Nachbarn zu achten.

Meine Mutter engagierte sich herzhaft und praktisch in der sozialen Arbeit unter Proletariern, die damals noch zwölf Stunden am Tag arbeiteten. Sie konnte einem betrunkenen Arbeiter, der seine Frau schlug, handgreiflich in den Arm fallen, aber sie lehrte mich auch, den Schnapsgenuß zwar zu bekämpfen, aber als Notentspannung gelten zu lassen. Sie wußte immer Rat und Hilfe; oft lebten monatelang verlassene Kinder oder Mädchen bei uns im Haus.

Der Grund, warum ich dies alles erzähle: Sie merken, daß ich zwar links bin, aber ein Konservativer: ich hab's von meinen Eltern.

Zwischen den Fronten stand ich auch in der Schule selbst: Unser Deutschunterricht ging nie über Uhland hinaus, im Lateinischen und Griechischen dominierte die Grammatik, und so waren mein Klassenfreund und ich genötigt, Flaubert und Stendhal, aber auch Plato auf eigene Rechnung und Gefahr zu lesen: zwei Schüler zwischen der Penne und der Literatur. Dem Religionslehrer verdanken wir allerdings viel, und der Direktor hat meine musikalische Praxis gefördert. Neben der Schule führten jener Freund und ich ein intensives Musikleben, dazu erwanderten wir uns das Sauerland und wurden in manchem Bauernhof heimisch. Alles in allem aber war die Schule eine Mauer, gegen die wir unsere Bälle warfen: indem der Ball zwischen uns und der Mauer hin- und herflog, wurden wir nicht nur trotz der Schule, sondern auch durch sie gebildet. Ein Trost, scheint mir, für Schüler, die sich über eine schlechte Schule zu ärgern Grund haben: man kann sich in ihr auch gegen sie bilden.

Der Weltkrieg bedeutete uns nicht viel. Der Stadtplan von Paris hing nicht im Zimmer meines Freundes, weil wir die Stadt erobern wollten, sondern damit wir die Straßennamen in den unzähligen Balzac-Romanen aufsuchen konnten. Der entscheidende Einschnitt war der Winter 17/18. In ihm ging im Hunger und in der Erkenntnis der kommenden Niederlage die wilhelminische Zeit zu Ende. Ich wurde 17 Jahre alt, als die Bücher im Bücherschrank des Vaters mit einemmal nicht mehr stimmten. Mit 17 Jahren hat man schon viel gelesen: so hat mein Jahrgang im Grunde das 19. Jahrhundert noch original kennengelernt, gefiltert durch die Literatur und Stimmung der Vorkriegsjahre. Noch jetzt unterscheidet mich diese Nähe zum 19. Jahrhundert von den allermeisten Gesprächspartnern. Deshalb mache ich darauf aufmerksam. In ein paar Jahren werden wir ausgestorben sein.

Katholisch erzogen

Ich wurde in der Schule und zu Hause katholisch erzogen. Glaubenszweifel hatte ich nicht. Aber auch der Darwinismus galt mir als unbezweifelbare Wahrheit, und im Grunde war ich als Obersekundaner ein Teilhardianer vor Teilhard: es war mir selbstverständlich, daß Darwin ein Stück göttlicher Schöpfung und Strategie entdeckt hatte. Ich wunderte mich, daß ich auf der Kanzel nichts davon hörte. Diese Erkenntnis war wohl der erste Ansatz der Kritik an der Kirche; sie mogelte sich offenbar durch Schweigen oder halbe Zugeständnisse um eine Wahrheit herum, die mir völlig einleuchtend war und keine Schwierigkeiten machte, im Gegenteil: sie steigerte die Ehrfurcht vor dem Schöpfer. Daß dieselbe Kirche mir in meinen Pubertätsnöten unnötige Lasten auferlegte, habe ich erst viel später begriffen – damals nahm ich es hin, d. h. ich nahm die Schuld auf mich. Der erwähnte Religionslehrer hatte immerhin Galileis Partei ergriffen, und er hat mir im Rahmen der Neuscholastik eine tiefe Beziehung zur Eucharistie vermittelt. Er hatte Pius X. in diesem Punkt verstanden, deutete aber seine Reserven gegen denselben Papst an, wenn er vom Antimodernisteneid sprach. Der Rationalismus der Neuscholastik war meinen Eltern etwas suspekt. Eine Lehrerin gab mir zusätzlich privat Kommunionunterricht. Ihre mystische Eucharistieverehrung war ebenso wie der Unterricht in der Schule, der philosophisch das Absolute allzu direkt ins Spiel brachte, überspitzt, und ich habe mich beiden gegenüber später sehr ernüchtern müssen, aber dem ungewollten Zusammenwirken jenes Geistlichen und dieser Frau verdanke ich eine Erfahrung, die mich noch heute stärkt, nährt und tröstet.

Ich weiß heute, daß wie der Sabbat, so auch das Abendmahl für den Menschen da ist; ich weiß, daß es uns von unserem Seelenerlebnis weg in und durch Christus an den Nebenmenschen und an den Vater verweist; ich nehme es gelegentlich auch in Gemeinschaft mit evangelischen Christen und also in einem anderen Kontext als in dem meiner Kindheit, aber mein Dank für jene beiden frommen Bürger und Zeugen ist nicht geringer geworden; ihr Glaube war echt, und so trug er auch mich.

Es sind überhaupt im Grunde einige überzeugend fromme Menschen gewesen, welche die immer schwerer werdenden Einwände erst gegen die katholische Schultheologie, dann gegen das ganze System als Gegengewicht aufwogen.

Alles in allem war die Kindheit kein Paradies. Die Schule war lästig, der Kontakt mit Gleichaltrigen gering, jenen Klassenkameraden ausgenommen. Der Vater hatte die gleichen Herzkrankheiten, die ich zur Zeit auch einübe; die Mutter war durch ihr leidenschaftliches soziales Engagement zwar verehrungswürdig, aber oft abwesend – und das Schlimmste: ich stotterte.

Aber 1920 war das Gymnasium vorbei.

Sieben Semester Theologie. Das Ergebnis: einige Kenntnisse, wachsende innerkirchliche Kritik, gute Freunde, die Erinnerung an den Alttestamentler Norbert Peters und seine drastisch ausgesprochenen Proteste gegen die lehramtliche Bevormundung in Bibelfragen und an den Direktor des Paderborner Leoninums, den gebildeten und feinsinnigen Paul Simon. Ich durfte ihm zuweilen Klavier vorspielen, ein mäßiger David vor dem verehrten König. Paul Simon, Theodor Abele, Hermann Platz: das ist schon ein Element einer neuen entscheidenden Lebensphase: der Jugendbewegung. Die genannten Männer brachten aus Frankreich die liturgische Bewegung mit, verminderten durch die Intensität und die Art ihrer Bildung den Kontrast zwischen meinem eigenen Bewußtsein und der katholischen Enge. Auch Karl Muth lernte ich damals kennen.

In der Jugendbewegung

Der erste Anstoß zur Jugendbewegung selbst kam allerdings von anderswo: aus dem Wandervogel. Das ist ein Anlaß zu einer allgemeinen Bemerkung zur Person: Gegengewicht gegen die Rationalität und Aktivität des politisch und intellektuell engagierten jungen Menschen und älter werdenden Journalisten waren in wechselnder Dichte, aber im Grunde jederzeit die Erfahrung der Natur – Wandern, Bergwandern, Bergsteigen bis zu mittleren Schwierigkeitsgraden, geographisches und vor allem geomorphologisches Interesse – und zweitens die Musik. Ich liebte sie und trieb sie mit Eifer. Ich nehme vorweg, daß in der Nazizeit die Musikkritik als wichtigster Teil meiner Feuilletonarbeit in der alten »Frankfurter Zeitung« die verhältnismäßig neutrale Insel war, auf der ich ziemlich lange im Beruf mein Brot verdienen konnte.

Wandern und Musik: das war auch im katholischen Quickborn Inhalt des Gruppen- und Bundeslebens. Burg Rothenfels wurde die unvergeßliche Mitte. Meine Stunde schlug, als ich auf dem dritten deutschen Quickborntag 1921 als Zwanzigjähriger gegen die priesterliche Führung und gegen die Mehrheit des Bundes in stürmischen und zähen Debatten und Verhandlungen als Sprecher der Westfalen und verbündeter Gaue durchsetzte, daß wir Studierenden auch Werktätige in unseren Gruppen behalten und in sie aufnehmen durften, ein Sieg nicht über die Tradition und das verbriefte Gesetz, sondern auch über ein Milieu. Das soziale Engagement, vom Elternhaus grundgelegt, durch die Erfahrungen der Industriestadt Dortmund-Hörde gefördert, führte zum erstenmal zu einer sozusagen politischen, nämlich bundespolitischen Aktion. Der Erfolg hat mein Selbstbewußtsein sehr gestärkt; ich schwamm mich frei. Ein zähes Gefühl der Selbstunterschätzung, ja Minderwertigkeit macht mir aber noch heute gelegentlich zu schaffen, alternierend mit dem Gegenteil.

Wer den Quickborn von damals kennt, weiß, daß er sich als erste katholische Minderheit nach den Theologen der Schell-

Zeit dem Problem der Freiheit vor der Autorität stellte und daß er als einzige katholische Jugendorganisation das Zusammenleben von Jungen und Mädchen durchsetzte –, daß er sich keine geistlichen Präsides gefallen ließ, sondern selbst bestimmte, welchen Priestern er vertrauen wollte; daß er mit dem Wandervogel ein neues Verhältnis zum Leib fand, das wenige Jahre später Guardini theologisch rechtfertigte.

Zwischen religiösem Humanismus und gläubigem Sozialismus

Für die spätere Phase der Jugendbewegung, die zeitkritische und intellektuelle, kann ich für die Fronten, zwischen denen ich auch in ihr stand, zwei Namen nennen: Romano Guardini und Ernst Michel. Jener hat sich nicht allzuviel um diesen gekümmert, aber Ernst Michel hat sich wohl immer gewundert, warum ich, einer seiner engsten jüngeren Freunde, soviel von einem Theologen hielt, den er nicht sehr schätzte. Michel sah in Guardini den bloßen Sinndeuter, den Mann, der durch zweifellos feinsinnige, geistvolle und seelenvolle Interpretationen einen Katholizismus plausibel machte und konservieren half, gegen den er, obwohl selbst Katholik, tiefere, radikalere Einwände hatte. Sonderbarerweise schätzte ich beide und wurde von beiden angeregt, angestoßen, genährt, bereichert. Ernst Michel sprach für einen geschichtlich und heilsgeschichtlich verstandenen Glauben; er fand mit Ausnahme von Steinbüchel, Nielen und wenigen anderen geistesverwandten Katholiken im deutschen Katholizismus kaum Verständnis, leider auch nicht in der unpolitisch bleibenden Jugendbewegung. Es ist sonderbar, daß auch heute keiner der Theologen und der Laien, welche die weltliche Welt und ihre Heilsrelevanz entdecken oder eine politische Theologie entwickeln, den Namen des Mannes nennt, der schon dreißig und vierzig Jahre vorher den Laien als »christliche Weltperson« definiert und eine »Politik aus dem Glauben« verkündet hat. Was Bonhoeffer wußte: Ernst Michel wußte es zwanzig Jahre früher. Ich stand ganz auf der Seite dieses sozial und politisch leidenschaftlich engagierten Mannes und entfremdete mich denn auch allmählich immer mehr dem ästhetisch geprägten Gros Quickborns, hielt aber dem Pädagogen und Sinnerschließer des gewachsenen Katholizismus Guardini die Treue. Fand ich die verbindende Formel? War ich, der weniger begabte und weniger gebildete Journalist und Nichtfachmann, der Wahrheit näher als der große religiöse Humanist und als der gläubige Sozialist?

Zwischen katholischer Kirche und säkularer Gesellschaft

Ernst Michel, Paul Tillich, Eugen Rosenstock, Martin Buber: wir sind in Frankfurt, dem höchst lebendigen Frankfurt der Goldenen Zwanziger Jahre. Ich war nach dem Abbruch des Theologie-Studiums nicht als Musiklehrer an die deutsche Schule in Osorno nach Chile gegangen, ich war nicht der Sekretär des blinden Grafen Planta in Domleschg geworden, um ihm bei der Herausgabe des rätoromanischen Wörterbuches zur Hand zu gehen und abends Klavier vorzuspielen, sondern Friedrich Dessauer hatte mich auf den Vorschlag Michels und auf die Empfehlung Guardinis hin als 23jährigen Feuilletonchef an die gerade neubegründete »Rhein-Mainische Volkszeitung« geholt, an der bereits zwei fast gleichaltrige wirkten, Josef Knecht als Direktor, Heinrich Scharp als Chefredakteur. Ich gehörte also zur Crew des »Blatts der entschiedenen Haltung«, des »Blatts der jungen katholischen Generation« – zwei Namen unseres wagemutigen Versuchs, der sozialen Demokratie und der kämpferischen Republik eine Stimme zu geben. Das war nun abermals eine Position zwischen den Fronten: zwischen katholischer Kirche und säkularer Gesellschaft. Im Katholizismus selbst standen wir auf dem linken Flügel, und zwar sowohl theologisch und zeitkritisch als

auch politisch, in der Nachbarschaft von Joseph Wittig und von Joseph Wirth, in enger Fühlung auch mit dem Volksverein für das katholische Deutschland. Wir hatten uns kulturpolitisch mit den österreichischen Sozialromantikern herumzuschlagen, in Deutschland mit den teils konservativen, teils schwarzweiß-roten Martin Spahn, Emil Ritter und Herrn von Papen, mit den Romantikern vom Heiligen Reich, aber auch mit der bürgerlichen Mitte der Zentrumspartei, so mit Wilhelm Marx, der den republikanischen und den monarchistischen Flügel der Zentrumspartei durch die lahme Formel »Verfassungspartei« zusammenhalten wollte, und auch mit Stegerwald, der sozialpolitisch links bei den Arbeitnehmern, nationalpolitisch aber ein Konservativer und nationalstaatlich fixiert war, am Ende auch mit Brüning. Den damaligen Bischöfen von Limburg gingen wir sowohl politisch als auch theologisch zu weit; in Frankfurt selbst fanden wir im Klerus, in der Zentrumspartei und unter den katholischen Bürgern und Arbeitern Freunde.
Aber da war auch die Universität, wo ich mehrere Semester belegte, die religiösen Sozialisten Tillich, Hendrik de Man und andere. In ihrem Umkreis, im soziologischen Institut, im Mittwochs- oder Freitags-Stammtisch erschien gelegentlich auch der meteorhaft aufsteigende Theodor Wiesengrund-Adorno, der mir Schönberg, Alban Berg und Webern nahebrachte. Damals erschien die zweibändige Kröner-Ausgabe der Frühschriften von Karl Marx, mit Leidenschaft gelesen und mit Freunden diskutiert, sowie taufrisch das Werk von Lukacs »Geschichte und Klassenbewußtsein«.
Faszinierend war Bertolt Brecht. Auch auf Freud stieß ich, der allerdings für mein Weltbild erst später wichtig wurde. Ich habe gut verstanden, daß ein steriler Neuthomismus mit dem, was meinen Kopf und mein Herz erfüllte, nichts anfangen konnte; viel schwerer aber konnte ich verstehen, daß auch kritische Katholiken von Rang wie meine älteren Freunde, wie Theodor Haecker und andere, die historisch und ästhetisch hoch gebildet waren und teils von der Phänomenologie her oder in der Mysterientheologie Odo Kasels oder unter Berufung auf

die alte griechische und lateinische Theologie der Väter den borniertem neuscholastischen Katholizismus überwunden hatten, gar keine Ohren und Augen für die großen Aufklärer hatten. Sie kannten denn auch die Zeitgenossen wie Walter Benjamin und den jungen Marcuse nicht. Auch der nicht thomistische Katholizismus, der literarisch etwa bei Carossa stand, zum Teil auf Carl Schmitt hereinfiel – ein Katholizismus, der längst aus dem Getto heraus war, behielt die Tendenz, eine eigene inselhafte geistige Welt zu bilden. Ich nahm zum Teil am Leben auf dieser Insel teil – und wurde doch mit geistiger Leidenschaft viel eher Marxist mit existentiellen Einschlägen, Marx und Kierkegaard gleich nahe, eine Existenz zwischen den Fronten.

Viel später, nach dem Zweiten Weltkrieg, wurde dann Sigmund Freud für mich wichtig. Die Katholiken verstanden nicht, daß seine Theorie, wenn man ihre mechanischen Tendenzen eliminiert, ebenso wie der Marxismus gar nicht schlecht der christlichen These vom gefallenen Menschen entsprach, daß jene Nichtchristen sozusagen statistische Gesetzlichkeiten dieses nachparadiesischen und nachbabylonischen Menschen entdeckt hatten, und daß ihre Konzeptionen gültige und sehr reale Anweisungen des Handelns enthielten. Der Wirtschafts-liberalismus hatte die vitale Produktivität entwickelt, die aus dem Egoismus des einzelnen erwächst; der Marxismus, der viel tiefer ansetzte, bot außer der Analyse einer Geschichte, die eine Geschichte von Klassenkämpfen war, und prophetisch-utopischen Zügen auch Ansätze einer Humanisierung des Menschen an, wie er war und ist. Auch Freud geht vom gefallenen Menschen aus und ist auf seinem Feld schon deshalb dem Christen viel näher als die vielen einander so eindrucksvoll widersprechenden idealistischen Psychologien. Ebensowenig wie diese kritischen Elemente wurden die der Aufklärung aufgegriffen und als Urelemente des Christlichen verstanden. Die große Mode war die Phänomenologie. Ebenso wie von Kant und sogar auch von Nietzsche und von Schopenhauer habe ich auch von Husserl einiges lernen können und war zeitweise von Max Scheler beeinflußt, noch stärker von dem frühen Heidegger des ersten Bandes von »Sein und Zeit«, aber die Konstante des Glaubens blieb vor allem seit Guardinis Buch »Der Herr« Jesus von Nazaret. Die Konstanten des Weltverständnisses waren Marx und später Freud, die Konstanten des christlichen Bewußtseins Thomas von Aquin und Nikolaus von Kues, Luther, Pascal und Kierkegaard, der Jude Buber, der Protestant Tillich, die Katholiken Guardini und Ernst Michel, sodann durchaus auch Peter Wusts »Ungewißheit und Wagnis«. Dies alles und viel Musik, Theater, Freundschaft und Vergnügen in einer höchst anregenden Stadt füllten die reichen Frankfurter Jahre. Eine ihrer Pointen: ich war im Gotteslästerungs-Prozeß gegen George Grosz (»Christus mit der Gasmaske«) von der Verteidigung als katholischer Gutachter geladen. In der Tat konnte ich in jener Zeichnung nur Jesus Christus als Identifizierung mit dem geschundenen Soldaten erkennen: ein christliches Motiv. Man kreidete mir diese Haltung an. Der Zeichner selbst quittierte meinen Hilfsdienst in einer Widmung: »Meinem mutigen und wahrheitsliebenden Begutachter.«

Unsere heroische Periode

Es waren Journalisten-Jahre. Die Jugendbewegung trat zurück, Parteiarbeit kam nicht in Frage, die Rhein-Mainische Volkszeitung (RMV) war das tägliche Brot, und was auch für sie zu sozialistisch war, wurde ich als Georg Risse (mein einziges Pseudonym, gebildet aus dem Namen der Mutter und dem zweiten Taufnamen) in der »Deutschen Republik« los, die unter der Leitung meines Freundes Werner Thormann von Jahr zu Jahr entschiedener antifaschistisch und sozialistisch wurde. Es war kein Doppelspiel: die Zeitschrift erschien ebenso wie der »Friedenskämpfer«, das Organ des Friedensbundes Deutscher Katholiken, das ich einige Jahre zu redigieren hatte, im selben Carolus-Verlag. Es glich einem Spiel in zwei Rollen, der katholisch gebändigten sozialen und pazifistischen Position in der Zeitung und im Friedenskämpfer, dem radikaleren Sozialismus in der »Republik«.

Vom September 1930 an waren meine katholischen und marxistischen Freunde vom Ende der Weimarer Republik überzeugt. Sie war eine zu schmal und zu formal angelegte Demokratie; die wichtigsten gesellschaftsbestimmenden Faktoren, das Kapital und die Armee, überließ sie dem Feind. Der Faschismus, der Bund aller nicht oder nicht mehr an der Demokratie interessierten Gruppen, war nach der Wirtschaftskrise von 1929 unvermeidlich. Man konnte nur streiten, ob die Militärs oder ob Hitlers mittelständische Massen an der Spitze des Bündnisses stehen würden. 1924 hatten wir an die demokratische Republik geglaubt und den französischen Freunden den Frieden versprochen. Nun waren wir widerlegt, und nun kam unsere heroische Periode.

Von 1930 an war uns klar, was in Wahrheit kommen mußte: wir haben es bekämpft, aber nicht an den Sieg glauben können. Und ich jedenfalls hatte inzwischen so viel handgestrickten Marxismus in mir, daß ich 1931 und 1932, als die Nazi noch exkommuniziert wurden, die Kapitulation des Katholizismus voraussah: falschverstandene Interessen, verwandte Elemente der katholischen Ideologie und das Fehlen eines politischen Bewußtseins, das an der gesellschaftlichen Realität orientiert war, mußten das katholische System, das sich zur Zeit noch so nazifeindlich gab, aber schon beim Wehrsport der Ära Schleicher mitmachte, wehrlos machen. Hitler würde den Katholizismus billig haben können, falls er einigermaßen schlau taktieren sollte. Er tat es eine Weile – und er hatte das Ermächtigungsgesetz und das Konkordat. Wäre er in einigen für seine Machtpolitik unwesentlichen Fragen schlau und konziliant geblieben, so hätte er bis ans Ende mit der Fügsamkeit des Katholizismus rechnen können. Es ist klar, daß diese Erkenntnis meine Systemkritik am Katholizismus noch schärfer machte. Solche Erfahrungen sitzen tief. Sie erfüllen mich noch heute mit Unbehagen. Unter analogen Umständen würde ein großer Teil der Katholiken auch in Zukunft die Demokratie verraten. Nur in der Jugend scheint sie tiefer verwurzelt zu sein: ein Anlaß zur Hoffnung.

Zwischen dem 30. Januar 1933 und den Märzwahlen war der heroische Geist jener Kampfzeit zum letztenmal aktiv: in einem Vortrag »Faschistische Lockung und antifaschistische Entscheidung«, den ich in Bonn und anderswo hielt, und in der Broschüre »Wehrsport«. Diese Aktivität brachte mir dann ein paar Monate Haft ein. Die Kollegen der Rhein-Mainischen Volkszeitung waren gleichzeitig inhaftiert. Die Zeitung wurde Anfang 1934 konfisziert, und ich fand nach anderthalb Jahren Arbeitslosigkeit einen Unterschlupf in der Frankfurter Zeitung, geholt von Karl Holl, dem bedeutenden Musikkritiker der Zeitung, der mich als jüngeren Kollegen schätzte. In der Redaktion der ehemals konsequent liberal geführten Zeitung fanden sich damals nach der Eliminierung der Juden im Zeichen eines vorsichtig verborgenen Anti-Nazismus Sozialisten, Volkskonservative, Protestanten und eben auch Katholiken zusammen. Die Zeitung existierte aufgrund eines wechselseitigen Betrugsversuchs: für Goebbels und das Auswärtige Amt waren wir ein Aushängeschild: das Ausland sollte sehen, daß es im Dritten Reich eine freie Presse gab. Wir nutzten die Chance, um einen Rest an Würde, Anstand, Menschlichkeit, Bildung, gutem Deutsch durch die Diktatur hindurch zu retten.

Bitterer Geschmack der »inneren Emigration«

Die beiden Betrügergruppen durchschauten einander, das Unternehmen war ein Balance-Akt. Wir überlegten immer wieder, ob es noch länger vertretbar sci, durch eben das, was uns vom Regime unterschied, dieses Regime zu stützen. Ich bin voller Bewunderung für die Männer und Frauen, welche die in aller Öffentlichkeit operierende Partisanen-Mannschaft führten, insbesondere für Benno Reifenberg, Oskar Stark und Wilhelm Hausenstein, moralische Säulen in einer tief verdorbenen Zeit, in einem höchst fragwürdigen Unternehmen. Im August 1943 verlor Hitler die Geduld. Die Zeitung wurde geschlossen. Ich hatte die Ehre und die Angst, zu den 11 Redakteuren beiderlei Geschlechts zu gehören, die bei dieser Gelegenheit wegen politischer Unzuverlässigkeit ein Berufsausübungsverbot erhielten. Der Verlag Herder, für den ich illegal und diskret die sozialpolitische Nachkriegsproduktion zu durchdenken hatte, und die Reichspost, für die wir zu fünft anregende Werbeartikel schrieben, die nie erschienen sind, halfen finanziell weiter.

Was ich von 1933 bis 1945 trieb, nannte man »innere Emigration«. Darin steckt ein Stück Wahrheit und ein Stück Schwindel. Wir Feuilletonredakteure konnten, gedeckt durch die Balance-Akte der politischen Redaktion, unseren Bereich unter dem Strich und in den Beilagen völlig frei von Antisemitismus, Nationalismus und Militarismus halten. Das enthielt immerhin ein Risiko. Aber ich schäme mich noch heute einer Glosse, in der das besiegte Frankreich nicht so nobel behandelt wurde, wie es angemessen war: die einzige Abkanzlung, die ich in der Zeitung erlebte, besorgte daraufhin Wilhelm Hausenstein. So kann ich meinen Journalismus einigermaßen verantworten. Aber ich schäme mich im übrigen meiner von der Angst genährten politischen Passivität. Warum hat mich keine Widerstandsgruppe angesprochen? Ich habe gelegentlich Juden mit dem Stern heimlich gegrüßt, ich habe mich täglich mit Freunden im regimefeindlichen Sinn ausgetauscht, ich habe der Gestapo in einigen Verhören nichts verraten, ich habe einmal Dieter Sattler vor einer bevorstehenden Gestapo-Aktion gewarnt, ich habe, wie gesagt, mit dem Herder-Verlag konspiriert – eine der beiden Wurzeln der späteren »Frankfurter Hefte« –, aber das ist alles in allem wenig.

Die Sünde der Unterlassung wiegt schwer. Ich bin kein Determinist. Ich kann mich nicht darauf hinausreden, daß ich für einen aktiven Widerstand nicht gebaut war noch bin. Eugen Kogon hat sich 1945 viel Mühe geben müssen, mir ein Schuldbewußtsein auszureden – es ist ihm viel gelungen, dies aber nicht. Ich fühle mich mitschuldig – weil ich weder so war, wie ich hätte sein sollen, noch getan habe, was ich selbst als der, der ich war, hätte tun können. Ich habe einen schlechten Geschmack im Mund, wenn ich das Wort »innere Emigration« höre. Von der Emigration selbst hielten mich Familienpflichten ab, vom aktiven Widerstand die Angst. Ich war kein Held. Ich habe in der Frankfurter Zeitung mitgeholfen, ich bin der Kirche treu geblieben – mehr habe ich nicht vorzubringen.

Jener Frankfurter Zeitung verdanke ich außer der Freundschaft und dem Vertrauen guter Frauen und Männer und einer Menge journalistischer Belehrung und Erfahrung vor allem eins: die endgültige Einwurzelung in die nicht katholische, ja nicht christlich geprägte Gesellschaft. Ich sehe heute mit Genugtuung, wie gut es jungen Katholiken tut, wenn sie etwa in den Rundfunkanstalten dieselbe Erfahrung machen. Sie bedeutet viel. Auch ein kirchenkritischer Christ, der theoretisch längst die Relevanz der weltlichen Welt entdeckt hat, wird anders, wird freier und reicher, wenn er in einer geistig und politisch engagierten Gruppe arbeitet, die von vornherein weltlich strukturiert ist.

Der schwerste Irrtum meines Lebens

1945 habe ich – auch aus dieser Erfahrung, aber auch aus dem marxistischen Teil meines Bewußtseins zunächst eine Partei angestrebt, für die ich in der ersten Zusammenkunft der Interessenten in Frankfurt den später so suspekt gewordenen Namen »Sozialistische Einheitspartei Deutschlands« vorgeschlagen habe. Der Sozialismus war selbstverständlich: Die Besitztitel der Aktionäre lagen ja wertlos in den Schränken, die aktivsten Unternehmer, schwer belastet, waren tot, verhaftet oder untergetaucht, die Produktionsstätten wurden teils demontiert, teils durch die Gewerkschaften und die Arbeiter, die Besatzungsbehörden, die Gemeinden und die mittleren Angestellten in Gang gebracht. Wie sollte da ein Kapitalismus neu entstehen: Mangels Kapitalisten schien er erledigt zu sein – der schwerste Irrtum meines Lebens.

Ich war aber schon sehr betroffen, als ich bei jenen ersten Kontakten auf eine KP stieß, die ihr Konzept in der Schublade ließ, uns keines wirklichen Dialogs würdigte, sondern uns auf einen jetzt billigen antifaschistischen Aktivismus verwies – auf Leichenschändung. Ich war noch mehr betroffen, als auch die SPD unverwandelt aus dem Untergrund auftauchte, weimargläubig und – mit Recht – auf die Restituierung ihres beschlagnahmten Realvermögens bedacht. Zwei Restaurationen in der ersten Stunde.

Fällig wäre ein neuer Anfang gewesen, beruhend auf einem gemeinsamen Lernprozeß und gemeinsamer Analyse der Ursachen des Versagens von Weimar und der neuen gegenwärtigen Tatsachen. Meine Freunde, zu denen die wackere Gruppe mit dem sonderbar antiquierten Namen »Deutsche Volkschaft« gehörten – ich nenne dankbar Walter Rest –, erstrebten einen neuen Sozialismus in Freiheit – nicht nach stalinistischem oder sozialdemokratischem Schema, sondern aufgrund einer an der analytischen Schärfe des ursprünglichen Marxismus orientierten noch zu leistenden Bestandsaufnahme und Analyse und einer daraus entwickelten realen Utopie. Als die beiden sozialistischen Parteien abwinkten, erschien uns Frankfurtern die Union der Christen als dritter, nämlich umwegiger Weg zum Sozialismus. Die bürgerlichen und bäuerlichen Schichten, die ein indirektes wohlverstandenes, nicht aber ein unmittelbares Interesse am Sozialismus hatten, sollten durch die Mobilisierung ihres sozialen Gewissens im ständigen Kontakt mit der gesellschaftlichen Realität zur dritten sozialistischen Partei werden.

Ich brauche nicht lange darzutun, daß sich das als eine Illusion erwiesen hat. Ein Teil der Protestanten hatte einiges dazugelernt und war sozusagen mindestens bündnisfähig geworden, die Katholiken aber restaurierten ihre sozialharmonische sogenannte Soziallehre, die in Wahrheit keine wissenschaftliche Theorie war, sondern eine Ideologie. Die katholischen

Arbeitnehmer, die in der Periode des entwerteten Geldes und des Tauschhandels Betrieb gegen Betrieb keine Existenz-Solidarität mit den anderen Arbeitern erfuhren, fielen auf die ideologische Frontstellung »Christentum oder Sozialismus« herein und versagten im Grunde peinlicher als die bald Morgenluft witternden Honoratioren. Es kam hinzu, daß in der Sozialdemokratie aus Angst vor dem starken und schlauen Adenauer nur der starke und machtwillige Schumacher, in den Unionsparteien aus Angst vor dem starken und machtwilligen Schumacher nur der starke und schlaue Adenauer als Garanten des Sieges angesehen wurden: zwei Kleinfaschismen, die einander hochtrieben. Adenauer gewann mit einer Stimme. Er brach sogleich den Grundpakt der verfolgten Demokraten, nützte die knappe Mehrheit aus und leitete damit die Periode der Restauration ein.

Den Roten zu schwarz – den Schwarzen zu rot

Zwischen den Fronten: weder die unbewegliche gesinnungstüchtige SPD, die aber in wichtigen Fragen, wie dem der europäischen Politik, d. h. für sie des europäischen Sozialismus ursprünglich borniert blieb, noch die CDU, die den Namen Gottes in ihrem Namen »vergeblich führte« und die auf das amerikanische Angebot der Wiederbewaffnung hereinfiel, konnten meinen Freunden und mir zur politischen Heimat werden. Für einige wurde eine der beiden wenigstens die Plattform der Aktion. Ich selbst entschied mich für den Journalismus, für den Versuch, zu sagen, was ist, und zu sagen, was sein sollte.
Nie hat mich der Zweifel verlassen, ob die Frankfurter Christen nicht wenigstens in Hessen hätten versuchen müssen, die CDU zu einer Partei des freien Sozialismus zu machen. Ich neige dazu, diesen Zweifel für meine Person abzuweisen in einem Akt der Selbsterkenntnis und der Selbstbeschränkung: offenbar gehöre ich, um mit Erich Kuby zu sprechen, nicht zu den

Tätern, sondern zu den Merkern. Theodor Heuss, dessen Artikel in der FZ ich während der Nazizeit redigiert hatte, hat als Bundespräsident einmal erklärt, daß er mich schätze, weil ich den Roten zu schwarz, den Schwarzen zu rot sei und mir einen Platz zwischen sämtlichen Stühlen ausgesucht hätte: zwischen den Fronten.

Die Periode der Restauration wurde für mich zu einer der Resignation. Ich sah die Kräfte nicht, die, aus der Geschichte Deutschlands lernend, mit der Kraft der Wirklichkeitserkenntnis begabt, eine menschlichere Gesellschaft und einen demokratischen und friedlichen Staat zu schaffen willens und fähig sein würden. Ich habe mir diese Resignation allerdings niemals definitiv erlaubt. Ich spielte gegen sie nicht einen Optimismus aus, den aufzubringen mir auch das wachsende Alter schwer machte, sondern die Hoffnung, die auch gegen die Wahrscheinlichkeit auf die gute Karte setzt.

Diese Hoffnung hat dann starke Auftriebe bekommen: durch die Trias Johannes XXIII., Kennedy und Chruschtschow, in denen drei menschliche Menschen auf die Bühne der Zeit traten, dann durch das Konzil, in dem die lastende Betondecke des katholischen Systems überraschend Risse bekam, durch die man den blauen Himmel, nämlich ein evangelisches Christentum sehen konnte, schließlich durch die Rebellion der Jugend. Die Enttäuschungen und die Rückschläge blieben auch weiterhin nicht aus, aber nun stehe ich bei einem Kapitel, das noch unabgeschlossen ist.

Erfahrungen aus den Teamarbeiten

Bevor darüber mehr zu sagen ist, ist noch über weitere Berufserfahrungen zu berichten.

Etwa anderthalb Jahre war ich Mitglied des »Instituts für Sozialforschung« in Frankfurt. Ich hatte am meisten mit Adorno, dem Gefährten aus sehr alter Zeit, und von Friedeburg zu tun. Ich arbeitete an einigen Projekten mit, und ich schaute ein wenig in die Methode der empirischen Sozialforschung hinein. Interessanter noch wäre für mich die kritische Diskussion der sogenannten »kritischen Theorie« gewesen, aber in der Hochblüte der Restauration, in der sie doppelt wichtig gewesen wäre, wurde dieser Neomarxismus nicht sehr intensiv diskutiert. Mit Adorno zusammen gab ich einige Bände der »Frankfurter Beiträge zur Soziologie« heraus. Adorno wünschte noch lange nach meinem Ausscheiden aus dem Institut meine Mitwirkung. Aber sie war mit der ganz neuartigen Arbeit nicht mehr zu verbinden, die mich dann in Köln erwartete: elf Jahre Rundfunkarbeit beim Westdeutschen Rundfunk.

Ungewohnt war mir – und ich habe es nie richtig gelernt – zu organisieren, zu verwalten. Ich war sicher kein guter Hauptabteilungsleiter. Diese Position ist ohnehin heikel: die Arbeit machen die Abteilungsleiter und die Redakteure, die Entscheidungen fällen die Direktoren und der Intendant. Es handelt sich beinahe gleichfalls um eine Position zwischen den Fronten. Was sie mir lieb gemacht, waren die Kollegen. Ich bekenne mich zu ihnen und ihrem immer mehr angefeindeten und auch tatsächlich fragwürdigen Geschäft.

Die Rundfunkanstalten sündigen viel, indem sie es den Leuten allzu bequem machen, ihre unbewußten, zum Teil bewußten Fragen mit Opiaten betäuben, die Hohlräume ihrer Seelen allzu rasch füllen, besonders mit Musik. Andererseits stützen und stärken sie die Demokratie. Ohne sie wäre die Freiheit in der Bundesrepublik vielleicht schon verspielt. Im übrigen war und bin ich tief beeindruckt von dem durch den unterkühlten Jargon verdeckten Ernst, von dem Willen zur Verantwortung, welcher die meisten Rundfunkleute erfüllt. Sie gehören, zusammen mit Kollegen aus wenigen Zeitungen zu den wachsten Zeitgenossen.

Ungefähr in der gleichen Periode konnte ich in noch intimerer Weise ähnliche Erfahrungen mit 20 Frauen und Männern im »Deutschen Ausschuß für das Erziehungs- und Bildungswesen« machen. Ihre Sorgfalt und die Leidenschaft ihres Engagements sind unvorstellbar für den, der da nicht mitgemacht hat. Ich bin neugierig, ob man sich eines Tages ihrer Pionierarbeit wieder entsinnen wird. Sie haben vieles vorausgesehen und vorausgesagt, in Sachen Bildungs- und Ausbildungsreform und in Sachen nichtautoritärer Erziehung. Sie bilden eine Brücke zwischen dem Sachverstand, dem zum Teil aus der ersten Jugendbewegung genährten Engagement der besten Pädagogen der älteren Generationen und den in Rebellion und Reform aufgespaltenen Tendenzen der Gegenwart.

Alles in allem: viermal habe ich je etwa zehn Jahre lang von Teams, in denen man einander vertraute, Entscheidendes gelernt: in der Rhein-Mainischen Volkszeitung, in der Frankfurter Zeitung, im Westdeutschen Rundfunk und im Deutschen Ausschuß. Das intimste Team allerdings ist das Dioskuren-Team EK und WD in den Frankfurter Heften. Der Mann, der aus der Hölle kam, Eugen Kogon aus Buchenwald, und ich als ein Sprecher jener fragwürdigen inneren Emigration, beide Katholiken, soweit man das heute sein kann, und beide Sozialisten, soweit man das heute sein kann, haben es immerhin fertiggebracht, vom April 1946 an bis zur Gegenwart durch einen wirtschaftlichen Zusammenbruch nicht entmutigt, Monat für Monat die erst graublauen, dann roten Hefte erscheinen zu lassen.

Wäge ich ab, ziehe ich eine Bilanz, so ist sie nicht eindeutig. Die Rhein-Mainische Volkszeitung hat vieler junger Menschen Weltbild mitbestimmt; ihre Arbeit war isoliert genommen ein Erfolg – das Ergebnis dennoch die Niederlage. Weder gelang es, die Weimarer Demokratie gegen die schwarzweißrote Reaktion und den braunen Terror zu verteidigen, noch erst recht aus ihr eine realere Demokratie zu entwickeln – was die Bedingung dafür gewesen wäre, sie zu retten. Die NS-Zeit in der Frankfurter Zeitung ist insofern gut ausgegangen, als der Nationalsozialismus durch das Eigentor des Krieges und die Macht der Amerikaner und Russen niedergeschlagen wurde. Hätte Hitler gesiegt, so hätte die ganze Redaktion wie auch ich dazu beigetragen: da wir das System überlebten, können wir sagen, daß es sich gelohnt hat, ein Stück Humanität durch die Durststrecke der Diktatur hindurch lebendig zu erhalten.

In der Rundfunkarbeit habe ich mindestens einer Minderheit von aufmerksamen Hörern im Verband mit Kollegen nützlich sein können. Die entscheidende Frage in dieser Bilanz des Erfolgs oder Mißerfolgs ist die nach dem Erfolg oder Mißerfolg der »Frankfurter Hefte«, in der Eugen Kogon und ich die Intentionen der Rhein-Mainischen Volkszeitung fortsetzen konnten. Diese Frage aber ist noch offen.

Voller Sorge, nicht ohne Hoffnung

Nach dem zweiten Scheitern des ursprünglichen Ansatzes von 1945 und 1949, nach dem Sieg der Restauration ist es schwer, Optimist zu sein. Immerhin können wir uns in neuer Weise mit der Bundesrepublik identifizieren, seitdem sie den Präsidenten Heinemann und den Kanzler Brandt hatte: eine solche Identifizierung mit den höchsten Repräsentanten des Staates ist mir, seit mein Großvater und meine Mutter meinen kindlichen Glauben an Wilhelm II. unterminierten, nur in den wenigen Jahren vergönnt gewesen, da der Sattlergeselle Ebert Reichspräsident und Josef Wirth Reichskanzler war. Daß in unserem sonderbaren Volk ein unehelicher Emigrant, der eine fremde Uniform im Krieg gegen Hitler getragen hat, Bundeskanzler werden konnte, wiegt viel Unbehagen an unserer Gesellschaft und Sorge um ihren Staat auf. Aber schon die Schwäche der Mehrheit, die Brandt folgt, relativiert diesen Eindruck. Daß die Doppelpartei, die den Namen christlich trägt und die zu gründen ich mitgeholfen habe, inzwischen ein Konglomerat redlicher Einzelner, teils tüchtiger, teils sturer Pragmatiker, katholischer und kapitalistischer Honoratioren, vertrauensseliger Bürger, Bauern und höchst sonderbarerweise auch Arbeiter geworden ist, die offenbar aus schlechter Angewohnheit bei einer Partei bleiben, mit der sie wenig mehr verbindet, irritiert mich tief. Vor dem heißen Machtwillen von

Franz Josef Strauß und dem kalten Machtwillen von Rainer Barzel habe ich vernünftige Furcht und in gewissen Momenten mehr: wirkliche Angst.

Wer so viele unerwartete Schwankungen der Geschichte und der Menschen erlebt hat wie ein 70jähriger, der von 15 Jahren an seine Umwelt kritisch zu sehen gewohnt ist, traut dem Frieden nicht. Gewisse Dummheiten sind schwerer geworden, weil die Verbündeten und Gegner sie nicht dulden würden; Teile der alten Reaktion, die einmal in der Harzburger Front vereinigt waren, existieren nicht mehr; die Bundeswehr ist demokratischer als des General Seeckts reaktionäre Berufsarmee – das alles sind gewisse Garantien gegen jene gewissen Dummheiten. Der Spielraum, der irgendwelchen diktatorischen Figuren im demokratischen Gewand bleibt, ist dennoch groß genug, und die Vereinigten Staaten, die primären Garanten sowohl unseres Wohlverhaltens als unserer Sicherheit, haben sich in unlösbare Krisen verfangen und werden von Nixon regiert. Den Tendenzen des Unheils und der Schwerfälligkeit und dem Eigengewicht der Zustände in allen drei Welten arbeiten allerdings überall Kräfte entgegen, deren Bewegungen eines Tages stärker konvergieren mögen als heute. Das Feld ist viel unübersichtlicher als ich früher gemeint hatte. Die Ratlosigkeit dem Detail gegenüber ist größer geworden. Ich bin mir meiner eigenen Sache nicht mehr so sicher wie früher. Aber auch die Zuversicht ist gewachsen, was die junge Generation betrifft. Ich ärgere mich gelegentlich über sie, sehe aber im ganzen mehr Grund zur Zuversicht und zum Vertrauen. Fazit: ich bin gegen Ende dieses Lebens voller Sorge, aber nicht ohne Hoffnung.

Ein Katholik sucht ein Christ zu werden

Dasselbe gilt für den Bereich der Kirche. Das Konzil hat unsere jahrzehntelangen Versuche, den Katholizismus in einen lebendigen Teil der einen Kirche Christi zu verwandeln, entschieden bestätigt. Ich will nicht so arrogant sein zu sagen, daß er meiner Freunde Christentum zum Teil eingeholt hat; aber in manchem waren wir dem Konzil wirklich um Jahrzehnte voraus. Das Konzil hat nichts Prophetisches gehabt: es hat einen Nachholbedarf erfüllt. Um den gewichtigen Teil der Wandlung, den das Konzil nicht geschafft hat, wird heute gekämpft, und ich kann nicht sagen, daß ich an den Methoden dieses Kampfes Freude habe. Ich sehe den Dank und die Buße, die unser Teil sind, gefährdet, mehr durch die Altgläubigen als durch die Vorwärtsdrängenden, aber auch durch diese.

Die Kirche Christi ist für mich durch drei Elemente definiert: durch Jesus Christus, dessen unfaßbare Göttlichkeit ich unter dem legitimen Aspekt unserer eigenen Bedürftigkeit darin sehe, daß er der menschlichste Mensch war und ist, zweitens durch die Gemeinde derer, die an ihn glauben, sich an ihn halten und seine Sache in der Gesellschaft und in der Geschichte zu führen suchen, und drittens durch die geschichtliche Kontinuität, die mehr und etwas anderes ist als eine lückenlose Folge von Handauflegungen. So bin ich Katholik und suche ein Christ zu werden, der an der Kommunikation der Religionen und der Kulturen teilhat, die an die Stelle der Mission getreten ist. Mein Interesse an Theologie läßt langsam nach, mein Interesse an Organisationen droht zu erlöschen. Mein Respekt vor dem, was wir Amtskirche nennen, ist nicht mehr sehr groß: die eigenen Lebenserfahrungen beginnen schwerer zu wiegen als autoritäre Ansprüche. Ich halte mich an die mithoffenden Freunde, übe den Dank und die Buße ein, habe zu wenigen Bischöfen einiges Zutrauen, rechne mit Schlimmem und bin doch nicht ohne Hoffnung. Deus providebit. Müßte ich drei Grundpositionen meines Lebens nennen, so würde ich sagen können: Die Ehe, der Sozialismus, die Eucharistie.

Dankbar

Ich habe ein interessantes Leben geführt, man kann sagen: ein reiches Leben, und von den familialen Beglückungen und Sorgen, dem Glück durch die Musik, den Freuden im Bergland habe ich sogar nur in kurzen Andeutungen gesprochen. Ich habe viel Schmerz und Sorge, aber auch ein gehöriges Maß an Glück erfahren. Ich bin dankbar. Aber denken Sie nicht, daß ich das Gewicht eines solchen Lebens überschätze. Es ist wie jedes Menschen Leben von absolutem Gewicht in der Unmittelbarkeit zu Gott, zu sich selbst und zu den nächsten Freunden, vor allem zu der nächsten Freundin, der Ehefrau. Aber in der Gesellschaft und Geschichte wird die Spur derer, die nicht mehr sein konnten als schreibende und redende Vermittler, bald ausgelöscht sein. Die großen Täter, die großen Denker und die großen Träumer, die großen Stifter schreiben im schwer greifbaren Zusammenspiel mit den Massen das Buch der Geschichte. Der Journalist muß bescheiden sein. Er arbeitet für den Tag und den Monat. Daß er dennoch einigen Grundeinsichten ein halbes Jahrhundert auf der Spur bleiben kann, dafür möchte ich einstehen.

Ein Nachtrag, zwölf Jahre später

Zu der 1971 geschriebenen autobiographischen Skizze, die diesen Band eröffnet, habe ich einige Ergänzungen zu geben. Neben den frühen vertrauten Anregern Paul Simon, Theo Abele, Hermann Platz hätte ich andere nennen können, die über das Buch auf mich gewirkt haben, so Theodor Haecker und Chesterton, Léon Bloy, Charles Péguy. Dankbar gedenke ich der geistlichen Anstöße, die wir durch Joseph Wittigs Hochland-Aufsatz »Wir sind erlöst« erhalten haben. Starke Anregungen außerhalb des christlichen Bereiches habe ich in jenem Text übergangen. Da wäre zum Beispiel, was die Position und was die Sprache betrifft, Karl Kraus zu nennen, auch schon der alte Lichtenberg, sogar der abseitige Huysmans (aber keineswegs der Symbolismus); zu nennen wären die Historiker Macauly und Gregorovius, die großen Romanciers Frankreichs, selbstverständlich Shakespeare, durchaus Goethe (auch als Naturwissenschafter) und vor allem Hölderlin und sowohl Adalbert Stifter wie Büchner (und Lenz), für eine Weile auch Novalis und Eichendorff: dem »Taugenichts« haben wir lange nachgelebt. Das Leben eines lesenden Heranwachsenden ist ein Weg mit vielen Windungen, – ich habe hier nur Namen genannt, die für je eine bestimmte Zeit mit Leidenschaft gelesen und verarbeitet wurden.

Stärker hätte ich die Bedeutung von Werner Thormann betonen müssen, des sieben Jahre älteren Kollegen, der etwas später als ich zur »Rhein-Mainischen Volkszeitung« gestoßen ist. Seinem Katholizismus mochte ich nicht recht trauen, von seiner Nähe zur Kultur der Zwanziger Jahre habe ich viel gelernt, seinem offenen Lebensstil, in dem die Schauspielerinnen der Stadt eine gewisse Rolle spielten, sah ich mit Sympathie zu; politisch aber stand er mir als »Linker« (linksliberal mit sozialistischem Einschlag) von den Kollegen am nächsten. Als genauer Beobachter des italienischen Faschismus hat er früh den deutschen auf uns zukommen sehen. Wenn unsere Zeitung und die von Thormann geleitete Zeitschrift »Die deutsche Republik« eine respektable Faschismus-Theorie entwickelt haben, dann nicht zuletzt durch unsere Zusammenarbeit, unsere ständigen Gespräche. Der Unterschied zwischen uns: ich war durch die Jugendbewegung katholischer Provinienz und eine entschiedene Zuwendung zu den Frühschriften von Marx geprägt; er hatte seinen Weg aus dem bürgerlichen Katholizismus als Einzelner gesucht und gefunden. Er war kein Musiker, ich kein Theater-Fan. Auch ich las die »Weltbühne« als Neo-Linker mit Begeisterung und Genuß, – er lebte ganz in dem durch diese Zeitschrift charakterisierten Klima und Milieu. 1933 floh er vor den Faschisten erst nach Paris, dann in die USA. Wir blieben in Verbindung, solange es ging. Nach der Befreiung zeigte er sich in seinen Briefen brennend an der

Situation Deutschlands interessiert. Seine Frau teilte mir mit, daß er über einen Brief an mich gestorben ist: sie hatte ihren Mann eines Morgens tot vor der Schreibmaschine gefunden. Seine beiden Söhne haben mir einmal, als ich bei Thormanns war, als kleine Buben den Schnaps und den Mokka ausgetrunken und durften aufs Klavier hauen, – »amerikanische Erziehung« nannte man das damals; irgendwann nach 1945 standen sie als wohlerzogene, gebildete amerikanische Offiziere vor meiner Tür. – Werner Thormann sollte nicht vergessen werden.

»Geholt von Karl Holl«: so habe ich es damals erlebt. Unmittelbar nach dem Krieg aber schrieb mir Wilhelm Hausenstein, daß er an meiner Berufung an die »Frankfurter Zeitung« entscheidend beteiligt gewesen sei. Hausenstein war während der Diktatur zum Katholizismus konvertiert, hatte aber dem Kardinal Faulhaber versprechen müssen, den Übertritt geheimzuhalten; der stand nämlich im Zusammenhang mit einer im Nazi-Regime illegalen kirchlichen Trauung. Ich habe Hausenstein sehr verehrt. In jenem Brief drückte er seine Freude darüber aus, mir endlich sagen zu dürfen, was er zehn Jahre lang hatte verheimlichen müssen: er war mein Glaubensgenosse. Ich hatte mich gewundert, daß in Tutzing auf seinem Schreibtisch ein Elfenbein-Kruzifix gestanden hatte. Es stellte sich heraus: das war ein Geschenk des Kardinals vom Tag der Konversion und der Trauung. Ich hatte Hausenstein, den Ästheten, der in seiner Jugend Sozialist gewesen war, bis zu jenem Brief für einen liberalen Humanisten gehalten. Er war ja auch einer: nun katholischen Glaubens.

Übrigens: wenn ich vor zwölf Jahren registriert habe, mein Interesse an der Theologie werde geringer, so hat sich das geändert. Die angedeutete Reserve galt wohl damals einer Theologie, die sich zu sehr als Gehilfin des Lehramtes verstand. Je mehr ich meine, daß wir die prophetische Kraft (der Bewahrung und der Erneuerung) eher von der »Basis« als vom Amt zu erwarten haben, desto mehr setze ich auf Theologie, die nicht mehr primär dem Amt zugeordnet ist, sondern dem im Volk Gottes und seiner Geschichte wirkenden Geist.

Der singende Stotterer

Der Stotterer, der singende Stotterer, bin ich selber. Oder, wenn man nur an die Sprachstörung denkt: der singende Stotterer bin ich einmal gewesen. Das Phänomen ist mir klar gegenwärtig, die Angst in der Schule vorm ersten Wort, das ich sagen mußte oder wollte, die besondere Schwierigkeit mit dem Anfangsbuchstaben K, auch das A war schwer herauszubringen. Der Schaden muß mir Kummer gemacht haben und beschwerlich gewesen sein, und den Eltern auch. Sonst hätten sie nicht zweimal Abhilfe zu schaffen gesucht. Aber merkwürdigerweise kann ich die Grenze der Plage nicht mehr genau bestimmen. Ich weiß nicht, wann sie angefangen hat – schon in der Vorschulzeit? Oder erst in der Schule? Ich weiß es nicht genau, wann sie aufgehört hat, – wahrscheinlich in der Jugendbewegung, als ich etwa 20 oder 21 Jahre alt war.

Vom Stottern zum Singen

Ganz hat sie übrigens niemals aufgehört. Noch Jahrzehnte später nach unzähligen Reden und Vorträgen, die ich gehalten habe, ist ein Rest geblieben. Und ein Rest des Restes macht mir noch heute ein wenig zu schaffen, nicht viel, aber immerhin ... Jener Rest: der Anfang des ersten Satzes beim öffentlichen Auftreten, und in ihm zwei spezielle Schwierigkeiten: die Anrede und wieder das verflixte K. »Die katholische Kirche« – das konnte ich jahrzehntelang nicht als Anfang einer Ansprache brauchen. Heute ist nur die Anrede als Stein des Anstoßes (– als Stein des Anstoßens –) geblieben, und zwar nur dann, wenn sie umfangreich ist. Der erste Satz, übrigens auch für die Rundfunkaufnahme, mußte also und muß auch heute noch überlegt, gut angeordnet werden. Sorgen haben die Stotterer! Die normal Sprechenden hören wohl die allgemeine Not, sie wissen nichts von den notwendigen Tricks. Ich bin nicht daran gestorben, aber angenehm war es nicht, wenn ich da vor der Klasse stand und nicht loswerden konnte, was ich wußte.

Es gibt allerdings auch den mutigen, ja tollkühnen Stotterer, dem es offenbar nichts ausmacht. Ich möchte gern wissen, was in seiner Seele vorgeht, wenn er sich zum Reden geradezu vordrängt. Ich erinnere mich einer Szene in der Nacht auf Innsbrucks Straßen – es war vor mehr als fünfzig Jahren –, da waren wir zu fünft oder sechst, Teilnehmer an einem Kongreß, und einer von uns war der Feuilletonist Siegfried Kracauer. Er ist als einer der ersten nüchternen Analytiker des Films, nicht zuletzt von dessen sozialer Dimension bekannt geworden. Ein sehr guter Mann, einer von jenen Juden auch, die so häßlich sind, daß man sie liebhaben muß. Er war ein Stotterer, aber als wir den Weg zu unserem Hotel nicht finden konnten, hinderte ihn das nicht, einen Passanten anzusprechen, statt einen von den Sprachgewaltigen fragen zu lassen; er machte es für den Innsbrucker und für uns besonders spannend, indem er, wie das die Stotterer manchmal tun – das ist wohl mehr eine Not als ein Trick –, das entscheidende Wort als allerletztes aussprach. Offenbar gibt es außer dem A und dem K und anderen schwierigen Lauten auch eine besondere Sperre, wenn die Entscheidung kommt. »Lieber Herr Nachbar, können Sie die große Freundlichkeit haben, uns vielleicht zu sagen, wie wir zu dem Hotel kommen, das da heißt – Adler?« Wir standen verlegen und stumm dabei, geschockt, aber doch auch in Bewunderung vor dem Mut unseres Freundes.

So tollkühn war ich nicht. Ich habe das Gebrechen nach Kräften verborgen. Als junger Redakteur, der das Stottern bis auf jene Reste überwunden hatte, hatte ich den ersten Vortrag in Frankfurt zu halten, – wenn ich mich recht erinnere, über den großartigen Jeanne-d'Arc-Film von Dreier mit den großen Gesichtsaufnahmen der Falconetti und aller anderen Personen; da überkam es mich auf dem Weg zum Volksbildungsheim und ich ließ die Leute und die Veranstalter sitzen, aus Angst vor den ersten Sätzen. War es vielleicht auch die Angst vor dem ersten Mal, vor dem ersten Auftritt in Frankfurt? Das ist neurotisch? Natürlich ist das neurotisch, aber das habe ich nicht gewußt, als ich mir das Stottern zulegte. Und der Heilpraktiker, der es wegheilen sollte und wollte, wußte es wohl auch nicht; er probierte es mit Atem-Übungen. Ich habe erst sehr viel später gelernt, wofür Atem-Übungen gut sind, – damals haben sie mir nicht über den Bach geholfen.

Ich weiß übrigens auch nicht mehr, ob das Übel auf die Schule begrenzt war. Ich erinnere mich besonders an Situationen im Klassenraum, weiß aber nicht, ob es zu Hause wesentlich besser war. Ich erinnere mich nicht, daß meine Geschwister mich gehänselt hätten, aber vielleicht waren sie zu nobel dazu. Ich weiß auch nicht, wie es bei meinen Verwandten in den Ferien war, ob es immer gleich stark da war oder in angstbesetzten Situationen stärker. Offenbar habe ich viel vergessen, »verdrängt«. Übrigens war ich auf dem Gymnasium ein guter Schüler, der zweite in der Klasse, »Sekundus« war der Titel, und ich weiß noch, daß ich nicht die geringste Neigung hatte, den Primus zu überflügeln. In den Unterklassen war ich auch fleißig. Als ich es nicht mehr war – ich lebte mein eigentliches Bildungsleben neben der Schule und zum guten Teil gegen sie –, da zehrte ich von meinem guten Ruf. Ich hatte weder unter Schülern noch unter Lehrern Feinde: Warum stotterte ich, vor was oder wem hatte ich Angst?

Etwa vor dem barschen Chef, dem Direktor, den wir in der Sekunda auch in Latein hatten? Wir mochten ihn ganz und gar nicht; in den Unterklassen hat er uns den kahlgeschorenen Kopf aufgezwungen; später malträtierte er uns mit Grammatik und Syntax. Aber so musisch er mit Horaz umging: er stand in der Gnade einer anderen Muse, der Musik. Das ist der Grund, weshalb ich ihn hier erwähne; ich gehörte zu seinen Lieblingssängern und natürlich zu denen, die im Musikverein im Knabenchor mitsingen durften. Die Musik war einer der Lebensbereiche, in denen ich ganz zu Hause war, vielleicht der wichtigste von ihnen und neben meinem Vater gab mir unser Chef die stärksten Anstöße. Er hat mir also reichlich Gelegenheit gegeben, die durch Erfahrung gesicherte sonderbare

Tatsache zu erproben: daß die kräftigsten Stotterer ganz fehlerfrei singen können. Das ist natürlich eine schöne Entlastung, singend keine Angst vor A's und K's zu haben. Habe ich etwa deshalb die Musik so kräftig entwickelt? Ich glaube nicht, daß diese Erfahrung die Ursache dafür war. Ich hatte zuviele andere Gründe zum Musizieren, und noch wichtiger als mein eigenes Singen und Mitsingen war mir der Konzertbesuch und das Klavierspiel, durch das ich mir in Grenzen die Klavierliteratur erschloß und mittels der Klavierauszüge – zwei- und vierhändig – das ganze große Reich der Musik. (Beim Klavierspielen stottert man übrigens ebensowenig wie beim Singen.)

Wie dem auch sei: jedenfalls war ich ein singender Stotterer, und ich fühlte mich sehr wohl dabei, beim Singen, nicht beim Stottern. Viel später entdeckte ich die Formel vom singenden Stotterer noch in anderer Bedeutung. Doch vorher ist das Kapitel vom leibhaftigen Stottern noch zu Ende zu bringen. Zwei Fragen: Wie bin ich wohl drangekommen? Und: Wie bin ich es losgeworden?

Befreiung

Als ich stotterte, kam ich nicht auf die Idee, eine Ursache zu finden. Das Übel war da, das war schlimm genug. Ich dachte nicht daran, etwas oder jemanden zu suchen, der die Schuld haben könnte. Später lernte ich natürlich Freud und die Psychoanalyse kennen, gab mir Mühe mit der seriösen, stand aber natürlich auch unter dem Eindruck der modischen. War es etwa die »frühe Kindheit«? Verdächtig wurde mir da eine meiner allerersten Erinnerungen: Ich sehe mich als kleinen Jungen noch im Mädchenkleid, der sich selig in die große Schürze unserer kleinen Franziska stürzt, unseres sogenannten »Mädchens«. Hat sich das Bild des kleinen Jungen in der Schürze Franziskas so in mir festgehalten, weil es für mich eine Bedeutung in dieser Richtung hatte? Ich dachte den Gedanken nicht gern, denn ich verehrte und verehre meine Mutter, aber die Wahrheit geht über alles. Vielleicht hat sie mich, ganz ihren Fällen hingegeben, caritativen und sozialen Fällen, in irgendwelchen wichtigen Monaten tatsächlich links liegengelassen? Mag sein, – es muß vorläufig offen bleiben.

Die andere Theorie, auf die ich aus manchen gegebenen Anlässen gekommen bin, ist die einer sogenannten »ekklesiogenen Neurose«. Ich war sehr fromm und intensiv gläubig. Besonders zur Zeit der Erstkommunion. Meine Eltern hatten den Unterricht auf der Schule, den ein großartiger, frommer und kluger gebildeter Priester gab, durch den einer spirituellen Lehrerin ergänzt: offenbar trauten sie dem Professor nur trockene Neuscholastik zu. Beide waren gute geistliche Führer, aber vielleicht haben sie meinen Anspruch an das Sakrament, an die beiden Sakramente reichlich hochgeschraubt, an das Sakrament der Vereinigung mit dem absoluten Gott – so habe ich's damals erlebt – und das Sakrament des Beichtstuhls, den ich weiß wie frisch gefallener Schnee und ganz und gar rein und heilig verließ – bis ich bald darauf wieder in äußerster Gottverlassenheit, Verdammung und dazu totaler menschlicher Isolierung und Einsamkeit am Boden lag. Sind es diese Wechselbäder gewesen, die meine Seele verstört haben, nicht zum Selbstmord, keine Rede davon, oder zu einer stattlichen Kern-Neurose, aber immerhin bei sonstigem Wohlbefinden zu einer kleinen Sprachstörung? Mag sein – auch das muß vorläufig offen bleiben. Jedenfalls erlebe ich auch in meinem hohen Alter noch den Ingrimm über schwere Lasten, die Kindern, und übrigens auch den Eheleuten aufgebürdet worden sind, im Namen Christi oder im Namen eines eisernen Naturrechts, und ebenso den Ingrimm darüber, daß die Kirche, die offenbar ebenso immer recht gehabt hat, wie im Osten die Partei, heute, da sie dankenswerterweise den quälendsten Härten abgesagt hat, doch niemals ein Wort des Bedauerns findet über das, was sie so lange braven Leuten angetan hat. Aber, wenn ich so ein mutter-geschädigter oder ein mutter-kirchengeschädigter Mensch war, wie bin ich die Last losgeworden? Als man mich das zum erstenmal fragte, wußte ich gar keine Antwort. Ich hatte nie darüber nachgedacht. Inzwischen habe ich viel darüber gegrübelt, und ich meine die Antwort zu wissen. Das Medium, in dem ich vom Stottern freigeworden bin, war die Jugendbewegung der Zwanziger Jahre. Sie hat mich froh und frei gemacht, sie hat mich in vielem zurechtgerückt. Aber das eigentlich lösende Moment in diesem Medium war, so meine ich, ein Erfolgserlebnis, aber eines, das ich nicht gewollt und angestrebt hatte. Ich könnte mir denken, daß Erfolge, die man sehr will und anstrebt, das Stottern eher noch steigern. Der Erfolg ist mir zugefallen. Mir fehlte zum ganz normalen »Quickborner«, wie wir ihn damals als Ideal im Sinne hatten, viel: Ich war zu wenig leibfroh, zu schwach, zu intellektuell, nicht sportlich genug, konnte anfangs nicht einmal schwimmen. Unser Gau, der Westfalen-Gau, galt als ziemlich wilder Haufen. Wir hatten auch unsere bürgerlich-gymnasiale Begrenzung gesprengt und sowohl Gruppen von Lehrlingen und Jungarbeitern als auch gemischte Gruppen bei uns. Wir führten uns eben stilrein als ein Produkt des Ruhrgebiets auf. Deshalb war ich um so mehr erstaunt, daß dieser Gau Vertrauen ausgerechnet zu mir faßte und mich zu seinem Sprecher wählte. Der Zufall wollte es, daß wir uns beim nächsten »Bundestag«, als wir wegen jener Regelwidrigkeit angeklagt waren, uns rechtfertigen mußten: Es gab da verbriefte Abmachungen mit dem »Jungborn«, der für die Werktätigen gedacht und gegründet worden war, wie wir für die höheren Schüler. Die Redeschlacht, in der ich auch der Sprecher einiger befreundeter Gaue war, dauerte, wenn ich mich recht erinnere, mehr als einen ganzen Tag, und es waren 2000 sehr kritische junge Leute da und dazu ein Haufen von Erwachsenen, so auch die alten priesterlichen Gründer des Bundes, und auch Romano Guardini war schon dabei. Ein Stotterer im Redekampf! Wir erkämpften uns nach harten Verhandlungen das Recht, Statuten hin, Statuten her, nach unserer westfälischen Façon selig zu werden. Ich denke nicht an eine ruckartige Veränderung meiner Seele durch diesen großen

Tag; ich denke vielmehr, daß die befreiende Erfahrung des neuen freien Daseins junger Menschen, Jungen und Mädchen, zusammen mit dem allgemeinen Erfolg im Gau, der mir ohne Ehrgeiz zugefallen war, den Ring um mein Herz aufgesprengt hat. Es ging mir wie Demosthenes: Während ich mir vorher keinen normalen akademischen Beruf für mich vorstellen konnte, nicht einen einzigen von den klassischen des Arztes, des Lehrers, des Juristen, des Predigers, ergriff ich nun die Gelegenheit, Journalist zu werden, also mich ungefragt einzumischen, auf eigene Gefahr und Verantwortung, in einem geradezu rhetorischen Beruf.

Ein Weltverbesserer

Denn so mußte ich ihn empfinden. Aus einem schüchternen Musik- und Naturfreund war ein Weltverbesserer geworden. Was mich zum Journalisten machte, war ja eben dieses Bedürfnis, von den in der Jugendbewegung teils geschenkten, teils erworbenen Idealen aus die bürgerliche Umwelt zu kritisieren und auf Erneuerung zu sinnen.

Den Ausdruck »der singende Stotterer« habe ich dann jahrzehntelang vergessen, so wie ich im allgemeinen das Stottern selbst vergessen habe, es sei denn der letzte Rest des Restes erinnerte mich peinlich daran. Das Wort kam mir erst wieder in den Sinn, als man von mir etwas über meine Jugend wissen wollte. Aber dieser Wunsch, der Wunsch auch nach einer kompletten Autobiographie war es nicht allein, sondern manches andere, vielleicht vor allem das hohe Alter, was mich dazu zwang, wieder einmal nicht nur mein Leben zu bedenken, sondern auch mich selbst. Wie wohl jeder nachdenkliche Mensch bin ich mehrmals und immer wieder einmal »in mich gegangen« um zu erfahren, was und wer ich in Wahrheit bin. Da gab es die eine oder andere Formel, wenn ich versuchsweise irgendeine Antwort ermittelt hatte, und da tauchte auch das alte Wort vom singenden Stotterer wieder auf. Bin ich einer geblieben, als ich im wörtlichen Sinne keiner mehr war?

Die Frage verlangt einen Wechsel im Ton und Stil der Aussage. Es wird ernst. Das leibliche Stottern brachte mich gelegentlich in Not – die Leute mit dem unblockierten Mundwerk sollten sich, wenn sie Stotterern begegnen, sehr gründlich klarmachen, daß das kein Honiglecken ist. Aber das liegt ja nun hinter mir, das Hauptübel schon ein halbes Jahrhundert, der Rest ein Vierteljahrhundert, und mit dem Rest des Restes kann ich leben und selber über mich spotten, wenn ich in der ersten Zeile des Rundfunkmanuskriptes immer noch vor dem K eine winzige Angst habe.

Ich habe damals einen großen Sprung getan. Als jene Erfolgserlebnisse mich freigemacht hatten oder doch freier, im Grunde freier für alles, für jede Zukunft, da hätte ich mir auch einen weniger rhetorischen Beruf aussuchen können als ausgerechnet den Journalisten, einen »stillen« Beruf. Ich hatte damals drei Angebote: das erste hätte mich nach Chile geführt, das zweite nach Graubünden; beide Stellungen sahen begrenzte Pflichten vor, beide hatten etwas mit Musik zu tun; sie lockten mich beide. Als ich eine Anstellung bei einer Zeitung vorzog, habe ich offenbar die radikale Konsequenz aus dem überwundenen Stottern gezogen. Der Schüchterne entschied sich dafür, sich einzumischen, der von sich selbst nichts hielt, setzte dazu an, die Welt zu verbessern, der Sprachlose entschied sich für das Wort als Mittel der Einmischung in alles oder doch in alles mögliche. Ich war im übrigen nicht vorbereitet, es gab ja keine Journalistenschulen und Journalistenseminare. Ich war durch nichts vorbereitet, es sei denn durch das Erlebnis und die kurze Erfahrung der Jugendbewegung. Und wieder kam ein Erfolg, der im Grunde ebenso Geschenk war, unser Erfolg in der Zeitung. Mindestens die wichtigsten Voraussetzungen unseres Erfolges waren durchaus ein Geschenk: Friedrich Dessauer war der einzige mir bekannte Mensch, der eine Zeitung so hat gründen können, wie er sie gegründet hat, mit dem Programm, das er ihr mitgab, mit den Personen, die er für sie ausgewählt hat, und die Stadt Frankfurt am Main war der einzige Ort in Deutschland, wo sie entstehen und aufblühen konnte, aus vielen Gründen: nur hier war zugleich der Katholizismus liberal, der Protestantismus so wenig reaktionär, das Judentum stark und integriert, der Kapitalismus als der der Banken und des Handels gemäßigt, die Arbeiterbewegung lebendig. In unserem Zusammenhang – wir beschäftigen uns mit dem Stottern – will ich nichts weiter über den Erfolg erzählen. Wenn ich später manchmal doch gedacht habe: Vorsicht, die Erinnerung verklärt; ganz so großartig, wie ich mir das vorstelle, sind wir wahrscheinlich damals doch nicht gewesen, – dann kommt wieder ein Zeitgeschichtler, der unsere damalige Arbeit entdeckt hat, und der Außenstehende macht mir klar, daß meine Erinnerung doch wohl stimmt.

Ein Verdacht, der beunruhigt

Habe ich das nicht schön gesagt, eindrucksvoll, mit einer Mischung von Bescheidenheit und Selbstbewußtsein? Habe ich da nicht gut gesungen?
Das ist ein Verdacht, der mich beunruhigt, seitdem ich in die Jahre gekommen bin. Man möchte ja, ist man alt genug dazu, sich endlich hinter die Schliche kommen. Ist die Kunst des Schreibens immer durch mich gedeckt gewesen, durch mein Leben, meine Existenz? Ist mein Wort nie durch irgendein besonderes Interesse verfälscht worden? Etwa auch durch die Lust am Singen? War der Text manchmal im Grunde mehr gestottert als gesprochen, wenn ich so wirkungsvoll zu singen verstand? Bin ich ein singender Stotterer geblieben? Habe ich aus dieser Konstellation am Ende mein Leben gebaut?
Freunde sagen: du bist hochmütig. Du stellst aus Selbstüberhebung zu strenge Ansprüche an dich selber. Sei zufrieden mit dem, was du mit Gottes, deiner Frau und guter Freunde Hilfe geleistet hast und überhebe dich nicht, indem du dir einredest, du hättest viel mehr schaffen und erreichen können. Bilde dir nicht ein, daß du Adolf Hitler, den du ja ganz richtig eingeschätzt hast, hättest verhindern können, wenn du mehr und intensiver gearbeitet, gedacht, geliebt, geredet, geschrie-

ben hättest, – meinetwegen auch gesungen hättest! Das tröstet mich, und ich denke, ich sollte es im großen und ganzen annehmen. Aber anderseits bin ich sehr empfindlich gegen jeden dummen Determinismus, gegen die simple Vorstellung, man hätte immer nur gerade das tun können, was man getan habe. Da ist doch ein Defizit, bei jedem und ganz gewiß bei mir, und ich meine immer noch: ein schweres Defizit. Kann ich Gott gegenübertreten mit der gesprochenen oder schön gesungenen Rede: Hättest du mehr mit mir vorgehabt, so hättest du mich eben besser ausstatten müssen; ich habe im Rahmen der mir von dir gegebenen Möglichkeiten getan, was ich tun konnte? Das Zurückbleiben nicht hinter irgendeiner abstrakten und absoluten Idee, einem Ideal, einem gesetzlichen oder einem aus dem Evangelium abgeleiteten, sondern das Zurückbleiben hinter meiner wirklichen Möglichkeit beunruhigt mich. Johannes hat in der »Geheimen Offenbarung« an eine Gemeinde geschrieben: »Das aber habe ich gegen dich, daß du die erste Liebe nicht mehr hast.« Das ist es.

Wenn ich von der »wirklichen Möglichkeit« sprach, von dem, was mir wirklich möglich war, dann muß ich hinzusetzen, daß es in hohem Maß »mein Unmögliches« gewesen sein muß. Nicht das ganz und gar Unmögliche, das abstrakte Unmögliche, sondern ein bestimmtes Unmögliches, das mir jetzt unmöglich zu sein scheint, und erst möglich werden wird, wenn ich es verwirkliche: der Sprung über den Bach. Ich kann nicht springen, der Bach ist zu breit; ich soll und will springen; ich springe; ich habe es gekonnt. Und dadurch bin ich ein klein wenig anders geworden, fähig, neue Unmöglichkeiten als meine, als mir zugesprochene Unmöglichkeiten wirklich und dadurch möglich zu machen. Ich habe immer angenommen, daß Franziskus deshalb ein so großer Heiliger geworden ist, weil er jeweils unverzüglich sprang, immer wieder, weil er nach jedem Sprung immer wieder sagte: Adsum, da bin ich, zum weiteren Springen bereit. Und doch stehe ich mit all meiner Schönschreiberei und Schönrederei ziemlich kümmerlich da: »Vox praeteria nihil: eine (singende) Stimme, sonst nichts.«

Dank und Buße

Nicht ganz so kümmerlich stehst Du da, sagen die Freunde, und sie haben recht. Das Grübeln löst diese Frage nicht, die Frage, was und wer ich wirklich bin. Die Frage aber: »Was bin ich wert«, sollte man gar nicht erst aufkommen lassen, man sollte sie auflösen, in einer Verbindung von Dank und Buße. Im übrigen läßt sich im hohen Alter zwar noch vieles ändern, aber das vergangene Leben nicht, es sei denn durch seine Neuwertung: durch Dank und Buße. Der Dank gilt den Partnern, den vielen, den nahen und fernen, und er gilt Gott. Das Bild vom singenden Stotterer, wenn etwas daran sein sollte, wenn Geschicklichkeit, Routine und Selbstgefühl zu Äußerungen geführt haben, die wiederum andere Leute dazu verführt haben, den Schreiber zu überschätzen, – das Bild vom singenden Stotterer muß ich akzeptieren. Es ist ja auch nicht so, daß der Stotterer nichts sagt oder Unwahres sagt, – er sagt möglicherweise gute und förderliche Wahrheit, und wenn er sie dadurch besser herausbringen kann, daß er sie singt: Wir werden es hinnehmen müssen. Wenig hat er bewirkt, aber immerhin er war eine Stimme »prateria nihil, sed vox«. Man darf sogar applaudieren; man applaudiert, wenn einer gesungen hat. Der singende Stotterer wird sich über den Applaus freuen – und er wird sich seinen Teil dabei denken.

Als ich bei dieser Feststellung angekommen war, meine Identität betreffend, fiel mir ein, daß ich vor 35 Jahren für die Januar-Nummer 1948 der »Frankfurter Hefte« eine Glosse geschrieben habe. Sie berührt unser Problem, wenn sie sich um die Identität des Zöllners, will sagen: des Christen bemüht. Hier ist sie:

Der Pharisäer, die Christen und der Unbekannte

Der Pharisäer: »Lieber Gott, ich danke Dir, daß ich nicht bin wie die übrigen Menschen, wie die Räuber, Betrüger, Ehebrecher oder wie dieser Zöllner da. Ich faste zweimal in der Woche und gebe den Zehnten von allem, was ich besitze.«

Der erste Christ: »Wie schön und tröstlich, daß ich so recht ein armer Zöllner und Sünder bin und nicht so selbstgerecht wie jener Pharisäer da. Ich schlage täglich dreimal demütig an die Brust und halte es für nichts besonderes, wenn ich reichlich gebe...«

Der zweite Christ: »Was dieser Sünder sich auf sein Zöllnertum einbildet! Über diesen Pharisäismus zweiten Grades muß ein wahrer Christ doch längst hinaussein!«

Der dritte Christ: »Ei, du ›wahrer Christ‹, du durchschaust also den christlichen Pharisäismus des Zöllners! (Man muß schon dialektisch denken, um dahinterzukommen, wie tief er selber noch drinsteckt, dieser wahre Christ!)«

Der vierte Christ: »Der liebe Gott hat die Menschen reichlich kompliziert erschaffen. Als ob es mit der Erkenntnis der Dialektik seiner selbst getan wäre! Die Dialektik muß sich selber dialektisch werden, dann kann man den Sprung zum schlichten Ja tun.«

Der fünfte Christ: »Sag' mal, ist dein Wort ein schlichtes Ja?«

Der sechste Christ: »Herr, sei diesen allen gnädig!«

Der Unbekannte: »Herr, sei mir Sünder gnädig!«

Jugend im Kohlenpott

Als ich noch keine Rolle spielte

Das früheste Bild aus meiner Kindheit, das ich in der Erinnerung vorfinde, ist dieses: Wenn der kleine Junge abends von der Mutter oder von Franziska zum Schlafen ins Elternzimmer getragen wurde und zwar durch ein fensterloses Zimmer hindurch, dann sah er rechts in dessen dunkelster Ecke eine Löwin sitzen, regungslos, höchst bedrohlich. War die Tür im Schlafzimmer hinter ihm zu, dann war die Gefahr mit einem Schlag vergessen. Das muß ein paar Monate oder auch nur Wochen gedauert haben. Vielleicht hat die Erinnerung die tatsächliche Dauer der Abend-Panik verlängert.
Wann war das? Ich schätze: 1903. Der Junge könnte zwei Jahre alt gewesen sein. Oder erinnere ich mich an eine noch frühere Existenz?

Der Knabe, seine Träume und das Milieu

Aber ich will den Kleinen nun nicht mehr Junge, sondern Knabe nennen: so war bis in seine Gymnasialzeit hinein bis zur großen Wende 1918 der Sprachgebrauch, und so empfand er sich lange selber, – wahrscheinlich bis zu dem Zeitpunkt jener Emanzipation der Seele, die der Elfjährige spürte, als er in einem seiner Klassenkameraden auf der Quinta zum ersten Mal einen Freund entdeckte, einen Schicksalgenossen, ein Mit-Subjekt in der Auseinandersetzung mit der Schule, mit der Umwelt und mit der Welt überhaupt. Aber das ist viele Jahre vorgegriffen.
In der Zeit, da der kleine Knabe der gefährlichen Löwin

ausgesetzt war, oder etwas später ereignete sich sodann eine Serie von ganz gleichen Träumen: da war eine Bühne, ein Kasperle-Theater; aus dem Hintergrund trat ein Paiaß hervor – so hieß auf westfälisch der Bajazzo und der Großvater rief den Kleinen selbst oft scherzend »kleiner Paiaß« –, aber dieser Traumbajazzo in seinem weißen Pluderkostüm mit den großen bunten Punkten erhob seine Hand, eine Pistole lag darin, er zielte auf den kleinen Knaben und schoß. Indem er traf, indem er offenbar traf, war der Traum zu Ende: der Knabe erwachte. Er war wohl immerhin alt genug, um sich seine Theorie zu bilden: der Traum passierte, so schien es ihm (– indem er wohl Folge und Ursache verwechselte –) jedesmal, wenn er den Kopf unter der Bettdecke hatte. Dagegen ließ sich offenbar etwas tun. Der Tiefenpsychologe heute würde es nicht so billig richten.   .

Die dritte Erinnerung hat in mir ein ebenso scharf gezeichnetes Bild hinterlassen: Der Knabe stürzt sich selig in die breite Schürze von Franziska, einer kleinen resoluten Person mit guten Augen. Die Schürze und die Augen, sie haben sich eingeprägt. Franziska war, so hieß das damals, unser Dienstmädchen. Außer diesem eindeutigen Bild habe ich eine Empfindung der Zärtlichkeit für sie in mir bewahrt; nur die Abschiedsszene, als sie heiraten ging, ist mir gleichfalls klar in der Erinnerung: der Knabe, so sehe ich ihn, steht weinend da und schaut Franziska verloren nach. Sie verschwindet ins Nichts. Das muß um 1906 gewesen sein: der Knabe trug in diesem Erinnerungsbild noch Mädchenkleider. Die ersten Hosen, die sonst als wichtiger Einschnitt gelten, haben auf ihn offenbar keinen großen Eindruck gemacht. Ich erinnere mich an einen Matrosenanzug, und das deckt einen Zusammenhang auf: mit Onkel Erbonkel, der eigentlich Onkel Christian hieß und Kapellmeister der Stadt an der Emscher war. Er war bei der Marine gewesen, Marine-Musiker, lange über die Dienstzeit hinaus. Er trug den Spitzbart des Prinzen Heinrich, welcher Admiral und ein Bruder Kaiser Wilhelms war. Dieser wichtige Onkel war es nach dem Großvater vor allem, der den Knaben

»Möndchen« nannte; denn dieser hatte einen runden Kopf und Schädel, und der wurde offenbar oft kahl geschoren.

Nach der Matrosenanzugs-Periode hat sich, was die Textilien betrifft, nur noch die Erinnerung an Bleyle-Anzüge erhalten, aber da war der Knabe schon nicht mehr sehr klein, doch immerhin klein genug, um sich nicht gegen den Stoff wehren zu können, der am Hals und Handgelenk kratzte; es hat nur zu einem stummen Gefühl heftiger Abneigung gereicht, und das hat sich ein halbes Jahrhundert in ihm erhalten. Ob diese Abneigung auch mit der trüb-schwärzlichen Farbe jener Anzüge zusammenhing? Man sagt mir, sie seien in Wahrheit schwarz-blau gewesen, aber für mich hatten sie die fatale Rußfarbe aller Mauern an der Emscher, die der vielen, die ursprünglich aus roten Backsteinen gemauert waren, die der Sandsteinhäuser der besseren Leute, die jenseits der Emscher, auf dem Mühlenberg wohnten, die der verputzten Gebäude und auch der überlebten Fachwerkhäuser, von denen uns zwei gehörten. Oder sehe ich die Farbverwandtschaft nachträglich in die Bleyle-Periode hinein? Meiner Heimatstadt trug der Westwind den Qualm vom Hochofenwerk, der Ostwind den vom Hüttenwerk zu; ich sehe sie als schwarz-graue Welt. Die Romantik der Industrie, vor allem die flammende der hochge-türmten Hochöfen, hat sich erst dem Heranwachsenden erschlossen, zugleich mit dem Protest gegen die soziale und politische Dimension. Kann es sein, daß sich schon ein Knabe durch das Milieu seiner Heimat verdüstern läßt? Etwa auch durch die Schnapsleichen, die am Lohntag – freitags – vor dem Elternhaus auf der Straße lagen? Nie habe ich vergessen, was mir die Mutter entgegnete, als ich meinte, der alte Mann werde die 5 Pfennig – oder waren es zwei? –, die ich ihm gegeben hatte, doch vertrinken. »Du darfst nicht bestimmen wollen, was der Mann mit Deinem Geschenk macht: es gehört jetzt ihm – und vielleicht braucht er den Schnaps...«

Wir wohnten an der Hauptstraße der Stadt; die hieß damals Chausseestraße, später Hindenburgstraße, dann Friedrich-Ebert-Straße, dann natürlich Adolf-Hitler-Straße. Wie sie heute heißt, weiß ich nicht. Damals war sie jedenfalls noch so etwas wie eine Chaussee. Ich erinnere mich noch an die plumpen Pferdefuhrwerke mit Kohle und anderen groben Dingen, die der Knabe von Hörde in Richtung Aplerbeck oder Schwerte oder Richtung Brünninghofen oder Richtung Dortmund fahren sah; aber er konnte immerhin noch von Haustür zu Haustür über die Straße hinweg spielen. Daß diese Anfang August 1914 der lebhafte Treffpunkt der Patrioten war, die bei der »Hörder Zeitung« schräg gegenüber erregt die Mobilmachung diskutierten und dann begeistert die ersten Siege, das gehört nicht mehr in den Bericht über den Knaben, der noch keine Rolle spielte; denn 1914 war er schon 13 Jahre alt und hatte in der Schule die Rolle des Sekundus in der Untertertia zu spielen, eines stotternden Sekundus übrigens, und zu Hause die Rolle eines hoffnungsvollen Sohnes, in dem die Mutter möglicherweise einen künftigen Priester sah; doch sprach sie das kaum aus. Wohl aber zog sich der Knabe gegen Ende der frühen Zeit, über die ich hier berichte, selbstgemachte Meßgewänder an; Er zelebrierte an heiligen Minigeräten herum, die etwas Faszinierendes hatten, Fascinosa. Er war es wohl selber, der den Priestertraum träumte, wie er es auch selber war, der ihn später rechtzeitig aufgab.

Aber fromm ist man ohnehin als kleiner Knabe noch nicht. Dieser betete zusammen mit seinem vier Jahre älteren Bruder morgens vor dem Bett kniend sein »Oh Gott, Du hast in dieser Nacht...« und abends sein »Müde bin ich, geh zur Ruh« – irgendwann später hat ihm seine schon früh ökumenisch gesonnene Mutter, welche die Protestanten zu schätzen wußte und die Juden liebte, mit Genugtuung erzählt, dieses Gebet stamme von der evangelischen Dichterin Luise Hensel. In die Kirche hat den Vierjährigen die vierzehnjährige Schwester Klara geführt und eingeführt; sie ist denn auch Lehrerin geworden. Aber jene Schwester war es auch, die den Knaben immer wieder ins Weltliche schleppte, vor allem zur Eisenbahnbrücke und zur Eisenbahnunterführung; die Bewegung der Züge, so hat sie mir später immer wieder erzählt, konnte er nicht oft genug anschauen; ich selbst erinnere mich mehr an die Unterführung, weil da ein schräges Geländer war, auf dem der Knabe herunterrutschen konnte.

Spiele, die man nicht allein spielt

Eine normale, eine glückliche Kindheit also? Vieles spricht dafür – von dem Weihnachtswunder zehre ich heute noch –, einige Daten sprechen eher dagegen, darunter jene frühesten Erinnerungen an die Löwin und den schießenden Bajazzo. Auffällig ist, daß in meiner Erinnerung Bandenerlebnisse fehlen. Immerhin kann der Knabe nicht allein an den Hörder-Bach gelaufen sein, um Stichlinge zu fangen und in Konservendosen heimzubringen. Der hatte übrigens nichts von dem kräftigen Zauber eines lebendigen Wassers in der blühenden Wiese, – er war noch nicht ganz der Emscher verfallen, – die Stichlinge bewiesen es –, aber er floß schon in der Industrie-Stadtschaft, wo sie kläglich in eine Art Landschaft übergeht. Auch Räuber und Schandiz kann man nicht allein spielen, und der Knabe hat es ebenso gern gespielt wie Verstecken: dazu braucht man auch Spielkameraden. Aber die Gesichter und Namen sind alle verschwunden, bis auf den Namen – nicht das Gesicht – eines gleichalterigen Nachbar-Jungen, – der als einziger später Kontakt mit dem Gymnasiasten hielt; der muß sich den anderen Spielkameraden rasch entfremdet haben, als er in die Nachbarstadt zur Höheren Schule ging. Da fällt mir immerhin eine Mutprobe ein; sie läßt sich datieren, denn sie passierte in unserem stolzen Neubau –, an dem mein Vater sich krank und uns arm gebaut hat. Aus dessen erstem Stock mußte der Zehnjährige abends auf einen Sandhaufen hinunterspringen; der Zielpunkt war im Dunkeln durch eine Zeitung gekennzeichnet. Vielleicht erinnere ich mich gerade deshalb an diesen Vorfall, weil der Knabe mir aus heutiger Sicht, aber auch schon aus seiner damaligen eher als schwächlich und furchtsam erscheint. Die ersten Zeichen dessen, was ich später als Migräne erkannte, die ersten Kopfschmerzen befielen den

Achtjährigen. Beim Turnen freuten ihn immerhin das Laufen, der Weitsprung und das Klettern am Seil, nicht dagegen der Hochsprung und die kühnen Schwünge am Reck, Pferd und Barren. Er ist dann auch kein vitaler Skiläufer, sondern ein behutsamer Bergsteiger geworden.

Mit einiger Leidenschaft erlebte der Knabe die jedes Jahr wiederkehrende Periode des Knickerns. Knicker hießen bei uns die Kugeln, die überall in Deutschland anders heißen: Klicker, Murmeln, Marbeln, Schusserln, Ripplinge. Dazu braucht man auch Kameraden, schon um mit der Zahl der gläsernen oder gar mit Nickelkugeln anzugeben.

Aber der Knabe muß auch allein damit gespielt haben: sie lassen mich sonderbarerweise an Schlamm und Pfützen denken. Die müssen den knickernden Knaben auch als Milieu im einsamen Spiel gedient haben. Dann kam auch für Alleinspielende das Diabolo-Spiel auf, – warum ist es wohl verschwunden? Der Knabe hat es heftig geliebt.

Kinderseligkeiten? Ja, doch, dafür sorgten vor allem die Geschwister. Der Knabe war der Jüngste von vier, ein Brüderchen – der Fünfte – war früh gestorben und verklärt: er hatte Clemens geheißen, der Milde; der Knabe verehrte ihn als zarten Genius. Die älteren lebenden drei Geschwister brachten ihre Freunde und Freundinnen mit. Wenn ein solches Haus ein offenes Haus ist, dann ist viel los, dann blüht die Phantasie, dann potenziert sich die Lebenslust. Das Treppenhaus mit Dutzenden von Kindern, die Verkleiden oder gar Theater spielen: das ist das hellste Bild in den Erinnerungen des alten Mannes, der einmal dieser Knabe gewesen ist. Es wird vielleicht getrübt durch die Einsicht, daß er, der Jüngste, zehn Jahre jünger als die sehr respektierte Älteste, acht Jahre jünger als die angeschwärmte andere Schwester Fränzchen, die also auch Franziska hieß, vier Jahre jünger als die Heldenfigur des großen Bruders, der in allem Körperlichen und Technischen tüchtig war, – durch die Einsicht und Erinnerung, daß er da kaum eine Rolle gespielt hat, daß er bloß mitlief, daß er nicht alles mitbekam, daß er mehr geduldet als ernstlich angefordert

54

war. Dann kam, als er acht Jahre alt war, ein Bruder nach; das erschwerte alles merklich, denn er maß das ahnungslose Kind an den Bildern des zarten toten Clemens und des so lebendigen großen Bruders und fand, daß er schlecht erzogen, nämlich verzogen wurde. So mag er sich verkannt gefühlt haben zwischen den mächtigen Drei und dem lästigen Kleinkonkurrenten.

Eltern und Großvater

Vater und Mutter waren verläßlich, doch nicht immer gegenwärtig. Der Vater war eine einzigartige Kombination: ein Pedant mit Humor, ein liebenswürdiger Pedant. In die Zeit meiner frühen Kindheit fiel ein Umschwung. Der lebensfrohe Mann, aus dessen Jungmännerzeit uns immer neue Streiche erzählt wurden – sie vermittelten uns eine Ahnung von dem großen Leichtsinn der bürgerlichen Gründerjahre –, der Reisende in Bier, der uns immer wieder Schönes und Neues mitbrachte, damals unbekannte Früchte wie Bananen und Tomaten, anderes zum Essen, der kräftige Mann, der den Knaben beim Gang zum Ostereiersuchen im Schwerter Wald auf den Schultern trug, der Bauherr von drei eindrucksvollen Häusern mit elektrischem Licht, – dieser Mann verwandelte sich in einen bettlägerigen Kranken, der in seinen methodischen Spielen still für sich allein lebte. Mit ihm verknüpft sich immerhin auch die erste Erinnerung an die große Serie von Anker-Steinbau-Kästen, mit denen auch der Knabe ohne lästige Vorlage spielen durfte, wenn er sie nur nachher wieder methodisch einpackte. Auch machte der Vater beim harmlosen Kartenspiel mit, beim Halma, beim Mühlespiel, bei dem neuaufkommenden »Mensch-ärgere-Dich-nicht« und viel später wurde er mein erster Partner im Vierhändig-Spielen auf dem Klavier. Er hat meine Kindheit niemals bedroht, sie für wenige Jahre lang – denn er genas allmählich – durch sein bedrückendes Herzleiden als der schweigende Hausgenosse im Bett leicht überschattet.

So schwach der Vater in seiner Liebenswürdigkeit war, so stark die Mutter. Sollte sie für einiges Bedenkliche in meiner Kindheit verantwortlich sein, für jene ersten Trübungen, fürs Stottern, fürs lange Bettnässen, dann wohl nicht durch mangelnde Zärtlichkeit – es war nicht Franziskas Schoß allein an dem der Knabe sich bergen konnte –, sondern durch Abwesenheit: sie ging in dem, was man damals Armenpflege nannte, ganz auf, war im proletarischen Milieu der Hütten- und Hochofenstadt zu Hause und hat, als des Vaters Vermögen zu Grunde ging und er nicht mehr arbeiten konnte, aus dem freien energischen Vollzeit-Engagement einen bezahlten Beruf gemacht, zuletzt als Fürsorgerin für die Stadt Dortmund, die inzwischen unser Hörde geschluckt hatte. Ziehe ich Bilanz, so habe ich für mein eigenes Leben Entscheidendes von ihr gelernt, – aber vielleicht erfuhr der ganz kleine Knabe mehr eben jene leibliche Abwesenheit.

Ihr Vater, mein sehr geliebter, etwas gefürchteter, aber viel mehr verehrter Großvater, der 1909 starb, in dem Jahr, da unser Nachkömmling geboren wurde, war in den ersten acht Jahren meines Lebens die Figur, die das Haus beherrschte. Sein Andenken blieb wach. Ich kann heute nicht mehr unterscheiden, was ich durch die Erzählungen der Mutter und Schwester und was ich noch durch eigene Erfahrung und Beobachtung über ihn weiß.

Einmal nahm er den Knaben mit auf die Reise zu einem Ort, der Bergstraße hieß. Der Knabe hatte eine wahrhaft entsetzliche Angst vor der ersten Nacht im fremden Haus und Bett, in einem Landgasthof. Er war den ganzen Tag wie gelähmt von dem, was da auf ihn zukam. In der Wirtsstube nach dem Abendessen schlief er auf der Bank ein, und als er erwachte, war die Nacht und der Schrecken ebenso vorbei, wie im hellen Zimmer damals die Angst vor der Löwin sich in Nichts aufgelöst hatte. Von da an machte es ihm nichts mehr aus, auswärts zu schlafen, und seine erste mehrtägige Wanderung hat er mit seinem Nachbarskameraden schon als Sextaner gemacht.

Die Trübung der Kindheit

Aber welche Rolle spielte in dieser Kindheit die Emscher? Sie war schon damals die Kloake, die teilweise unterirdisch durch die beiden Industriekomplexe der Stadt floß. Neben und parallel zu ihr oder auch über ihr war die zwischen die beiden Werke eingespannte Stadt noch durch einen Damm geteilt, auf dem der »feurige Elias« fuhr, eine Werksbahn, deren offene Kesselwagen mit glühender Schlacke abends die niedrigen Natur- und Industriewolken beleuchteten. Als der Knabe Gymnasiast geworden war, führte sein Schulweg an diesem Damm und auch an der Emscher vorbei. Einmal hat er es gewagt, sich an einem Eisengitter über den Un-Fluß hinwegzuhanteln und die verbotene Schlackenhalde zu erklettern, auf der er die abgebrannten Kohlenstifte der Bogenlampen vom Boden aufsammelte. Das Hüttenwerk hatte er erst als Werkstudent von innen gesehen, das Hochofenwerk nie, und auch als man einmal vergessen hatte, nach der Reinigung des Riesen-Rohres, das neben der Werksbahn auf dem Damm die Stadt gleichfalls wie die Emscher teilte, ein Mannloch zu schließen, und als das dann ausströmende schwere Gas erst die Katzen und Hunde, dann die Kinder, dann die großen Leute betäubte, da hatte der Anblick der Lastwagen, auf denen die Ohnmächtigen durch die Chausseestraße zum Krankenhaus gefahren wurden, zwar den Reiz der Sensation, aber einer makaberen, auch für den Knaben. Die Emscher: das steht für die kleine Stadt in der großen Industrie. An der Ruhr hatte sie Jahrhunderte vorher klein begonnen, weil dort die Kohle zutage trat, aber eigentlich müßte der Kohlenpott nicht Ruhrgebiet heißen, sondern Emscher-Gebiet; denn erst die in ihrem Bereich nördlich der Ruhr zwischen Dortmund und Hamborn liegenden Zechen haben die großen Werke der Stahlverhüttenden und -verarbeitenden Industrie herbeigezogen, die dann wegen des Eigengewichts, das sie gewonnen hatten, den weiteren Nord-Weg der Kohlenförderung zur Lippe und ins Münsterland nicht mehr mitgemacht haben.

Die Trübung der Kindheit, die später erst im Ferienparadies im Sauerland in ein reines Glück umgeschlagen ist, war sie auch durch dieses Emscher-Milieu zu erklären? Ich stelle die Frage zum zweiten Mal. Haben kleine Knaben schon ein Organ dafür? Dieser, von dem ich erzähle, hatte im eigenen Haus, in der ehemaligen Bäckerei des Großvaters ein Klein-Milieu, das sicher für die meisten Kinder alles Grau der Umwelt aufgewogen hätte: einen scheunenartigen Raum, »die Schauer« genannt, in dem alte Fuhrwerke und Trödel jeder Art aufs Spiel warteten, und sogar zwei stillgelegte Backöfen, in die man hineinkriechen, in denen man sich heimisch machen konnte, dahinter dann noch einen freilich schmalen Grashof vor der Mauer zu Eikelpasch' Garten. Das sollte genügen, das und das mit Kinderleben gefüllte Treppenhaus, von dem ich erzählt habe.

Aber ich denke daran, daß der wachsende Knabe in jedem Frühling einen Kilometer weit lief, um mit verzückten Augen einen blühenden Roßkastanienbaum anzuschauen, – den einzigen, den er kannte. Deshalb will mir doch scheinen, daß die großartige Umwelt mit der Schwerindustrie, die nicht zuletzt durch das soziale Engagement der Mutter später für seine geistige und politische Entwicklung so produktiv geworden ist, sich dem kleinen Knaben, der noch keine Rolle spielte, aufs Gemüt geschlagen hat. Als er ziemlich viel später mit seinem Schulfreund entdeckte, daß die Menschen offenbar das Bauen und das Wohnen verlernt hatten, in der Stifter-Periode, in der Zeit der Nachsommer-Lektüre, da wählten sich die beiden Gymnasiasten das Bergische Haus aus, als das einzige, das sie für kopierbar hielten. Dies zeigt doch wohl, immerhin, daß sie unter den grauen Mauern rechts und links der Emscher gelitten haben.

Im Schatten des Clara-Stiftes

Am Ende der ersten Volksschuljahre zog die Familie nach dem jähen Ende der Freude am Neubau aus der lauten Chaussee-Straße in den stillen Bereich des »Stifts«. Doch hat sich zunächst wenig geändert. Die geschichtliche Dimension erschloß sich erst dem reiferen Gymnasiasten; der erfuhr, wie fündig selbst der nur dilettierende Historiker der Stadt und der eigenen Familie am Straßennamen »Im Stift« werden konnte. Das Stift hatte den Clarissen gehört, den Franziskanerinnen, die nach der Gefährtin des Heiligen Franz von Assisi, der heiligen Clara, benannt worden waren. Als die Hansestadt Dortmund und als die Grafschaft Mark sich der Reformation anschlossen, durfte das Clarissen-Stift der römischen Kirche treu bleiben; so wurde es Zentrum der katholischen Minderheit von weit und breit. Als Hörde dann durch den Zuzug von Industriearbeitern aus dem Sauerland und dem Münsterland, dem Eichsfeld und dem katholischen Ermland in Ostpreußen, aus Westpreußen, Oberschlesien, Posen und nicht zuletzt aus Polen selbst bis zu einem Drittel und mehr katholisch wurde, bauten sich die Katholiken 1860 eine stattliche Kirche, natürlich im Stiftsgelände. Und natürlich wurde diese nach der heiligen Clara benannt, und fast ebenso natürlich hieß meine respektierte ältere Schwester Clara, aber auch schon meine Großmutter väterlicherseits, die in dem Leben des Knaben keine besondere Rolle gespielt hat; und natürlich hat er selbst, als er ein Dritteljahrhundert später eine Tochter bekam, sie Klara genannt, – übrigens die erste mit K statt C in dieser Geschichte, in die durch Franziska und Fränzchen und jenen Jugendfreund Franz schon reichlich viel Franziskanisches hineingeraten ist. Aber als er im Clarissenstift wohnte, über einer »Kinderbewahranstalt«, hatte der Knabe keine Insel franziskanischen Friedens im Emscherbereich erreicht. Sein Blick aus dem Schlafzimmer fiel hart auf den ihm schon drei Jahre verleideten Schulhof der alten Stiftsschule, und dieser Hof, in dem er sich oft genug die Knie zerschlagen hat – harter

Aschenboden –, grenzte an den Güterbahnhof. Sah er jenseits der verwirrenden Gleise, der wie irr hin und her rangierenden Wagen und des südlichen Vororts der Stadt in der Ferne den Horizont als grüne Höhenlinie, den Höchsten, so wußte er damals noch nicht, welche befreienden Freuden das unsichtbare Bergland dahinter ihm bereithielt, später, als aus dem Knaben ein Junge geworden war. Über sie zu berichten, das wäre eine andere Geschichte.

Gestalten der Kindheit

Der alte Risse

Die Erinnerung an meinen Großvater führt mich in weit zurückliegende Zeiten. Im Jahre seiner Geburt fuhr in England die erste Dampfeisenbahn, 1825; als er zehn Jahre alt war, mag er von der Bahn Nürnberg–Fürth gehört haben. Er soll die Gabe des zweiten Gesichts gehabt haben, – ein Spökenkieker: Noch bevor er etwas von der Eisenbahn wußte, soll er in der Nähe seines Dorfes den ersten Schienenstrang und Wagen mit eisernen Rädern vorausgesehen haben. War es die Linie Dortmund–Paderborn, die an seinem Dorf vorbeifuhr? Oder eher die ältere, die sehr alte preußische Linie, Köln–Minden, Köln–Berlin? Ich bilde mir sehr gern ein, daß ich ein kleines bißchen von dieser Hellseherei von ihm geerbt habe, einen Ausweis echter Westfalenschaft. Goethe starb, als er sieben Jahre alt war; er wird es kaum erfahren haben. Als Bäcker-Lehrling soll der Bauernsohn oft die Strecke Westönnen–Hörde und zurück, um die 40 Kilometer in einer Nacht zu Fuß zurückgelegt haben, mit einer Last im Rucksack, mit der es eine caritative Bewandtnis hatte, die ich vergessen habe. Das und vieles mehr hat mir meine Mutter erzählt. Als er starb 1909, war ich acht Jahre alt: das muß mich zur Vorsicht mahnen, wenn ich viele Einzelheiten von ihm erzähle. Manches, was ich zu wissen meine, kann ich wohl nicht aus eigener Erfahrung wissen. Meine Mutter, die ihren Vater sehr geliebt und hoch geschätzt hat, erzählte noch jahrelang von ihm. Sein Geist blieb also länger in meiner Nähe als sein dahingegangener Leib. Was diesen betrifft: Ich bin etwas beschämt darüber, daß ich nicht weiß, wo er auf dem Hörder Friedhof begraben liegt, – aber vom Gräberkult hielt man nun einmal in unserer Familie nicht viel. Die Mutter stand zu den Lebendigen, zu denen, für die sie sorgte, und auch mit dem Lebendigen in ihrem Vater: mit seinem sehr regen Geist. Den hat sie bis ans Ende ihrer Tage bezeugt.

Jener Leib des alten Risse war klein und stämmig. In den zwanziger Jahren hat mich in Frankfurt ein Werbeplakat der Nassauischen Sparkasse nicht losgelassen, auf dem mich ein Bauer im blauen Kittel sehr streng, forschend, zwingend ansah: seine intensiv blauen Augen fesselten mich, doch brachten sie mich nicht zum Sparen, sondern sie erinnerten mich an meinen Großvater. Entweder hat er ähnlich starke Augen gehabt oder er fällt mir angesichts dieses Angesichts ein, weil er selber streng und fordernd, sehr »sittlich« auf mich gewirkt hat. Kein Opa zum Scherzen, Geschichten hat er uns nie erzählt. Ich hatte und habe eine so hohe Meinung von ihm, daß ich einen Augenblick schockiert war, als mir meine Schwester kurz vor ihrem Tod und dreiviertel Jahrhunderte nach seinem anvertraute, er sei geizig gewesen; er habe jedenfalls für geizig gegolten. Ich wehrte mich einen Augenblick dagegen, habe aber eingesehen, daß meine Schwester es doch wohl besser wissen müsse als ich; sie war bei seinem Tod 19 Jahre alt und eine gerade fertig geprüfte Lehrerin. – Ich war ein kleiner Junge.

Das Produkt seines Fleißes und möglicherweise seines Geizes waren die drei Häuser in bester Lage an der Chausseestraße, die mein Vater geerbt hat, Chausseestraße 26 bis 30. Nr. 26 war ein zweistöckiges Haus aus Stein. Darin lebten wir mit dem Großvater zusammen. Unten war die Wirtschaft »Zur Grafschaft Mark«, im Gang vor ihrem Eingang ein großer Glasschrank, in dem Brötchen lagen. (Vielleicht auch Brot?) Ihr Verkauf war das, was von seiner Bäckerei geblieben war, als er Wirt wurde. Das gebraute Bier und das gesäuerte Brot hängen ja sprachlich und kulturhistorisch zusammen: Gärung ist das verbindende Element. Wir Kinder profitierten von dieser Historie: es gab im Haus zwei stillgelegte Backöfen, sehr passende Verstecke beim Spielen, und eine große Schauer – so hieß der Raum jedenfalls bei uns. Ich schlug in Wahrigs Wörterbuch nach. Das Wort steht da tatsächlich, allerdings nicht als weiblich, wie ich's im Ohr habe, sondern als männlich oder als Neutrum. Wie so oft wenn man im ethymologischen Wörterbuch nachschlägt, stimmt es auch der Sache nach. Das Wort, so liest man da, ist mundartlich aus der althochdeutschen Form Scur entwickelt, die »bedeckter Ort, Schirm, Schutz« bedeutet hat, aus indogermanisch skeu – bedecken. Wie im kleinen der Backofen, so war im großen die Schauer unser Rückzugsraum, in dem wir uns bedeckt halten konnten, wenn wir lernen oder arbeiten sollten, aber spielen wollten. Auch der mit spärlichem Gras bewachsene Hof, der sich anschloß, ein schmaler Streifen zwischen dem Haus und der hohen Backsteinmauer war intim, geschlossen, bot Schutz. Hinter der Mauer lag der verbotene Eikelpasch'sche Paradies-Garten.

Aber ich habe vom Großvater zu berichten. Er hatte das Steinhaus gebaut, wann wohl? Ich schätze: vor der Jahrhundertwende. Er war der Besitzer der beiden gleichhohen Fachwerkhäuser nebenan: schwarze Balken, weiße Felder. Im ersten Stock unseres Steinhauses war ein Durchgang zwischen ihm und dem ersten Fachwerkhaus Nr. 28, in dem das Schlafzimmer der Eltern lag; es ist auch mein Geburtszimmer, und ich erinnere mich gerade noch an die Zeit, da auch ich darin schlief. Das Häuser-Erbe war kein Segen. Mein Vater riß die drei Häuser ab und baute drei hohe neue großstädtische, die auch elektrisches Licht und anderes enthielten, was meinem Großvater nicht gefallen hätte. Mein Vater muß sich beim Bauen, vielleicht auch bei der in Nr. 30 verlegten neuen Gastwirtschaft, die ebenfalls »Zur Grafschaft Mark« hieß, übernommen haben. Zudem war er in jener Zeit bettlägerisch herzkrank – Ursache oder Folge des wirtschaftlichen Zusammenbruchs? Ich habe niemals ein Wort über diese Sache gehört, die doch eine Familienkatastrophe gewesen sein muß. Es waren unruhige Jahre zwischen 1910 und 1912 oder 1913: der Umzug während des Bauens, das Bauen selbst, der Umzug zurück, aber ich habe nie Fragen gestellt, ich habe mir offenbar auch keine Gedanken gemacht. Nur an das eine erinnere ich mich: daß ich den Wechsel vom eigenen Haus zur Mietswohnung als sozialen Abstieg registriert habe. Jedenfalls verkörpert das Steinhaus Nr. 26 für mich ebenso sehr die frühe Kindheit im Zeichen des Großvaters wie die neue Wohnung über dem Restaurant, mit Balkon und einigem Jugendstil, die Zeit der beginnenden Pubertät und der ersten Klassen des Gymnasiums. Aber lange sind wir nicht im neuen Haus geblieben: die Finanzkatastrophe zwang uns, die Wohnung in ihr aufzugeben und eine bescheidenere zu mieten – der dritte Umzug, diesmal in den Stift, den ehrwürdigsten Teil meiner Stadtheimat.

Der kleine drahtige gegebenenfalls geizige Mann hieß in der Stadt »de Olle Risse« – und das war nicht herabsetzend gemeint, sondern wurde mit Respekt gesagt –. Dieser »alte Risse« also, achtzigjährig als ich vier Jahre alt war, hat mich offenbar gern gehabt. Und ich ihn. Ich erfuhr, wie energisch er in der Wirtschaft mit Gästen umsprang, die ihm nicht paßten, vor allem mit Betrunkenen; ich hörte davon, wie kratzbürstig er gewesen ist, der Katholik und Demokrat, wenn es einen Streit mit den herrschenden Liberalen in der Stadt gab. Aber zu mir war er freundlich, sogar gütig. Einmal hat er mir fünf Pfennig fürs Speiseeis gegeben, – für eine der neumodischen Leckereien, für die er nichts übrig hatte. Zwar hat er mir die einzigen Schläge versetzt, die ich je bekommen habe, und sie trafen obendrein einen Unschuldigen, aber offenbar war meine Zuneigung tief: ich habe ihm den Irrtum und die Gewalt nicht übel genommen. Ich habe die Fürsorglichkeit in Erinnerung, in der er mit mir umging, als er mich auf eine Reise aufs Land mitnahm, zu meiner ersten Nacht im fremden Bett, einer eigentlich schrecklichen Sache.

Daß er für meinen Lebensweg wichtig wurde, lag daran, daß meine Mutter mir viel von seinen politischen Überzeugungen erzählt hat. Er kann sie dem Achtjährigen kaum selbst nahegebracht haben. Er muß so etwas wie ein Bauerndemokrat gewesen sein. Die Schlacht bei Königgrätz hatte die falsche Seite gewonnen. Die falsche Seite: das waren natürlich die Preußen. Ich nehme an, daß mein Großvater den Namen seiner Wirtschaft »Zur Grafschaft Mark« sehr bewußt gewählt hat. Das war »antipreußisch« gedacht. Mein Großvater betrachtete sich wie die Frankfurter, Hannoveraner und andere als »Mußpreuße«, obschon die Mark nicht erst 1866, sondern bereits 1614 preußisch geworden ist – oder vielmehr branden-burgisch. Dreihundert Jahre haben seine Vorfahren ihn und seinesgleichen nicht zum loyalen Patrioten machen können. Er fühlte sich als »Märker«. Dabei ist er keineswegs in der Mark geboren, aber immerhin als 15jähriger in sie hineingekommen. Sein Dorf hatte in der Periode von 1807 bis 1815 zum Königreich Westphalen des Napoleon-Neffen Jérome gehört: er hat das als die schönste Zeit der Provinz gerühmt. Protestantisch waren die schlimmen Preußen-Könige oben-drein, und der Großvater war auch durch den Kulturkampf geprägt. Sein Ideal war offenbar ein großdeutscher Staat, dessen Regent ein katholischer, österreichischer Erzherzog zu sein habe, mit dem berühmten Tropfen demokratischen Öls gesalbt. Da ist also eine frühe Linksprägung, die ich auf den alten Risse zurückführe, und wenn da auch ein konservatives Element drin steckte – ein antiwilhelminisches, versteht sich –, so möchte ich mich auch auf diese Erbschaft berufen können.

Mein Großvater habe einmal wegen Majestätsbeleidigung vor Gericht gestanden, hieß es in der Familie; meine Nachfor-schungen haben nichts herausbekommen können; vielleicht hat die rebellionsfreudige Fama aus seinen Prozessen mit dem nationalliberalen Bürgermeister die bezeichnende Pointe ent-wickelt.

Aber der sehr katholische Kulturkämpfer muß auf seine Weise doch auch ökumenisch gewesen sein. Er hat in zweiter Ehe eine evangelische Frau geheiratet. Die Mischehe, wie man sie heute zum Glück nicht mehr nennt, paßt wenig zum Bild des bewußten, des aufrechten Katholiken von damals. Da war sein Pfarrer, Heinrich Wiggers, der zum Generalvikar der Diözese Paderborn aufgestiegen und – wie es hieß – »im Rufe der Heiligkeit gestorben« ist. Der aber hatte es ihm nicht nur erlaubt, sondern sogar angeraten, diese Frau zu heiraten. Sie muß aber auch eine besondere Person gewesen sein, die geliebte meiner beiden Großmütter. Ich habe ihr Bild an der Wand hängen, obwohl ich sie selbst nicht mehr kennen gelernt habe, eine Dame mit Löckchen rechts und links vom Gesicht, sehr aufrecht sitzend. Meine Mutter hielt auch ihr Andenken hoch und erzählte oft von ihr; sie brachte einen Hauch von Vornehmheit in unsere kleinbürgerliche Familie. Da waren sogar Beziehungen zu einem fürstlichen Haus: dem von Schaumburg-Lippe. Tante Minna scheint da gelebt zu haben, deren Bild (in Öl) gemalt ich besitze, und die Mutter erzählt von den fürstlichen Prinzessinnen und Prinzlein im Park von Bückeburg. Aber mehr rühmte meine Mutter ihre innere Vornehmheit, ihre Bildung und ihre Herzensgüte. Sie gehörte zu meinen Genien. Mein Großvater war mir zu bekannt und zu nahe, als daß er auch zum Genius geworden wäre: er war und blieb ein politisches Vorbild.

Den anderen Großvater, väterlicherseits, habe ich nicht mehr kennengelernt, und ich habe auch nicht durch Berichte etwas von ihm mitbekommen. Er ist ein Loch in meiner Erinnerung. Seine Witwe, die Omama Dirks, habe ich nicht gemocht; sie erschien mir als kalt. Dabei hat sie uns die ersten Filme sehen lassen, die in ihrer Wirtschaft gezeigt wurden, Sonntags nachmittags, mit Biergläsern auf den Tischen, bei uns Kleinen mit Himbeerlimonaden-Gläsern, einem für den Nachmittag, auf dem Tisch dicht vor der Leinwand. Es war nicht mehr die Zeit, da auf ihr Züge aufeinander zurasten, aber viel mehr wurde nicht geboten, dazu Klavierbegleitung. In meines

Großvaters Wirtschaft wäre so etwas unmöglich gewesen, stilwidrig in höchstem Maße. Da waren die soliden Arbeiter von der rohen Hermannshütte, die den Ton angaben – denen wohl auch er den Ton angab. Er wollte vom Fortschritt wenig wissen. Als er zum ersten Mal in Dortmund den Kaiser-Wilhelm-Hain betrat, hat er angesichts der Rasenflächen ausgerufen: »Wat künnt hier Tiuffeln wassen!«, »Was könnten hier Kartoffeln wachsen!«

Als ich später das Oberhof-Kapitel in Immermanns »Münchhausen« las, hat mich der Dorfschulze an meinen Großvater erinnert. Ich hätte gern Risse geheißen. Offenbar wußten auch die Hörder seine derbe Menschlichkeit zu schätzen. Ich habe noch in den Ohren, wie sie von ihm sprachen: »segg de olle Risse, do liäwre no«: das sagte der alte Risse, da lebte er noch. Er wäre jetzt mehr als 150 Jahre alt, aber ich hänge noch heute an ihm. Er steckt mir in den Knochen, und manchmal denke ich, ich hätte sein Leben fortgeführt, allerdings bedenklich ins Intellektuelle gewendet, auch ins 20. Jahrhundert. Eine Spur Bauer und eine Spur Handwerker möchte ich in mir gerettet haben.

Die starke Frau

Über die eigene Mutter zu schreiben, ist seit Sigmund Freud ein heikles Unternehmen geworden. Dem Klischee von der untadeligen Mutter, über welche der niemals untadelige Sohn nur Gutes zu rühmen hat, tritt ein neues Klischee gegenüber, der Mutter-Komplex. Ich fand in mir eine gelegentliche Kühle im Umgang mit der Mutter, aber nichts Dramatisches, keine Spannungen, keine Konflikte. Auch in den Perioden, da sie mir etwas ferner war, habe ich sie verehrt, und in anderen Zeiten hat mir ihre spröde Zärtlichkeit gut getan, noch in ihren letzten Tagen. Erst als ich mich sehr spät fragte, woher mein Stottern in der Schulzeit gekommen sein könnte, konstruierte ich zur Probe, die äußerst engagierte Fürsorgerin könnte mich in einer entscheidenden Periode vernachlässigt haben, nicht objektiv, aber in der Sicht des kleinen Jungen. Mag sein, es ist nicht mehr von Belang.

Als ich – in der Nazizeit – an der alten »Frankfurter Zeitung« arbeitete, habe ich einmal ein Porträt meiner Mutter geschrieben, ohne ihren Namen zu nennen. Es trug als Titel das biblische Wort »Mulier fortis«: die starke Frau. Das ist natürlich ein literarisches Porträt, für den Zeitungsleser geschrieben, der sich kaum für meine Familie interessieren wird, aber vielleicht mit dem Typischen etwas anfangen kann. Anderseits lag es in meiner literarischen Absicht, genau zu sein, – gemäß der Goetisch-stifterischen und Walter Dessauers Tradition des Feuilletons meiner Zeitung. So habe ich denn nichts hinzugefügt, wohl aber natürlich manches weggelassen, – daß sie mich politisch geprägt hat, konnte ich den Nazis nicht offenbaren. Doch würde ich heute, nach vierzig Jahren, die selbstgestellte Aufgabe, meine Mutter als eindrucksvolle Frau zu beschreiben, ähnlich zu lösen suchen.

Aber ich kann einiges hinzufügen. Einmal habe ich dankbar zu bekennen, wie sehr das in dem Feuilleton beschriebene Engagement mich beeinflußt hat. Ich akzeptierte nicht nur ihre Arbeit, ich fand sie außerordentlich. Mein soziales Gewissen ist von ihr bestimmt. Im Grunde verdanke ich, der intellektuelle Kleinbürgersohn, ihrer Arbeit einen frühen Einblick in die proletarische Realität. Bei den vielen Hausbesuchen, die ich mitmachen durfte, sah ich wenigstens äußerlich ins Milieu hinein. Aber wir erlebten ja auch durch ihre lebhaften Berichte ihre »Fälle« mit, ihre »Problemfälle«, und wenn sie immer wieder Hilflose ins Haus mitbrachte, wo sie tagelang, auch wochenlang unter uns lebten, dann spürten wir vieles hautnah, von dem meine Mitschüler nichts ahnten. Wie groß ihre Autorität unter den Arbeitern selbst war, die ja der bürgerlichen Armenpflege ein gehöriges Mißtrauen entgegenbrachten, hat mir ein Vorfall im Jahr 1920 gezeigt. Da hatte die rote Armee der Kommunisten Hörde besetzt. Mein Schulfreund und ich, 19jährig, die wir gerade das Abitur hinter uns hatten, besaßen einen Appetit, den die Eltern nicht mehr stillen konnten; auch gingen Gerüchte um, die Rote Armee werde die jungen Leute einziehen. Wir beschlossen, ins vertraute Sauerland zu wandern, wo wir unsere bäuerlichen nahrhaften Stützpunkte hatten. Zu diesem Zweck mußten wir »die Front« durchqueren, die zwischen rot und schwarz-rot-gold und leider auch schwarz-weiß-rot südlich von Hörde auf dem Rücken des Höchsten im Ardey-Gebirge im Wald verlief. Drüben stand Noskes Reichswehr und standen Einheiten vom Corps Lichtschlag, einer der reaktionären Wehrgruppen, auf deren Hilfe die Regierung angewiesen zu sein meinte. Wir zogen nachts los, um die Linie heimlich zu überschreiten, wurden aber von den Wachen der Roten geschnappt. Wir waren aus mehreren Gründen verdächtig. Wir hatten als altgediente Wanderer Meßtischblätter bei uns, halbmilitärisches Material also, und ich trug eine Offiziers-Litevka, die mir einige Wochen früher der junge Privatdozent Romano Guardini geschenkt hatte: er war trotz seiner italienischen Geburt 1915 deutscher Staatsbürger geworden und hatte einige Zeit, als älterer Theologiestudent oder junger Priester, im Sanitätskorps gedient. Die Arbeitersoldaten konnten also annehmen, wir seien unterwegs zu den Noskes oder gar zu den Reaktionären. Sie brachten uns nach Hörde zurück, ins Hauptquartier, eine Gastwirtschaft, und wir mußten im Saal an der Wand stehen, bis morgens um sieben Uhr der Kommandant der Stadt erschien. Als er meinen Namen erfragt hatte, sagte er: »Bist du etwa ein Sohn von Frau Luise Dirks?«. Ich sagte: Ja; da sah er mich lächelnd an und meinte: »Dann kannst du ja kein Reaktionär sein«. Er glaubte unserer Schilderung und gab uns sogar einen Passierschein mit. Die Szene am Fenster um 1908 herum, als meine Mutter mir vom Schlafzimmer aus die Gendarmen zeigte, die auf streikende Arbeiter einschlugen, habe ich bei vielen Gelegenheiten erzählt. Der Kommentar der Mutter, dem sieben- oder achtjährigen Kind ins Ohr gesagt, hieß: »Da hängt nun diese ganze Stadt Hörde von dem einen Unternehmen mit den beiden Werken ab, und da bilden sich die Herren ein, das sei Privateigentum«. Dieses Wort hat gesessen, und von da an bin ich nicht mehr so leicht auf die bürgerliche und auf die katholische Front gegen den eigentumsfeindlichen Sozialismus hereingefallen. Es ist merkwürdig, daß sich eine politische Formel wie diese mit ihrem doch schon erheblichen Abstraktionsgrad im Bewußtsein des Kindes festgesetzt hat. Man müßte feststellen, wann wohl genau der Bergarbeiter- oder Hüttenarbeiter-Streik vor dem ersten Weltkrieg stattgefunden hat. Es muß vor 1910 gewesen sein, wie die Szene am Fenster des Schlafzimmers im alten Haus stattgefunden haben muß, das etwa in diesem Jahr abgerissen worden ist.

Daß ich meiner Mutter das lebendige Bild meines Großvaters verdanke, der 1909 starb, habe ich schon berichtet. Sie, die selber sozialpolitisch interessiert war und so einem Sozialismus nahekam, den ihr Vater gewiß abgelehnt hätte, folgte ihm in der großen Staatspolitik, im Mißtrauen gegen den Obrigkeitsstaat und gegen den Militarismus.

Ich erzählte schon, daß sie mich auch gegen die Germanisierungspolitik der preußischen Verwaltung in der Provinz Posen und Westpreußen immun gemacht hat. Einige Jahre später verdanke ich es ihr, daß ich selbst den ersten flüchtigen Blick in den Osten tun durfte: Als ein kleines Geschwisterpaar von etwa drei und vier Jahren von Preußisch-Sobowitz bei Dirschau in Westpreußen abzuholen war, im Auftrag des Fürsorge-Amtes der Stadt Dortmund, erwirkte sie bei der Behörde und im Gymnasium, daß ich zu diesem Zweck fahren durfte. Hinterher finde ich, daß alle Beteiligten großzügig waren, als sie den Obersekundaner oder Unterprimaner auf eine 1500 km weite Reise schickten und ihm die Verantwortung für die Kinder anvertrauten. Der Direktor meinte, ich könne in fünf Tagen in Berlin und Danzig mehr lernen als in der Schule und gab mir bereitwillig frei. Ich müßte leugnen, daß mich das Dorf Preußisch-Sobowitz bei Dirschau in Westpreußen und der bisherige Herr über die Kinder nebst dem sozialen Hintergrund mehr interessiert hätte als Berlin, als die Marienburg, als Danzig, als Zoppot und als das Meer, das ich zum ersten Mal sah. Aber etwas von der fremden Welt des östlichen Landes, etwas »Ost-elbisches« habe ich in dem kleinen Dorf Preußisch-Sobowitz doch erschnuppern können. Auf der Rückreise fuhren wir durch bis Dortmund, sicher mehr als 24 Stunden lang. Heil brachte ich meiner Mutter und der Stadt die Kinderchen. Sie müssen jetzt, falls sie noch leben, uralte Leute sein. Ob sie sich der Reise und des Jünglings erinnern, der sie betreut hat?

Aus Erzählungen der Eltern, belegt durch braune Photos, habe ich Kunde von einer verschollenen Periode in ihrem Leben. Die Eltern müssen einmal recht lebenslustig gewesen sein. Da sie 1890 geheiratet haben, wird man diese Periode mit den sogenannten Gründerjahren in Verbindung bringen können. Diese werden auch in der kleinen Industriestadt belebend, anfeuernd, vielleicht sogar erregend gewirkt haben. Der Vater erzählte von dem Unsinn, den die jungen Männer nachts getrieben haben, Studentenulk sozusagen; die Mutter berichtete von Festen, Bällen, Kostümen. Es scheint da so etwas wie eine Gesellschaft existiert zu haben, zu der die Eltern, die selbst keineswegs zur Hautevolée der feinen Leute vom Mühlenberg gehörten, als aufstrebende Kaufleute aus anständigem Haus offenbar Zugang hatten. Etwas davon ist auch ins Familienleben übergegangen. Die Feste wurden gern und mit Phantasie gefeiert; nicht nur der Vater, der einen Männergesangverein dirigierte, sondern auch die Mutter spielte dazu auf. Wenn es auch die großen Kinder waren, die den Stil und Rang solcher Feiern bestimmten, so konnten sie doch auf die Erfahrung und die Weltläufigkeit der Eltern zurückgreifen. Ich habe sehr den Kontrast empfunden, der zwischen dem ehemaligen »Leichtsinn« der Mutter und dem Ernst und der Zähigkeit ihrer caritativen und sozialen Arbeit bestand. Vermutlich ist der Ansatz dieser Arbeit einmal die gesellschaftlich geprägte Wohltätigkeit von bürgerlichen Frauen- oder gar Damenvereinen gewesen. Sie hat diese Anfänge gründlich hinter sich gebracht.

Zuhause war meine Mutter eine freundliche Gebieterin. Sie war der Mittelpunkt des Ganzen. Aber sie hat vieles delegieren müssen, an unsere »Mädchen«, die manchmal wechselten, gar nicht oft, und von denen ich zwei, Valeska und Viktoria, in schrecklicher Erinnerung habe. Obwohl sie Polinnen waren, habe ich sie als pedantische Tyranninnen nicht mögen können. Aber durchweg habe ich gute Erinnerungen, vor allem an die erste, jene Franziska, und an die letzte: unsere Josefa, die Jahrzehnte lang erst bei meiner Mutter, dann bei mir selbst und schließlich bei meiner Schwester in Stellung war: wir halten auch heute ständig Verbindung mit ihr, und sie mit uns. Sie ist in ihre sauerländische Heimat zurückgekehrt.

Weil meine Mutter für alle unterprivilegierten Minderheiten war, hat sie uns auch die Polen ans Herz gelegt, die vor dem ersten Weltkrieg als zugewanderte Arbeiter in dieser oder jener katholischen Kirchengemeinde des Ruhrgebietes die Mehrheit erreicht hatten; bei uns verfügten sie immerhin über eine eigene Polen-Messe, und in der Volksschule waren wir etwa fifty-fifty. Mein bester Grundschulfreund hieß Wischnewski. Nach 1918 sind viele ins Vaterland zurückgekehrt.

Ein besonderes Verhältnis hatte meine Mutter zu den Juden. Sie hatte die Erfahrung gemacht, daß sie bei ihren Bittgängen, wenn irgendein Problem zu lösen war, bei den jüdischen Geschäftsfrauen bessere Erfahrungen machte als bei den christlichen. Sie zählte uns die Tugenden der Juden auf – an zwei erinnere ich mich: Wohltätigkeit und Familiensinn – und war über nichts stolzer als darauf, daß eine Jüdin einmal zu ihr gesagt hat: »Frau Dirks, Sie haben ein jüdisches Herz«.

Als sie nach der Pleite meines Vaters und während seiner Krankheit aus ihrer caritativen und sozialen Arbeit einen Beruf machte, durch den sie unseren Unterhalt verdiente, hatte sie in Diensten des katholischen Fürsorgevereins ihr Büro zuerst »im Stift«, in dem sehr alten Stadtteil in der Nähe der »Stiftskirche«; der Name, auch der des Clara-Stiftes, erinnerte daran, daß da ein adliges Damenstift im reformierten Hörde lange ein katholischer Mittelpunkt für die Umgebung gewesen war. Inzwischen hatte die Zuwanderung der Arbeiter aus Schlesien, Posen, dem Eichsfeld, dem Sauerland uns Katholiken zu einer kräftigen Minderheit gemacht, die wohl mehr als ein Drittel der Bevölkerung erreichte. Aber der Bereich um das Stift und die Stiftskirche, die Stiftsschule und das Clara-Stift blieb ein speziell katholischer Bereich.

Nach den Jahren des Studiums, in dem ich, von der Jugendbewegung sehr erfaßt, nicht oft zuhause war, und den Berufsjahren an der Rhein-Mainischen-Volkszeitung, waren wir räumlich merklich getrennt, von dieser oder jener gemeinsamen Ferienreise abgesehen. Ich erinnere mich, wie sie im Tessin auf dem Lande die Haltung und die Eleganz der Tessinerinnen rühmte, die da aus ihren ärmlichen bäuerlichen Steinhäusern die Treppe hinunterschritten. Sie hatte Sinn für das Fremde und war offen für die Fremden. Die letzten zwei Jahrzehnte hat sie bei mir in meinem Haus in Frankfurt verbracht, in den ersten Jahren noch zusammen mit meinem Vater. Es ergab sich ganz von selbst, daß Notleidende und »Problemfälle« wieder den Weg zu ihr fanden. Sie erntete die Frucht eines reichen aktiven Lebens, war bis zum letzten Tag ganz da. Als sie nach schwerer und schmerzvoller Krankheit tot in ihrem Zimmer lag, haben meine kleinen Töchter sie immer wieder aufgesucht: so friedlich, so wenig abstoßend war ihr Gesicht. Ein paar Tage vor ihrem Tod hatte sie mir gesagt: »Denkst du auch daran, welche Nachbarn nächstens einen Strauß von unserem Flieder bekommen?« Sie zählte sie auf; sie hat ihr Haus bestellt.

Meine Mutter ist nicht bigott gewesen. Daß ich als Junge Priester werden wollte, hat sie gefreut, aber sie hat niemals von sich aus diesen Plan gefördert, das war meine Sache, meine Sache war es auch, als ich mein Studium aufgab. Ich brauchte als Kind weder Meßdiener zu werden, wie es sich doch eigentlich für einen guten katholischen Jungen gehörte, noch Sonntags nachmittags in die Andacht zu gehen, zu der mich nichts hinzog. Eine autoritäre Erziehung, die man damals vor allem vom Vater erwartete, ist mir nicht nur durch dessen Krankheit und Weichheit erspart geblieben, sondern auch dadurch, daß die starke Frau, meine Mutter, mir gegenüber niemals ihre Macht gezeigt hat, sondern nur ihre Güte.

Eine wärmere Welt

Es war 1907 – ich war I-Männchen, im ersten Schuljahr – als ich zum ersten Mal nach dem Dorf fahren durfte, von dem die Rede sein soll, in eine wärmere Welt. Der Anlaß oder Grund: Mein Vetter Clemens Müller heiratete die Nachbarstochter Lotzin' Mári. Das Dorf liegt im Ansberger Wald im Sauerlande. Die Fahrt über Aplerbeck, Sölde, Holzwickede, Unna, Westönnen, Ostönnen, Soest, – wie rhythmisch ist mir die Reise in den Ohren, nach siebzig Jahren! – Lünern, Hemmerde, Werl und dann mit der Westfälischen Landeseisenbahn über Soest-Thomätor am Rand der alten Stadt und viele kleine ländliche Stationen auf die Höhe des Haarstrangs hinauf und dann steil wieder herab nach Allagen, dem Ursprungsort der väterlichen Familie, und über Belecke im Möhnetal nach Warstein. Diese Reise habe ich seit jener Hochzeitsfahrt unzählige Male gemacht. Ich weiß auch die Reihe der kleinen Stationen der Landeseisenbahn noch auswendig. Von Warstein aus stieg man dann eine knappe halbe Stunde bergan zu dem Ort jener Hochzeit, der viele Jahre meine, unsere – meines Bruders und meine – Ferienheimat war. Daß sie eine Heimat werden konnte, spürte ich wohl, als ich zum ersten Mal den Namen hörte, den die Nachbarskinder mir gaben. Obwohl sie meinen städtischen Namen kannten, hießen sie mich landesüblich nach dem Hausnamen meiner Verwandten. Auch diese hießen im Standesamt anders als im Alltag: die Leute nannten die Müllers Luiges, wohl nach dem Erbauer des Hauses. So war ich denn gemäß dem üblichen sächsischen Genitiv Luiges Walter – und konnte mich aufgenommen fühlen.

Der ländliche Friede

Von der Hochzeit, die aus der Nachbarstochter Lotzin Mári eine Luiges Mári gemacht hat, weiß ich nicht mehr viel, im Grunde nur zweierlei: die hoch aufgerichtete Gestalt der

Braut, die mir in ihrem weißen Kleid und mit dem Kranz über dem lieben Gesicht einen tiefen Eindruck machte, und ein festliches Durcheinander beim Essen, wo mich die vielen Leute und der wirre Verlauf der Gespräche verwirrten, zumal das sauerländisch Platt dominierte. Aus irgend einem Grunde machte es mir auch Eindruck, daß mein Vetter Clemens gerade das Mädchen von jenseits der Hecke heiratete; das leuchtete mir ungemein ein. Ich mußte diese Braut gernhaben: sie sprach langsam und fast zärtlich mit mir, mit leiser Stimme unter den vielen lauten, und sie hatte einen Blick, der zur Stimme paßte; mitfühlend sprach sie, als sie sich sehr genau nach mir und meinem Leben erkundigte, wie ich es gar nicht gewohnt war. Sie nahm mich ernst. Meine Liebe zu dieser Base habe ich immer bewahrt, ihr Hochzeitstag hat in mir Epoche gemacht.

Da war noch etwas anderes merkwürdig. Clemens und seine Frau hatten nicht das Alter, daß sie als gewichtiger Onkel und richtige Tante hätten gelten können, waren doch jüngere Geschwister von Clemens in meinem Alter, – aber sie waren anderseits zu alt, als daß ich mit ihnen wie mit Gleichgestellten hätte umgehen können. Wir waren eben eine halbe Generation auseinander, das hat mich verwirrt. In den zehn Jahren, die der Hochzeit folgten, kamen Kinder auf die Welt, wie es sich gehört, die wiederum so nahe an meinem eigenen Alter waren, daß ich die eigentlich fällige Onkelrolle nicht übernehmen konnte. Sowohl die Eltern wie die Kinder wollten von mir und uns als Vettern und Kusinen behandelt werden. Das war merkwürdig genug. Es war aber nur möglich, weil die Positionen Onkel und Tante eindeutig und sehr kräftig besetzt waren. Onkel Heinrich und Tante Angela, der Vater und die Schwiegermutter von Clemens, waren die Autoritätspersonen im Haus. Vor allem der Onkel – er mag 50 Jahre oder etwas mehr gezählt haben – fiel mir durch eine große Ruhe und Sanftheit auf, aber sein Wort hatte Geltung. Mir gefiel er mehr durch die Wärme, in der aber auch Tante Angela mit uns verwandten Hausgästen und ihren eigenen Kindern und Enkeln umging. Sie konnte gelegentlich etwas spitz und genau fragen, auch spotten, sogar einmal etwas kurzerhand und streng befehlen, aber Onkel Heinrich, und auf den kam es doch an, war sanft wie sein Sohn Clemens. Männliche Sanftheit habe ich damals kennengelernt, und es war ganz gewiß keine repressive Toleranz, mit der sie mir begegneten, erst unseren Streichen, später einem so sonderbaren Verhalten wie meinem stunden- langen Spielen auf dem Tafelklavier und anderen befremden- den städtischen Angewohnheiten.

Ich kann die friedliche Stimmung dieses Hauses nicht den Erfahrungen im Elternhaus gegenüberstellen, denn recht friedlich und ziemlich frei ging es auch in dem kinderreichen Haus in der Industriestadt zu. Ich bin nach den Ferien immer gern wieder dahin zurückgekehrt. Aber der Ton war sachlicher, keineswegs kühl, aber sozusagen normal, unter den Kindern rauh, wie es im Ruhrpott üblich war. Auch war meine Mutter überbelastet und zuweilen nervös, und solange mein jüngerer Bruder als sehr kleiner Nachzügler nicht recht in Frage kam, fürs Spielen und gemeinsame Abenteuer, war ich den älteren Geschwistern und ihren Freundinnen und Freunden als Jüng- ster ausgesetzt; ich bewunderte sie durchweg, aber sie machten nicht viel Federlesens mit dem Jüngsten.

Ich denke daß ein anderer Unterschied mehr bewirkt haben muß. Die Familie mit den sanften Namen Angela, Maria, Clemens, Johannes, Emma und abermals Maria und Clemens lebte in einem Dorf, von dem ich erst später bemerkt habe, wie sehr es bereits von dem ergriffen war, was wir heute Urbanisa- tion nennen, Verstädterung. Für die ersten Jahre war es, als das einzige Dorf, das ich kannte, eben ein typisches Dorf: kein Haus hatte mehr als zwei Stockwerke, viele waren Fachwerk- häuser, umgeben alle von Gärten, von Bäumen und Büschen, mit viel Blumen, und von jedem Haus aus nur 5 Minuten in die freie Landschaft. Über die muß ich nachher noch einiges sagen; auch sie hat durch ihre Eigenart in meinem Leben Epoche gemacht. Mit dem glaubwürdigen Anschein friedlicher Land- schaft verband sich die angenehme Verwandtenfamilie ebenso, wie zu Hause das gute Elternhaus doch mit dem Grau der

Häuser des Industriegebietes, mit dem Ruß und dem Qualm der beiden großen Fabrikanlagen, mit Straßenlärm verbunden war. Ich habe mich seit meinen ersten Ferien im duftenden Haus meiner Verwandten – ja, es duftete wirklich! – immer wieder in diesen ländlichen guten Frieden hineinfallen lassen, und es hat mir gut getan. Ich glaube, daß mir für die Jahre von 6 bis 14 kaum etwas mehr gut getan hat als dieses sommerliche Herzensbad, – es waren immer vier bis fünf Augustwochen. Die wärmere Welt, die ich da entdeckt habe, war nicht die heile Welt. Sie war es nicht, ich proklamiere sie nicht, es gibt sie nicht. Ich schwindele nicht, ich berichte und gebe Zeugnis.

Dorferlebnis

In einem Dorf wohnen Bauern. Wie mein Dorf jedoch kein Bauerndorf, sondern nur ganz und gar ländlich war, so erwiesen sich dem größer werdenden Jungen aus der Stadt die Verwandten allmählich als ländliche Kleinbürger. Sie hatten Vieh und Land und ein Haus für sich allein, fast einen Hof, aber der Onkel Heinrich war ein Beamter der Landeseisenbahn, sein Sohn Clemens auch, – sie trugen beide die blaue Uniform, viele im Dorf trugen sie. Andere gingen in die Warsteiner Eisenhütte oder in andere Betriebe des nahen Städtchens, wieder andere waren bei der Landesheilanstalt beschäftigt, die etwas seitwärts zwischen dem Dorf und dem Städtchen lag. Hofbauern gab es kaum mehr als 6 oder 8: sie wurden mit großen Respekt genannt, ich lernte, daß der Bauer mehr galt als der gut gekleidete Angestellte. Aber in unserem Haus war unterm Erdgeschoß, durch den abschüssigen Hof neben dem Haus ohne Treppe erreichbar, der Kuhstall mit unserer Bläß und oft einem Kalb, waren Schweine, manchmal auch Ziegen. Das Muhen der guten Bläß und das Grunzen des Schweineviehs drang herauf, und vom Hof und Garten her gackerten die Hühner ins Haus hinein. Das war für meine großstädtischen Begriffe bäuerlich genug. Roch doch das ganze Haus, duftete es doch in einem ganz einzigartigen Duft, dessen Bestandteile ich nicht genau herausgebracht habe. Der Stall stank, aber er stank traulich herauf, das Heu, das wir im Dachboden festgestampft hatten, duftete herunter, da war wohl auch Holzgeruch dabei, dann der der lange lagernden Äpfel, und ganz gewiß der von Honig. Ich habe dieses Parfum des lieben Hauses jedesmal sofort mit Freuden erkannt, wenn ich wiederkam, und ich habe auch später auf der Wanderung im Gebirge oft genug Höfe und Häuser ganz ähnlich riechend gerochen: genau geschnuppert blieb mein Heimatgeruch unverwechselbar. Vielleicht setzt sich ja in jedem Haus auf dem Lande der Geruch etwas anders zusammen, und die Mischung macht es. Es ist verwunderlich, wie die Nase es einem zur Heimat machen kann! Ländlich war der große Garten mit viel Gemüse und auch Kartoffeln, aber uns interessierten mehr die Obstbäume, darunter ein ganz besonderer, der tiefsüße rot-gelbe Eierpflaumen lieferte, am meisten aber die Beerenobst-Wildnisse, Johannis- und vor allem Stachelbeeren. Am Grund des zu einem Wasserlauf absteigenden Gartens stand das große Bienenhaus. Zu erwähnen ist wohl auch, daß das Obst nicht auf modern kurz gehaltenen Stämmen wuchs, sondern auf richtigen Bäumen. Wir brauchten sie dringend zum Klettern.

Mein Onkel liebte seine Bienen sehr. Er war ein richtiger Imker. Er ließ mich mitmachen, wenn er für seine nützlichen Freunde sorgte. Es waren etwa 20 Stöcke, wie üblich hinter verschiedenfarbigem Holz, mit dem Schlupfloch. Im Gang hinter den Stöcken, der mit vielerlei Kram fast vollgestopft war, roch es herrlich nach Wachs und Honig. Wir trugen Hüte mit einem Schleier oder rauchten eine Pfeife, die fürs umgekehrte Rauchen eingerichtet war: wir sogen den Rauch nicht ein, sondern bliesen ihn als Schutz vor den Stichen in den Raum. Ich habe in den vielen Jahren, wenn ich mich recht erinnere, nur zweimal, höchstens dreimal einen Stich abbekommen. Für das Industriekind war das eine Ehre, und ehrenvoll war es auch, nicht wehleidig zu sein. Die Wespen haben mir mehr zu schaffen gemacht. Seitdem sehe ich die goldene Biene gern,

und die tigerhaft gestreifte Wespe ist so häßlich wie unange-
nehm.

In dem Zwischenraum im Haus im ersten Stockwerk, durch den
ich durchgehen mußte, wenn ich ins Schlafzimmer mit dem
stattlichen Holzbett gehen wollte, stand die Schleuder, stand
anderes Gerät, waren Rähmchen für die Waben und Gläser für
den Honig abgestellt; sogar zum Bett drang das Aroma der
Produkte des goldenen Haus-Tierchens. Wie in der Bienen-
pflege, so habe ich von allen ländlichen Verrichtungen nur die
kennengelernt, die in den Monat August fielen. Aber dazu
gehörte zum Glück das Honigschleudern, und immer fiel ein
Stück Wabe ab, der reinste Genuß des animalischen Produktes.
Unten in der Wohnküche stand das Faß zum Buttern, genau so
reizvoll und insofern noch interessanter, als man beobachten
konnte, wie aus dem Milchrahm ganz allmählich die goldene
duftende Butter wurde: die Tante Angela, oder Mári, die junge
Hausherrin, klatschte sie am Schluß im Wasser über dem Brett,
bis zuerst große breite Kugeln und dann wohlgeformte
handliche Stücke mit einem eingestanzten Muster entstanden.
Die Butter wurde natürlich auf dem großen Tisch in der
Wohnküche fertig geformt. Mein Dorf-Erlebnis hat viele
Pointen. Eine davon ist dieser Tisch, die Tischrunde, das lange
Tischgebet, vorher und nachher, die guten Sachen zum Essen,
abends fast immer Bratkartoffeln und Milch oder Buttermilch,
die drei Generationen rund um den Tisch, Onkel Heinrich und
Tante Angela, Clemens, Mári und Johannes, Emma, Lieschen,
Maria und später der kleine Clemens, – ich zwischen der
zweiten und dritten Generation im Ungenauen schwebend,
aber ganz und gar dabei. Was übrigens Emma betrifft: ich habe
nach sechzig Jahren vergessen, ob sie die jüngste der zweiten
oder die älteste der dritten Generation gewesen ist. Ich bin
verlegen, das gestehen zu müssen. Jedenfalls war sie dicklich
und hatte rote Haare. Während der vielen Jahrzente, in denen
ich dem Kinderparadies ferngeblieben bin, habe ich sie bei
einem meiner seltenen Besuche als Hausfrau wiedergesehen, in
Warstein. In der Ecke hing überm Tisch ein Kruzifix mit

einigem Schmuck, – ich weiß nicht mehr, mit welchem. Ich wußte damals noch nicht, daß das in Süddeutschland der Herrgottswinkel heißt oder vielmehr ist. Zu Hause gab es das nicht. War das bäuerlich, ländlich? Jedenfalls fand ich es sehr katholisch, – »authentisch« katholischer als bei uns zu Hause, wenn ich das Fremdwort gekannt hätte. Übrigens saß da auch am Tisch, es fällt mir gerade ein, die blinde Tante. Man fand sie sonst immer strickend still auf einem Stuhl sitzen. Als ich ein bißchen größer war, bat mich Tante Mári, ihr vorzulesen, aus dem Leo-Blatt, dem Paderborner Bistumsblatt, und anderes gut Katholisches. Wie hieß sie nur? Es zeigt Mangel an Zuwendung, wenn man einen Namen vergißt. Ich las ihr gern vor, ich mochte sie mit ihrem runden flachen Gesicht und den geschlossenen Augen. Ich meine jedenfalls, daß sie immer geschlossen waren, – ich finde die Farbe ihrer Augen in meiner Erinnerung nicht wieder. Zum ersten Mal machte ich die Erfahrung, daß Blinde sanft und still sind; viele sind es jedenfalls. Auch die Kranken aus der Heilanstalt, denen ich manchmal begegnete, wenn sie, natürlich nur die leicht Gestörten, zur Arbeit bei Nachbarn ins Dorf herunterkamen, machten einen sanften ruhigen Eindruck. Etwas Unheimliches haftete ihnen schon an: die Welt war ganz und gar nicht heil. Aber hier machten es sich die Leute offenbar einander leicht; an anderen Orten habe ich die Männer oft streiten und zanken hören. Im Dorf waren sogar die Irren – man nannte sie die Kranken – still und freundlich. Was hinter den Mauern der Häuser der Anstalt war, das sah und wußte ich nicht.

Die Kameraden

Meine unmittelbarsten Kumpel waren nicht in allen Ferien, aber oft mein Bruder Ewald, vier Jahre älter, und ihm gleichaltrig Vetter Johannes. Vier Jahre: das geht ganz gut, acht- und zwölfjährig, zehn- und vierzehnjährig. Natürlich waren die Großen mir in allen Knabenkünsten und an Kraft und Vitalität überlegen, aber ich empfand nur neidlose Bewunderung. Alles was ich, der Intellektuelle, an Handfertigkeiten gelernt habe, verdanke ich meinem großen Bruder, der mich nicht nur lehrte, mit Hammer und Säge und allem anderen Grundwerkzeug umzugehen, sondern mich auch gemäß seinen eigenen Neigungen in die Physik und ein wenig auch in die Chemie eingeführt hat. Ich konnte den staunenden Verwandten das Aneroid-Barometer erklären. (Selbst hatten sie ein langes Quecksilberbarometer am Fenster hängen.) Wenn Meisterbruder Ewald nicht dabei war, spielte sein Freund Johannes für mich die Anführer-Rolle. Ich sehe die beiden noch vom Küchenfenster aus an einem sehr heißen späten Pfingstsamstag-Nachmittag auf einem Leiterwägelchen vom Waldrand hoch oben ins Tal herunterrasen, dem schweren Gewitter zu entgehen, das schwarz am Himmel stand. Das Bild des Wägelchens mit den beiden Jungen darauf hat sich fest in mein Gehirn hereingebrannt. Am Abend läuteten die Glocken, aber nicht zur Vesper, sondern weil es brannte: eines der alten Bauernhäuser stand in Flammen. Es war wohl dieser dramatische Ausgang eines heißen Tages: die Flammen, die Männer an den Schläuchen, das ganze Dorf zur Stelle, geschäftiges Umtragen der Möbel, das wild werdende Vieh, die aufgeregten Betroffenen – es war die außerordentliche Begebenheit, die mich die kleine Szene zwei Stunden vorher nicht vergessen ließ, die beiden tüchtigen Burschen, wie sie abenteuerlich auf dem Holzwagen aus dem Wald herunterfuhren, ohne Angst und meiner Bewunderung wert.

Die Nachbarhäuser stellten mir die gleichaltrigen Kameraden. Wir wohnten am Dorfrand, ganz nahe an einem felsigen Hügel, der Steinrücke hieß, Kalk, mit Felspartien und Gestein, das aus dem trockenen Rasen hinausragte. Nach dem Regen waren da immer kleine Tümpelchen im sauberen Gestein. Am Fuß der Steinrücke waren zwei stillgelegte Kalköfen, in die man hineinklettern konnte. Da war auf der Steinrücke noch der Überrest einer armseligen Hütte: in der soll sein Bewohner – schon damals gab es offenbar Aussteiger – umgekommen sein, ermordet oder durch Selbstmord, ich weiß es nicht mehr. Ich weiß nur, daß dieses dunkle Geheimnis ebenso wie die Feuersbrunst das für mich noch faszinierender gemacht hat: das Außerordentliche so nahe bei dem, was mir so ganz und gar ordentlich zu sein schien. Der für keine Landwirtschaft taugliche Steinrücken mit der niedrigen roten und blauen Kalkflora war unser täglicher Spielplatz. Man konnte hier wunderbar Kartoffelfeuer machen, es gab keinen Flurschaden und niemand hinderte uns. In meiner Vaterstadt war ich zwar gelegentlich mit anderen herumgezogen, aber Mitglied einer festen Bande bin ich dort nie gewesen. Im Dorf bildete sie sich von selbst: in der Nachbarschaft und durch sie. Ich erinnere mich an ein kleines Mädchen mit braunen Augen und braunen Haaren, einem ganz und gar bräunlichen Wesen. Sie wohnte in einem sehr kleinen Fachwerkhaus unter hohen schattigen Bäumen dicht an Luiges Haus; ich erinnere mich auch an vier oder fünf Jungen, die ich nicht mehr unterscheiden kann. Wenn es da eine Hierarchie gegeben haben sollte, Führungsproble-me, Rivalitäten, so habe ich davon nichts behalten: für mich, dem ganz und gar angenommenen Gast aus dem Ruhrgebiet, der keine Spur von Ehrgeiz mitbrachte, war die Bande heil, problemlos. Ein Problem hätte es geben können, als sie eines Abends in der Dämmerung vorm Nachhausegehen plötzlich auf die Idee kamen, unser Fuirken – Feuerchen – im Stehen auszulöschen, mit geöffneten Hosen, rund um das Feuer stehend. Ich war konstaniert: so etwas lag absolut außerhalb meiner Möglichkeiten, außerhalb sogar meiner Phantasie. Ich war wohl nicht moralisch entrüstet, empfand immerhin einen erregenden Kitzel, aber ich denke, daß ich die Sache, und das war ganz neu, nicht ins Kapitel sechstes Gebot eingeordnet habe, sondern die Derbheit und Natürlichkeit meiner Kamera-den vom Dorf bewundert habe. Eindruck hat die Szene jedenfalls gemacht: ich würde sie sonst nicht erzählen, nach siebzig Jahren. Sie geschah ganz selbstverständlich, man verlor nachher kein Wort darüber.

Ich halte mein Versprechen und sage etwas über die Landschaft. Der Arnsberger Wald ist zwischen der oberen Ruhr und
der Möhne, die ihn im Norden vom langen, doch breiten
fruchtbaren Rücken des Haarstrangs trennt, ein ungewöhnlich
großes geschlossenes Waldgebiet, hauptsächlich Fichten und
Buchen. Das Schiefergestein macht die Berge sanft, und gäbe
es nicht eine gewisse Anomalie, so müßte man den großen
Wald als eintönig bezeichnen. Die Anomalie, die Ausnahme
besteht in einer Reihe von kleineren und größeren Gebieten
mit Kalkuntergrund. Sie bilden von Brilon im Osten bis
Hirschberg im Westen als waldlose Tafeln eine bemerkenswer-
te Reihe. Die Dörfer des Arnsberger Waldes liegen auf diesen
Inseln. Sie sind durch Wiese und Feld gekennzeichnet, vor
allem aber auch durch jene oft nach Süden steil abfallenden
Rücken mit trockenem Gras, deren einen ich erwähnt habe,
unser Spielgebiet: die Steinrücke. Die baumlose Weite, die
trockenen Rücken, aus dem Rasen herausschauende Steinpar-
tien, am Rande der kleinen Bäche auch Felsen, nicht zuletzt
Höhlen: das ist sehr apart, und wenn ich auch erst später die
geomorphologische Einsicht in diese Landschaft gewann: den
Kontrast zwischen dem braven Schieferwald und der bizarren
Kalklandschaft, die ich erst später als südlich einzustufen
lernte, habe ich lebhaft empfunden. Übrigens liegen die
wenigen Dörfer des großen Waldgebietes ausschließlich auf
diesen Inseln, einige eindrucksvoll auf Bergkegeln, und in
Warstein, das am Bach im Grund liegt, war es doch wohl
wenigstens der älteste Teil, der gleichfalls auf einer Höhe lag.
(Mein Dorf allerdings macht eine Ausnahme. Es liegt in flacher
Mulde.) Diese Gegenden waren wunderbar fürs Herumstreifen. Außer zwei großen Tropfsteinhöhlen, die wir uns nur
selten leisten konnten, gab es die kleinen, die man kennen
mußte oder erst einmal zu suchen und zu finden hatte, dunkle
Hohlräume, in denen wir Verstecken spielten, aber auch
Kristalle suchten und fanden. Der Kalk hat mich seit jener Zeit

nicht losgelassen. Als ich erwachsen war und zu klettern begann, waren in den Bergsteiger-Jahren die Zentralalpen für uns lange Zeit unzugänglich, die Schweiz zu teuer, Österreichs Grenzen oft geschlossen. So blieben die Bayrischen Alpen, durchweg Kalk. Vor allem gab es da den kletterfesten Wettersteinkalk. Nicht nur die Augen, auch die Füße und noch mehr die Finger, vor allem die Fingerkuppen haben ihn genau kennengelernt. Sie wurden vom Klettern rauh und weißlich. Kalkkletterei ist etwas besonderes, so wie die kleinräumigen Kalkgebirge gegenüber den vergletscherten Zentralalpen etwas besonderes sind, kleiner in allen Dimensionen, aber eben apart. Das also fing beim Spielen auf der Steinrücke und beim Herumstreifen ums Dorf, um Warstein und Kallenhardt an.

Zur Bauernarbeit: Da war die Kuh, und da war – im August – das Grannematt, Grummet, die zweite Heuernte. Der Onkel hatte etwas Weide, auch einen Kamp, eine vom Zaun umschlossene Wiese, und er mietete gelegentlich etwas dazu, so die Grasstreifen unter den Chausseebäumen der Nebenstraße nach Warstein. Da hatte ich – manchmal allein, manchmal fand ich Kameraden, aber oft assistierte ich nur dem Vetter Johannes – da hatten wir die gute Bläß ganz langsam den schmalen Grasstreifen entlangzutreiben oder sie zurückzuhalten, und sie vor den spärlichen Gefahren des ganz geringen Verkehrs zu bewahren. Wir hatten Zeit in Hülle und Fülle, um im Gras zu liegen, frühreife Äpfel und Pflaumen zu klauen, Kartoffeln auszubuddeln, sie im Feuer zu braten. Das war die eine meiner Arbeitsfreuden. Die andere war das Heuen. Leider war mir die Sense versagt; ich durfte aber sonst alles mitmachen, den tagelangen Umgang mit dem gemähten Gras, das sich von Tag zu Tag in immer größer werdenden Haufen in immer duftender werdendes Heu verwandelte. Am Ende hockten wir hoch auf dem Wagen, der uns mit dem Heu nach Hause brachte, stampften es dann im Dachboden in alle Winkel fest, – in der Badehose, am Ende arg zerstochen, und das Heu klebte an der schweißigen Haut. Dann mußten und durften wir in die Badewanne voll kaltem Wasser steigen und tranken

Buttermilch. In jedem Jahr schwitzen, das kalte Wasser und dann Buttermilch: das war einer der kleinen Riten, die sich in lebendigen Familien ausbilden.

In den August fällt auch Maria Himmelfahrt mit der Kräuterweihe. Die Kameraden kannten genau die Zahl und die Namen der Heilkräuter, die wir zusammensuchen mußten, keines durfte fehlen. Einige Heilkräuter kannte ich: Salbei, Thymian, aber ich erinnere mich besonders an eines, das Johanneskraut mit den goldgelben Blüten und Knospen. Wenn man sie zwischen zwei Fingern zerdrückte, kam erstaunlicherweise weder gelber noch farbloser Saft heraus, sondern roter. Der Name im Platt: Use laiwe Fruggen Biärnstrau – unserer lieben Frauen Bettenstroh. Ob die Kameraden den Sinn begriffen? Dann haben sie ihn mir nicht erschlossen, – erst sehr viel später erfuhr ich vom Geheimnis der Menstruation. Aber etwas anderes aus dem dunklen Geheimnis der Geschlechtlichkeit geschah mir. Als ich einmal neben Vetter Johannes schlafen gegangen war, in dem mächtigen Holzbett neben der Kammer mit dem duftenden Bienen-Gerät –, da legte er mir wortlos sanft die Hand auf das Geschlecht und fragte mich nach dem Stand der Dinge. Ich war ratlos und schrecklich verlegen. Er äußerte sich anerkennend über das, was er vorfand, und ließ ebenso ruhig und freundlich von mir ab, wie er sich mir genähert hatte. Natürlich haben wir niemals wieder über den Vorfall gesprochen: ein kleines Ereignis in der Reihe derer, die in unserer Zeit die Riten der Initiation ersetzen müssen. Ich hatte den Eindruck, etwas Befremdendes, aber Bedeutendes erlebt zu haben, dicht vor dem dunklen Tor zur Zukunft. Und auch dies hatte mit dem sechsten Gebot erstaunlicherweise gar nichts zu tun. So gehört auch dieser Vorfall in die wärmere Welt, die ich erfahren habe. Es ist als etwas ganz und gar Unschuldiges in meiner Erinnerung.

Ich habe dies und alles andere erzählt, weil es mir Spaß macht, zu erzählen, und weil ich das Bedürfnis hatte, eine gute und reiche Erinnerung nicht für mich zu behalten. Aber ich hätte nichts dagegen, wenn Eltern sich daraufhin überlegten, ob sie

ihren jüngeren Kindern nicht statt ständig wechselnder Ferien-
programme eine zweite Heimat eröffnen sollten, die ihre
normale Umwelt in irgendeiner Weise kräftig ergänzen könnte.
Aus den Erfahrungen, die ich mit den eigenen Kindern
gemacht habe, möchte ich annehmen, daß viele Kinder gar
nicht so scharf auf den Wechsel sind, sondern sich aufs
Wiederkommen, Wiedererkennen freuen, jedes Jahr, wenn die
Nachbarskinder wieder ein Jahr älter geworden sind, aber der
Rahmen beständig blieb, zum Fußfassen und Bleiben. Das
kann ein kräftiges Element im Prozeß des Wachsens werden,
der Bildung und auch der Selbstfindung. Der Tipp gilt natürlich
nur für die jüngeren Kinder. Mich hat das Dorf von den Zeiten
an nicht mehr festgehalten, da die großen Wanderungen
begannen, erst und ziemlich lange noch in der sauerländischen
Heimat, dann in Süddeutschland, schließlich in den Alpen.
Nirgendwo haben wir freilich die heile Welt angetroffen, auch
nicht im hintersten Talwinkel der Lechtaler Alpen, und das
Dorf war die heile Welt auch nicht. Als ich viel Unheil und viel
Unheiliges erfahren und festgestellt hatte, habe ich mir
ausgedacht, man müsse dem standhalten, dürfe sich aber auch
an Inseln des Glücks halten, größere, kleinere und ganz kleine,
wie eine schöne Wolke, eine Melodie, einen Kinderblick, den
Liebesblick, ein gutes Wort. Wohl uns, wenn daraus Inselgrup-
pen werden können, Archipele des Glücks. Jenes Dorf war fast
schon eine recht stattliche Insel. Es sieht so aus; ihr Klima
wärmt mich noch heute.

Über das Wachsen am Widerstand:
Meine Penne

Als auch mein Freund, der auf Obersekunda sitzengeblieben
war, ein Jahr später als ich das Abitur geschafft hatte, haben wir
gemeinsam einen Schwur getan: niemals später im Leben
wollten wir mit stiller Wehmut auf die schöne Schul- und

Jugendzeit zurückblicken. Wir wußten aus frischester Erinnerung: sie war schrecklich gewesen, die Schulzeit, und in gewissen Bereichen auch die Jugendzeit, und bei dieser Erkenntnis sollte es auch bleiben. Wenn ich jetzt von meiner Penne rede, so darf man sich also nicht an unfreundlichen Aussagen stoßen: ich bin an meinen Schwur gebunden, wenn auch der Mitschwörende im Weltkrieg II über Bukarest abgestürzt ist. Natürlich bindet mich auch die Wahrheit, – so wie ich sie heute sehe; immerhin ist mehr als ein halbes Jahrhundert vergangen.

Das Grau der Schule und die Stilfrage

Einige Daten vorweg: Einschulung in die Sexta 1911, Abitur 1920, dazwischen also ein Krieg und so etwas wie eine Revolution. Stellen Sie sich diesen Hintergrund immer vor; Friede war nur in den drei ersten Jahren. 30 oder 40 Schüler in der Sexta, 5 beim Abitur. Nicht nur die üblichen Abgänge, sondern auch der Kriegsdienst hatten die Klasse dezimiert. Die Revolution traf wenn nicht die Substanz, so doch den Namen meiner Penne. Sie war zur Sextazeit ein Königliches, zur Abiturzeit ein Staatliches Gymnasium, und zugleich von Anfang bis zu Ende ein humanistisches, mit Latein, Griechisch und freigewähltem Hebräisch. Dies alles im Ruhrgebiet.
Ich kann nicht sagen, daß wir bis 1918 besonders königlich erzogen worden wären: patriotisch waren damals wohl alle Pennen, und selbst der neue junge Oberlehrer, auf den wir in der Mittelstufe einige Hoffnung setzten, weil er in dem gemäßigt strengen und gemäßigt katholischen Klima durch seinen Zynismus aus der Rolle fiel – Typus Korpsstudent –, auch dieser rare Vogel hat uns nicht ernstlich in Bewegung gebracht, weder für noch gegen das Königliche. Besonders staatlich waren wir auch in den letzten anderthalb Jahren nicht: die Ereignisse in Kiel, Berlin, München gingen am Horaz-Unterricht und so weiter vorüber; ein erstes sogenanntes Notabi-

tur wurde im Sommer 19 absolviert, als man – für den Fall, daß die Nationalversammlung den Friedensvertrag ablehnen sollte – den Einzug der Franzosen fürchtete. Wir Pennäler wären also daran interessiert gewesen, aber Weimar sagte zähneknirschend Ja, – das bestandene Abitur wurde ungültig. Erst nach dem zweiten Abitur geriet ich 1920 beim Aufstand der Spartakus-Armee im Ruhrgebiet zum ersten Mal ein wenig zwischen die politischen Fronten. Aber das ist eine andere Geschichte.

Das Wort Penne oder Pennal und Pennäler übrigens kommt nicht von Pennen, das laut Kluge der jüdischen Vulgärsprache entstammt und tatsächlich schlafen, müßig sein bedeutet, sondern von der lateinischen penna, der Feder. Im sturen Mathematik-Unterricht verband ich einmal beide Bedeutungen, indem ich seine Muße benutzte, um mit der Feder aus dem sonst nicht recht bemühten Kopf eine subtile Landkarte des Sauerlandes zu zeichnen, unseres Ferien- und Wandergebietes. Ich brachte es auf mehrere hundert Namen von Dörfern und Dörfchen, Flüßchen, Bächen und Siepen, Bergen und Wegen. Kaum eine andere gesellschaftliche Einrichtung hätte mir diese Muße geboten und diesen Eifer abverlangt. Die Mitschüler staunten, aber sie verstanden nichts, denn wir Wanderer waren nur zu zweien – oder vielmehr auch oft zu dreien, wenn der Bruder jenes Mitverschworenen uns begleitete. Was die Mitschüler neben der Schule trieben, kann ich nicht mehr sagen. Den Fußball gab es damals für Pennäler noch nicht, ebensowenig das Kino, – beides galt als plebejisch, von Mädchen war kaum die Rede.

Vielleicht spielte auch bei ihnen die Familie eine Rolle – aber ich wohnte bei der meinen nicht in der Schulstadt und kannte in dieser nur eine Familie: die jener beiden Brüder. Die Schwierigkeit ist überhaupt, daß ich mich nicht sehr genau an die Penne erinnere, über die ich noch reden will – oder vielmehr: daß ich mich sehr selektiv erinnere. Vielleicht hängt das damit zusammen, daß ich ein Stotterer war, von vielem abgeschnitten, und daß ich deshalb vieles verdrängt habe.

Die Penne war neu. Offenbar wollte der preußische Staat eher als die alte protestantische Reichsstadt dem wachsenden Anteil der Katholiken in der Industrielandschaft eine höhere Schule anbieten: Sie war zwar nicht offiziell konfessionell, aber faktisch katholisch geprägt. Kurioserweise waren mir außer meinem Schwur- und Wandergenossen nur die beiden evangelischen Pfarrersöhne sympathisch. Die Gründe oder Ursachen dafür sind nicht mehr zu ermitteln. Der Bau lag in einem Wohnviertel am Rand der Stadt, vielleicht aus grauem Stein erbaut, vielleicht aus grau gestrichenen Ziegeln, jedenfalls grau, sehr grau; so steht er in meiner Erinnerung. Das stattliche Hauptportal habe ich nie geöffnet gesehen: man ging um den Toilettenanbau herum durch die Hintertür ins Haus, über den Schulhof. Der unangenehmste Teil war dieser steinige von Großstadthäusern umstellte Hof zwischen der Schule und der gräßlichen Turnhalle; ich schätzte das Marschieren und Laufen in Kolonnen nicht, und es tat den Knien nicht gut, wenn man stürzte. Der Geruch der Toilette steckt mir natürlich noch in der Nase, aber der in der Literatur so oft beschworene Geruch der Treppen und Gänge nicht, – vielleicht war die Schule zu neu. Das Alte war humanistisch durch Gips vertreten.

An den Stil des Gebäudes kann ich mich nicht mehr erinnern, – merkwürdig genug, denn mein Freund und ich hatten auf eigene Faust die Schwäche der historisierenden neuromanischen, neugotischen und neurenaissancehaften Architektur und die Ärmlichkeit der Backstein-Häuserreihen der Industriestädte durchschaut und waren in diesem Punkt sehr empfindlich. Unsere Phantasie reichte aber nicht aus, uns ganz andere architektonische Möglichkeiten vorzustellen. Wir dachten, mit dem anständigen Bauen sei es endgültig zu Ende. Vom Jugendstil erreichte uns nur unangenehme Grafik, die heute zu meinem Erstaunen wieder modisch geworden ist. Ich habe sie daraufhin sogar zu schätzen gelernt, wenn auch nicht gerade den fatalsten: Fidus. Ich fand übrigens kürzlich einen ganzen Stoß Fidus-Postkarten, von seiner eigenen Hand beschrieben, aus der Wandervogelzeit. Was er mir glaubte schreiben zu müssen, habe ich noch nicht nachgelesen, aber vielleicht sind die Karten nach der Münchener Fidus-Ausstellung auf nostalgische Art Wertpapiere geworden. Wir werden sehen.

Später haben wir immerhin von der Mathildenhöhe in Darmstadt und dem Hochzeitsturm gehört: wir haben sie aber erst ein Jahr nach dem Abitur sehen können. Da waren noch Bilder von Lederers Bismarckdenkmal in Hamburg und dem Völkerschlachtdenkmal in Leipzig; das Kaufhaus Wertheim in Berlin sah ich mit eigenen Augen. Das war faszinierend, aber monumental. Für unsere eigenen späteren Traumhäuser entschlossen wir uns, nicht ohne hintergründige Einwirkungen von Stifters »Nachsommer«, den wir eifrig und innig lasen, trotz der großen geographisch-stilistischen Entfernung vom Innviertel und vom Alpenland und Wien, uns an den Typ des bergischen Hauses zu halten: Fachwerk, gegen die Windrichtung Schiefer; Türe und Fenster in diskretem weißlackiertem Empire. Das schien uns für den Wohnbau die erträglichste Form des Historismus zu sein. Die Vorhänge sollten – eine der Nachsommererinnerungen – »perlgrau« sein. Mit größtem Vergnügen habe ich kürzlich die persiflierende Fortsetzung von Heinrich Böll gelesen –, aber die Distanzierung von unserem Pennäler-Idol ist schon eingetreten, als wir ganz andere Literatur der Stifterzeit lasen, beispielsweise von Heine und dem jungen Marx, – fünf Jahre nach der Stifter-Begeisterung.

Lesen gegen die Schule

Ich bin unversehens ins Zentrum des Themas geraten. Im Deutsch-Unterricht haben wir bei germanischen Runen, dem Lied von Hildebrand und Hadubrand und den Nibelungen sehr gründlich angefangen und sind bei Uhland gelandet. Daß wir nichts von den Brüdern Mann und von Gerhard Hauptmann und nichts von Hoffmannsthal erfuhren, vom Naturalismus und seiner Überwindung, von Karl Kraus gar nicht zu reden, das könnte immerhin damit erklärt werden, daß die Lernzeit eben um war, als wir bei Uhland angelangt waren. Ich erinnere mich im übrigen an Beschäftigung mit Hebbel und Grillparzer, Fr. W. Weber und Annette von Droste-Hülshoff, – aber wir haben nichts von Lichtenberg (wenn auch von Lessings »Minna« und der Hamburgischen Dramaturgie), kaum etwas von Kleist und Hölderlin erfahren, nichts von Büchner, Grabbe und von Lenz, wenig von Novalis, wenn auch – nach Schiller und Schiller, Goethe und Goethe – von Eichendorff, Stifter, Storm und Fontane, auch Johann Peter Hebel lasen und liebten wir außerhalb der Schule. Das »Leben eines Taugenichts« gehört zu den wenigen literarischen Übereinstimmungen zwischen der Penne und uns; nur: wir versuchten ihm ein wenig nachzuleben – im Sauerland –; wir stilisierten uns nach Kräften in den unbeschwerten Taugenichts um. Wie ist das zu erklären? Ich weiß es nicht. Hatten wir besonderes Pech mit den Deutschlehrern? Stand der ausgeprägte Humanismus sowohl dem Deutschen wie dem Modernen wie allem Nonkonformismus im Wege?

Natürlich fiel auch das Ausland aus. Balzac las ich damals noch nicht als Karikatur seiner selbst, sondern war von dem Riesenœuvre fasziniert, aber bald stießen wir weiter auf Flaubert und Stendhal zu – wie auch auf Swift, Dickens, Oscar Wilde, auf Dostojewski und Tolstoi, – sein »Krieg und Frieden« war für mich damals eine brüchige Brücke zu den Kriegsereignissen.

Wir haben Grund, unserer Penne dankbar zu sein. Indem sie uns jenes alles vorenthielt, entdeckten wir es auf eigene Faust. Wir lasen und lasen und diskutierten und diskutierten, wir lasen und diskutierten gegen die Schule an. Aber ohne sie, etwa als Lehrlinge oder in einer ganz modernen Schule, wo wir das alles hätten lernen müssen, hätten wir es vielleicht nicht gelesen. Wir sind im Widerstand gegen viel Stumpfsinn gewachsen.

Allein mit Problemen

Die lange Reihe der Lehrer von Sexta bis Oberprima ist ebenso wie die Schar der Mitschüler meiner Erinnerung fast entschwunden, bis auf einige skurrile Gestalten. Aber da unser Schwur nur der ganzen Schule galt und nicht den Ausnahmen, so muß ich zwei Lehrer nennen, denen ich bis zum heutigen Tag dankbar bin. Ich hatte allen Grund dazu. Der erste war immerhin unser Klassenlehrer bis Quarta und unser Religionslehrer bis zum Schluß, ein milder, gebildeter, gescheiter und humoriger Priester. Er fiel schon insofern aus dem Rahmen der damaligen Kirchlichkeit heraus, als er als Goethe-Liebhaber unaufhörlich auswendig seinen Meister zitierte, und zwar so eindringlich, daß uns die offizielle Beschäftigung mit Iphigenie und Egmont und dem Faust in den Deutschstunden nichts mehr anhaben konnte. Er war es, der Goethe in unsere Köpfe und unsere Herzen gebracht hat, im Latein- und im Religionsunterricht. Er war der einzige Lehrer, zu dem ich persönlich Vertrauen hatte. Aber ihm mein Herz auszuschütten, hätte ich niemals gewagt.

Sein goethischer Ausbruch aus dem Getto der katholischen Literatur war nicht zugleich ein Ausbruch aus dem System. Die Gottesbeweise habe ich dem geliebten Lehrer nicht abnehmen können. Immerhin hat er meine Annahme der Entwicklungstheorie Darwins bestätigt: wir waren uns darin einig, daß es sehr für den Schöpfergott sprach, wenn er sich so viel Zeit genommen und der von Darwin entdeckten Methode bedient hat. Leider hat dieser Lehrer mir und gewiß auch meinen Mitschülern in den Nöten der Pubertätszeit nicht helfen können, wenigstens nicht direkt. Indirekt halfen seine Milde und sein Vertrauen; aber er ließ uns theologisch halt doch in den Wechselbädern zwischen finsterer Todsündenverdammnis und strahlender Heiligung sitzen, wenn auch nicht so massiv, wie es die franziskanischen Beichtväter taten. – Zu den eigenen Pfarrern und Kaplänen wagten wir nicht beichten zu gehen. Verheerend wirkten auch jene entsetzlichen Bücher eines spanischen Jesuiten, der am Modell junger vornehmer spanischen Knaben uns das Aloysius-Ideal, seine Schändung durch schrecklichen Fall und die Vergebung in Beichte und im Entschluß, ein Priester des Herrn zu werden, zu einem bald faszinierenden, bald abstoßenden Idol machte. Es ist keine Kleinigkeit, eine Jugend zu verderben – und nun erst mit Moral. (Don Juan ist wahrscheinlich ein weniger gefährlicher Verführer als der Großinquisitor aus den »Brüdern Karamasow«.) In der Schule selbst passierte soviel ich weiß nichts Skandalöses; weder hatten wir Mädchen unter uns, noch waren wir ein Internat mit Chancen für andersartige Lüste. Ich war, ich sagte es schon, obendrein ein Stotterer, und also schüchtern und scheu, und wenn ich nicht wie meistens zu Fuß zur Schule ging, gab die überfüllte Straßenbahn allein Gelegenheit, sich dann und wann ans andere Geschlecht zu drücken; und einmal hat mich ein Nachbarsmädchen beim Spielen sehr eindeutig aufs Bett geworfen. Die Schule hat also weder nach alten Maßstäben verdorben noch nach neuen gequält, aber sie hat uns vollkommen im Stich gelassen, und hier kann ich leider auch nicht das Wort gelten lassen, ich sei im Widerstand gegen sie gewachsen. Erst die heute oft so geschmähte Jugendbewegung hat mich von der sinnlosen Quälerei befreit; genauer: in ihr und durch sie habe ich mich selbst befreien können.

Im August 1914 hat die Penne mich eine Weile mit Patriotismus infiziert, hauptsächlich durch die aufregenden kleinen Dienste, die wir den durchziehenden Truppen leisten durften und sollten; sie machten uns ein paar Tage von der Schulfron frei. Das war bald vorüber – die Zeit des Bucheckernsammelns für das Vaterland um 1917 herum war bereits gar nicht mehr attraktiv. Im ganzen waren wir als Humanisten gemäßigt vaterländisch, aber eben doch als königliches Gymnasium zu einigen Pflichtübungen angehalten. Wenn ich auch politisch im Widerstand gegen sie gewachsen bin, so verdanke ich das meinem Großvater, der zwar kurz vor dem Krieg gestorben war, dessen Worte mir aber im Gedächtnis blieben und dessen Geist in meiner Mutter weiterlebte.

Das »Wir«-Erlebnis und die Musik

»Wir«: das waren in einsamer Zweiheit jener Freund und ich. Die unbestimmte Empfindung, die mich durchzuckte, als wir uns einmal nach der Schule verabschiedeten (es muß auf der Quinta gewesen sein, und da mein Schulweg lang war, begleiteten wir uns manchmal wechselseitig lange hin und her), – die sonderbare Entdeckung: ich habe ja einen Freund, ist mir unvergeßlich geblieben. Bis dahin hatte ich nur Konpennäler gekannt. Er war möglicherweise der sensibelste und potentiell gebildetste unter allen Schülern und Lehrern der Penne, aber er war nicht für das Frage-Antwort-Spiel in der Klasse, erst recht nicht in der Prüfung und schon gar nicht in der Klasse und Prüfung dieser Art von Schule gebaut, und so blieb er, wie schon berichtet, auf der Obersekunda sitzen und ging zum Städtischen Gymnasium über. Da sein Bruder auf meiner Penne blieb, trug er unsere Briefe hin und her, fast täglich je einen. (Ich fand sie kürzlich wieder.) Die Themen: Literatur, Landschaft, Musik, – unsere Literatur, unsere Natur und zum Teil auch unsere Musik. Als ich das wohltemperierte Klavier entdeckte, habe ich ihm auf unzähligen Seiten in mehreren Nächten eine knappe Charakterisierung aller Präludien und Fugen geliefert, ein anderes Mal stolz expliziert, wie ich im Abonnementkonzert den Mangel an Präzision in des berühmten Eugen d'Albert Klavierspiel festgestellt hatte. Er dankte mir viel später durch eine recht ernsthafte Analyse des ersten Aktes von Hans Pfitzners »Armen Heinrich«. Der Klavierauszug hat ihn, wenn ich mich recht erinnere, 24 Mark gekostet – den Taschengeldüberschuß vieler Monate.
Abgesehen von der Absenz der modernen Musik ist die Musik die Sphäre, in der ich nicht gegen die Schule, sondern mit ihr wachsen konnte. Der Direktor hatte für einen ausgezeichneten Musiklehrer gesorgt, bei dem ich die zweite Periode meines Klavierunterrichts absolvierte und Choräle harmonisieren und Fugen bauen lernte.
Aber nicht er war der musikalische Inspirator, sondern jener

Direktor selbst. Auf mehr oder weniger eigene Faust hatte er aus unserer Penne so etwas wie ein musisches Gymnasium gemacht, oder vielmehr aus einem sehr a-musischen ein musikalisches. Leider blieben die Naturwissenschaften auf der Strecke, und einer sterilen Botanik und Zoologie mußten wir unsere originären Beobachtungen beim Wandern entgegenstellen; wir waren auch, wiederum von der Schule im Stich gelassen, eifrige Laienastronomen – der Aldebaran wurde mein Stern. Jener Direktor aber führte uns engagiert in die Musik ein. Anderseits war er bei mir ebensowenig beliebt wie bei den Schülern überhaupt. Dennoch war er der zweite Lehrer, dem ich zu danken habe. Da der von ihm selbst geleitete Chor Ruf und Namen hatte, mußten oder durften wir in allen Oratorien-Aufführungen des städtischen Musikvereins mitsingen. Wir lernten im Laufe dieser Jahre so ziemlich alle großen Chorwerke kennen, die damals auf dem Repertoire standen, Oratorien und Passionen von Leonhard Lechner über Händel und Bach, über Mendelssohn und Schumann – »Das Paradies und die Peri« habe ich sehr geliebt – bis ins Zeitgenössische hinein, zu Enrico Bossi, Wolf Ferrari, anderen, deren Namen ich vergessen habe, ja zu Gustav Mahlers Achter Symphonie. Das »Veni, veni creator spiritus« ist mir noch heute so im Ohr, wie wir es im Riesenchor damals eingeübt und gesungen haben.

Ich muß eine passable Stimme gehabt haben, denn ich durfte gelegentlich winzige Soli singen, so in einem Franziskus-Oratorium »Ich, die Meise«. Daß Stotterer ohne zu stottern singen können, war für mich eine tröstliche und wichtige Entdeckung. Haydns Schöpfung habe ich in den neun Jahren wohl fünfmal mitgesungen, erst im Sopran, dann im Alt, später im Tenor. Das alles bedeutete natürlich viele Extraproben; die schulverwaltungsrechtlich wohl illegal waren. Fanden sie am Sonntagmorgen in der Schule statt, so wurden wir mit Kakao bestochen – oder mit des Direktors Töchterlein, das ihn servierte: eine der wenigen idyllischen Erinnerungen, die sich mit dem grauen Haus verbinden.

Aber da war noch ein anderer Seitenzweig der Pennalmusik. Unser Direktor gab in dem Konservatorium, das später eine Städtische Hochschule wurde, zweimal einen Zweijahreskurs in Musikgeschichte, vier Jahre lang jeden Samstagabend von 6 bis 8. Da durften ein paar Lieblingsschüler mitmachen, und für unseren Direktor waren alle guten Sänger Lieblingsschüler. Er fing bei griechischen Fragmenten an, einer Grabschrift »hoson zäs phainou« – »so lang du lebst, wandle im Licht«, deren Melodie man entziffert zu haben glaubte, und einer Pindar-Ode, und das hörte in der Gegend von Brahms auf. Aber unser Chef sprach jedesmal nur 20 Minuten, und über eine Stunde lang sangen wir vom Blatt, was er doziert hatte, und wir lernten es allmählich und konnten es dann. Ich erinnere mich an einen Höhepunkt: 16stimmige Doppelchöre eines der Gebrüder Gabrieli aus der Markus-Kirche in Venedig vom Blatt gesungen. Karl Korn, der in Wiesbaden ein paar Jahre später sein Schüler war, hat ihn in seinem Buch »Lange Lehrjahre« unter seinem vollen Namen wenig freundlich geschildert. Obwohl ich Korn in manchem zustimmen muß, habe ich auf die Gelegenheit gewartet, sein in der Literatur fixiertes Urteil über August Preising zu korrigieren. Korn hat sich durch ein Übermaß an Musik gestört gefühlt, – dasselbe, von dem ich so gern profitiert habe; ferner durch die katholische Verbandsaktivität seines Direktors, – die gab es zu meiner Zeit im Ersten Weltkrieg noch nicht. Ich verdanke ihm sehr viel, und was er uns vermittelt hat, ging nicht verloren, und wenn ich mich 20 Jahre später in der Nazizeit beruflich bis 1943 über Wasser halten konnte, indem ich auf meine musikalische Ausbildung zurückgreifen konnte. Andererseits hat er uns gezwungen, eine Schrift des Staatssekretärs Solf über Kolonialpolitik ins Lateinische zu übersetzen. Aber die logische Sprache hat unsere Köpfe wahrscheinlich auch gegen unseren Willen diszipliniert, so sehr uns der Unterricht ärgerte.

Man kam in langen Jahren so oder so in jene »humanistische« Welt hinein, deren Nähe mich noch heute davor bewahrt, den Kopf zu verlieren, wenn viele sich davon gereizt fühlen und auch ich versucht bin, beim Nullpunkt neu anzufangen. Humanismus macht konservativ, das ist nicht zu leugnen, aber man kann aus dem Konservativen allerhand für die Zukunft, sogar für Revolutionäres herausholen. Als ich ein paar Jahre nach dem Abitur die beiden Kröner-Bände »Historischer Materialismus« mit den Frühschriften von Karl Marx verschlang, fand ich mich durchs königliche Gymnasium darauf trefflich vorbereitet, – allerdings nur, weil wir zwei uns im ständigen Gespräch gegen es behauptet hatten.

Ich sollte den Schulweg nicht vergessen. Er gehört auch zur Penne. Der direkteste 55-Minuten-Weg führte von der Industriestadt, in der meine Familie wohnte, durch die Randgebiete der beiden Städte in die Großstadt. Ein Umweg von 10 oder 15 Minuten war von landschaftlichem Reiz – wenn man gerade auch die extremste Gestalt der Industrie zur Landschaft rechnet. An einem imponierenden Hochofenwerk führte der Weg vorbei, an riesigen Schlackenhalden, auf die ich einmal hinaufkletterte, um noch besser in die abenteuerliche Feuerlandschaft hineinschauen zu können, um unter den Bogenlampen die Reste der Kohlenstifte zu sammeln, zwischen denen der Flammenbogen entstanden war, und um den Reiz des Verbotenen zu kosten. Als Werkstudent habe ich später in dem Werk gearbeitet. Aber unten, parallel zu den Schlacken-Halden, floß ein Bach im Gehölz; dann stieg man hinauf in einen Park. Oben schaute man zurück über die Schornsteine, Hochöfen und Fördertürme der Vaterstadt hinweg auf den nördlichsten Bergrand des Sauerlandes. Dann trabte man durch langweilige Großstadtstraßen herab zur grauen, allzu grauen Schule. Ich ging den Weg allein. Vielleicht haben diese zwei Stunden täglich den schwächlichen Körper, der schon damals von Kopfschmerzen geplagt wurde, gestärkt und die Vermittlung begünstigt zwischen der unbeliebten Schule und der pathetischen Innenwelt, die aus Musik, Natur und Reflexion über mich und uns und Gott und die Welt bestand. Vergegenwärtigung gehörter Musik, große Wanderpläne, kindlich kritische Philosophie und erste Wagnisse in Theologie, – keineswegs aber Lebenspläne. Der Stotterer wagte keine, und die Schule hat ihn nicht ermutigt.

Auch der Freund, selber seiner Begabung und Bildung nicht bewußt, konnte da nicht helfen. Er zitierte französische Lyrik, aber was aus uns werden sollte, aus der Perspektive der Kriegsjahre und der großen Unruhe 1919, eines weit vom Leben entfernten Unterrichts, einer leidenschaftlich geliebten Musik, – das wußten wir beide nicht. Wir warteten ab, oder vielmehr wir warteten nicht einmal ab. In einem bergischen und zugleich stifterschen Haus Kleist zu lesen und die Appassionata zu spielen oder die Kunst der Fuge zu analysieren – daraus ergab sich allenfalls ein ungewisser Lebenstraum, ganz gewiß kein Konzept für den Beruf und für die Politik.

Wir sind im Widerstand gegen die Schule gewachsen – was daraus wurde, konnte sich erst später ergeben, als die Jugendbewegung uns aus der reichen und lebendigen Unbeweglichkeit unserer Jugendjahre befreit hatte. Nun, ich bin ein Journalist geworden, – mein Freund, bis er in den Tod stürzte, ein Kaufmann.

Erfahrungen

Tristan oder: Im Umgang mit bourgeoiser Musik

Es war nicht die Stunde für ein politisches Gespräch; wir schauten heiter und still über eine abendliche Hotzenwald-Landschaft von Wiesen und Äckern (es war die Zeit, da »die Felder weiß zur Ernte werden«) zu den dunklen Buckeln des Schweizer Jura herüber. Gespräch der Freunde am Geburtstag des Gastgebers.

Die jungen Linken und die Musik des Feindes

Wie waren wir Alten auf die jungen Linken gekommen? Vielleicht gerade im Angesicht der scheinbar noch heilen Welt draußen, oder im Bewußtsein des Fragments anscheinend heiler Welt, in der wir uns im freundschaftlichen Hin- und Her-Meditieren entspannten. Da geschah es, daß ich wieder einmal die Geschichtslosigkeit der jungen Leute beklagte oder besser das allzu willkürlich-selektive Verfahren, zwar Feuerbach und Marx, das entstehende Ruhrgebiet und das bourgeoise Kapital zusammen zu reflektieren, aber den künstlerischen Kontext eines fruchtbaren Jahrhunderts zu verachten, darunter, wie töricht, die Musik. Haben Benjamin, Adorno, Bloch umsonst argumentiert? Es war ungerecht, daß ich dem Vorrat bürgerlicher Musik von Beethoven über alle Romantiker, über Wagner, Brahms, Bruckner und Mahler bis zu Richard Strauß, Skriabin und Strawinsky, Schönberg und Webern, daß ich dieser Fülle die kümmerliche Internationale oder die Leistungen der Arbeiter-Sängerbünde gegenüberstellte, – klar, ich weiß es auch: gerade von der proletarischen

98

Selbstentfremdung war keine Arbeitermusik zu erwarten und auch keine Arbeiter-Rezeption jener Musik der bürgerlichen Emanzipation, des bürgerlichen Rausches und Katzenjammers, bürgerlicher Redlichkeit und Kunstfertigkeit auch. Aber heutzutage, so meinte ich, müsse es zu denken geben, daß ausgerechnet das Jahrhundert der doch gleichfalls, wenn auch auf andere Weise der Selbstentfremdung unterworfenen Bourgeoisie einen unfaßbaren Reichtum musikalischer Äußerungen hervorgebracht habe, die doch immerhin in sich selbst Sinn und Verstand hätten. Den könne man gerade als Marxist nicht rechts liegen lassen. Mindestens eine intelligente und musische Minderheit müsse ihn deshalb studieren, weil eines Tages auch die jetzt Unterprivilegierten fähig sein würden – so hoffe man doch? –, alles zu prüfen und das Beste zu behalten. Ich ereiferte mich: Ohne sich dem »Tristan« ausgesetzt zu haben, könne man heute kein adäquates Bewußtsein der Weltwirklichkeit haben. »Ausgerechnet Tristan!« tönte es aus dem Halbdunkel. Das riß mich zu einer Liebeserklärung hin, ja zu dem Bekenntnis, dieses Werk noch einmal in Bayreuth hören zu können, gehöre zu den verborgenen Wünschen meines allzu fortgeschrittenen Alters. »Heute in zehn Tagen bin ich im Tristan«, sprach die ruhige Stimme unserer Gastgeberin. »Wollen Sie nicht mitkommen?« Man überlegte hin und her, es gab offenbar Möglichkeiten, und jedenfalls rief mich am nächsten Mittag zu Hause unsere Freundin an. Ihr erstes Wort am Telefon: 24. Reihe, Platz 23.

So plante ich denn, grub Verschüttetes aus meiner Tristan-Vergangenheit aus, und als die Sommerhitze den höchsten Punkt erreicht hatte, fuhr ich im D-Zug einsam und kläglich durch Schwaben und Franken nach Bayreuth, um mich erneut und wohl das letzte Mal dem Werk in einer authentischen Gestalt auszusetzen, in der problematischen Snob-Oase Bayreuth, – sie versprach immerhin musikalisch einiges herzugeben. Man mußte den »Fall Wagner« wieder einmal überprüfen. Doch fieberte ich, ich wähle ein starkes Wort, eher der Musik selbst entgegen, der verleiblichten Partitur sozusagen.

Ausgegraben hatte ich auch meinen Klavierauszug. Der Herr aus Berlin, der in Nürnberg mit respektablen Koffern in mein Abteil stieg, sah es mit Wohlgefallen, daß ich darin blätterte; er sah aus wie ein Stammgast und war auch einer. Er besaß sogar, so erzählte er, die teure dreibändige Studienpartitur, – hoffentlich verdient er es. Mein bescheidener Auszug jedenfalls hat bei mir eine große Rolle gespielt. Man sieht es ihm an. Nicht gerade zerfleddert, aber zerlesen, wie er ist. Die schlimmste Spur aus früheren Umgängen mit »Tristan« ist ein Defizit am Anfang: mit der ersten Seite fehlen die Takte 1–60 des Vorspiels; aber vom ersten Fortissimo der orgastischen Kurve an – ja, Sie lesen richtig, orgastisch, keineswegs orgiastisch ist die Musik – bis zum letzten Ton komplett der Fermate nach Isoldens »In des Weltatems wehendem All / ertrinken / versinken / unbewußt / höchste Lust«. Bleistift-Zeichen bezeugen Versuche seriöser Arbeit, so numerierte Striche, die zusammenhängende musikalische Perioden abgrenzen: offenbar hatte ich schon früh meine Zweifel an der »unendlichen Melodie«. Wie der Rückdeckel aus Pappe ausweist – der vordere fehlt –, muß das alles gegen Ende der Pennälerjahre und des Ersten Weltkriegs gewesen sein, vor fast 60 Jahren. An eine Aufführung im Dortmunder Stadttheater habe ich eine vage Erinnerung. Daß ich mein Taschengeld für den Auszug ausgab, ist bemerkenswert. Mit meines Vaters Schwärmerei für Tannhäuser und Lohengrin hatte ich nämlich nichts zu schaffen. Es war die »Schöpfung« Joseph Haydns gewesen, die mich in immer wiederholten Aufführungen vieler Jahre zum Musiker geprägt hatte, dazu die Matthäus-Passion, und der Musikunterricht hatte es bei Bach und den Klassikern bewenden lassen. Da war nur das Meistersinger-Vorspiel, mit dem Vater und später auch mit meinem Freund vierhändig gespielt, – das ließ ich gelten: da gab es sogar Kontrapunkt. Im übrigen: wenn schon Oper, dann lobte ich mir meinen »Freischütz« und verehrte den »Fidelio«. (Mozarts Opern lernt man erst richtig schätzen, wenn man durch die Wagnerei und vieles andere hindurchgegangen ist.)

Es muß doch wohl ein Akt der Emanzipation gewesen sein, als ich meinen Vater so bei der romantischen Oper, meinen Lehrer bei der Eroica stehenließ und auf Tristan setzte.

Der Akkord und der Eros

Dabei hat ganz sicher jener faszinierende Akkord im 2. Takt des Vorspiels eine Rolle gespielt; ich erinnere mich, daß ich mich verblüfft auf ihn gestürzt habe, auf den Bau von Tritonus, großer Terz und Quart. Es kann gut sein, daß sich im Umgang mit ihm mein im Harmonielehre-Unterricht entwickeltes analytisches Interesse mit der Ahnung dessen verbunden hat, was da ausgedrückt sein sollte. Mit meinem Lehrer habe ich ganz gewiß nicht über den Eros gesprochen; es muß ihn auch ohnehin verwundert haben, daß ich ihn fragte, wie der Akkord »aufgelöst« werden könne. Ich nehme an, daß wir es mit vereinten Kräften geschafft haben, ihn in Stufen in einen sozusagen erlaubten Dreiklang überzuführen. So stand es im Auszug am Rand skizziert. Aber ich muß auch das sehnende Gefühl, die sanfte Inbrunst gespürt haben, die er aussagt. Was damals sonst auf mich Eindruck machte, etwa die Orchester-Musik bei Tristans Eintreten ins Zelt, der Liebestrank, Brangänes Wächterlied und der letzte Zweigesang im zweiten Aufzug, die »traurige Weise« des Englisch Horn, versponnen mit den in der Höhe entschwindenden Terzen- und Quartengängen der Streicher, schließlich Isoldens Liebestod, – diese markanten Stellen blieben nicht vergessen, aber sie konnten allein nicht erklären, wie ich die Anhänglichkeit an Tristan durch die nächste Stufe hindurch bewahrt habe.

Das war nämlich eine wohl recht arrogante Periode auf der Prima, für die ich zwei Fixpunkte nennen kann. Da saugten wir – das ist immer mein Freund und ich – außer Josquin (und was ihm folgte) den »Armen Heinrich« von Pfitzner in uns ein und lasen ebenso hingerissen die Schrift seines Antipoden Busoni. »Die neue Ästhetik der Tonkunst«. Den Widerspruch merkten wir nicht. Für uns war der Arme Heinrich nicht Spätromantik, sondern neueste kühne Tonkunst. Es war wohl eine gewisse Herbheit der Tonsprache, die uns imponierte. Und geht es da nicht auch um Liebe und Tod, um Erlösung durch den Liebestod? Der Befreiungsruf Busonis öffnete uns den Sinn für die Zukunft, die dann als wahrhaft goldenes Zeitalter der Zwanziger Jahre in der vierfachen Berührung mit Hindemith, Bartok, Strawinsky und der Wiener Schule über uns hereinbrach. Nur langsam habe ich innerhalb dessen, was uns als neue Musik faszinierte, zu unterscheiden gelernt. Der Jüngling, der mir den ersten Tip dazu gab, war übrigens Teddy Wiesengrund-Adorno, – auch er war einmal ein Twen. Wie weit hinter uns lag da Wagner? Ihn ordnete ich bei Stuck und Makart ein. »Bürgerlichkeit« hieß das in der Jugendbewegung gelernte Schimpfwort, und wenn mein Großvater als Katholik und Demokrat gegen Wilhelm II. war, so war es bei mir der Kultur-Wilhelminismus, gegen den ich aufbegehrte.

Warum blieb Tristan in so problematischem Kontext unangetastet? Ich möchte gern annehmen, ich hätte schon damals den Eros nicht verraten wollen. Vielleicht fand ich hier auf unerhört sinnliche Weise den Dämon wieder, durch den uns erst Plato, dann Hölderlin im Zeichen Diotimas mächtig bewegt hatten. Wenn die Kameraden in der Klasse nichts damit anfangen konnten: es ging ohnehin um geheime Dinge. Als dann in den hohen Zwanziger Jahren durch Karl Marx' Frühschriften der marxistische Aspekt eindrang, wurde aus dem Bürger Wagner der Bourgeois. Ein Jahrzehnt und mehr später stellte ich mit geklärtem Bewußtsein im »Ring« nicht ohne Befriedigung den antikapitalistischen Einschlag der ursprünglichen Handlung fest und profitierte von der ersten Bayreuther Entrümpelung der Ära Tietjen-Preetorius. Es wird hoffentlich die Herren Everding und Svoboda (Regie und Bühnenbild von 1974 bis 1976) nicht kränken, wenn ich meine, daß sie von Wieland Wagners szenischer Revolution durch Abstraktion und mystischen Atavismus heute wieder nahe an den Inszenierungsstil herangerückt sind, auf dessen Bauten, Farben und Figurinen Adolf Hitlers schreckliches Auge einmal so wohlgefällig geruht hat – wie mein eigenes. Nun, blieb ich dann so etwas wie ein gemäßigter Antiwagnerianer, so doch einer, der sich vom Quintett in den »Meistersingern« bezaubern läßt, vom Ring sehr viel mehr hält als alle Welt, und der dem »Tristan«, man hat es bemerkt, verfallen ist.

Bayreuth 75

Auch den Bayreuther Tristan von 1975? Verfallen bin ich ihm ganz gewiß nicht. Distanz sollte mich zum Rezensieren besonders tauglich machen, aber ich muß mich damit abfinden, daß ich dazu nicht mehr tauge. Der Kritiker muß unter anderem zuverlässige Ohren haben, meine hören nicht mehr verläßlich. Ich fand, und glaubte diesen meinen Ohren nicht trauen zu können, daß der eine oder die andere der Prominenten reichlich unpräzis intonierten, am meisten sogar die beiden Titelhelden. Muß das am Ende so sein? Mutet Wagner in den ekstatischen Steigerungen und den raschen Tempi den Stimmen nun einmal Unmögliches zu? Das Tempo erschwert auch den Ausländern die Artikulation, und es konnte keine Rede davon sein, daß man, wie es heißt, im Festspielhaus jedes Wort versteht. Wie auch immer: ich sah in solchen Momenten eben von der Singstimme ab, genauer: ich hörte von ihr ab, – sehen konnte ich das singende Paar ohnehin selten, der Kopf der Dame vor mir verdeckte sie. Man kann die Aufmerksamkeit lenken, und im Orchester ist, sieht man von den melodischen Höhepunkten der großen Duette ab, mindestens so intensiv von Tristans und Isoldens Liebe und der Liebe überhaupt die Rede wie in den Singstimmen, mehr jedenfalls als in deren rezitativ-ähnlichen Partien. Ich empfand weite Strecken des Orchestersatzes geradezu als Kammermusik von höchster Nervosität und sicherem Geschmack. Vor allem den Holzbläsern und anderseits den sanften Streichern, besonders den tiefen kommt die Bayreuther Akustik sehr zugute. Jedenfalls merke ich, daß es mir diesmal darauf ankam, zu schmecken und zu wissen, was sich im tönenden Abgrund des Orchesters und in mir selbst, in den Sinnen und im Kopf, ereignete. Was hat die Partitur mir, nein uns zu sagen? Sie sagt Liebe und sie sagt Tod, freilich nicht den Tod des Helden, wie er in der »Götterdämmerung« so großartig vom Orchester mehr begleitet als dargestellt ist, sondern einen geträumten Tod als die Konsequenz einer als absolut empfundenen Liebe.

Die Erwartung allerdings, es könnte sich da auch in meinem Alter eine neue Beziehung zum Tod herstellen, wurde nicht erfüllt. Der geträumte Tod hat mit dem realen Tod, der den Alternden bedrängt, nichts zu tun.

»Tristans Liebe«

Die Liebe dagegen geht auch ihn an. Aber ist es unsere Liebe? Wenn wir ihre isoliert-sinnliche Seite meinen, gewiß nicht. Kein verführerischer Klang wie in »Naht Euch dem Strande« aus Tannhäuser, oder auch wie Mozart in »Cosi fan tutte« das Wort desir harmonisiert. Zynismus, gar Geilheit und ähnliche Bereiche des Sexuellen fallen aus. Doch sind da auch andere Defizite: Tristan und Isoldens Eros-Sexus kennt weder den Tanz, der unter den musikalischen Äußerungen des Eros doch so dominiert, noch sogar die Zärtlichkeit, doch eine tief im sehnenden Begehren verborgene Zartheit.

Eine Liebe ohne Ehe, ohne Furcht, ohne Zärtlichkeit, durchaus aber bezogen auf Transzendenz: das scheint eine abnorme Form menschlicher Liebe zu sein. Daß sie gespielt wird – im höchsten Sinn des Wortes: als Ernstspiel mehr der Emotionen und Erschütterungen als der Handlung –, schafft Distanz und macht dadurch den Zugang erst möglich, ja erlaubt in ihm sogar, das wurde mir klar, Identifikation. Ich war wohl immer zu sehr ein nüchterner Christ, um im Parsifal an der pseudochristlichen Kostümierung, an der Bekehrung Kundry-Wagners vom entfesselten Eros zum erbarmenden Mitleid Geschmack zu finden. Den Tristanismus dagegen suche ich als Grenzfall zu verstehen: Die Liebenden, die, indem sie ihre Liebe aussingen, zugleich den Grund der Welt preisen, transzendieren ihren Eros ins Absolute und damit in den Tod: das ist Tristans und Isoldens Formel. Es ist eine menschliche Möglichkeit an der Grenze, – die der große Zauberer und Arrangeur in einem unvergleichlichen Werk beschworen hat. Isolde kann neben Beatrice und Julia bestehen. Solcher Enthusiasmus bis in den Tod ist aber für jeden von uns eine Dimension der erotischen Liebe auch dann, wenn sie in ihrem Gesamtvollzug im »Tage« bleibt, um Tristans und Isoldens Sprache zu sprechen, wenn sie fruchtbar wird, auch sozial wird, selbst und gerade als in der Gesellschaft gelebte Ehe. Der Traum der Einheit ist nicht eine Erfindung der Romantiker oder ein mythenstiftender Einfall Platons. In der Zweigeschlechtlichkeit des Menschen, ja der lebenden Natur ist solcher Extremfall angelegt. Von der Liebe plaudern und schwärmen fast alle Opern, aber nirgendwo sind Trieb, Eros, Sexus und Identifikation der Liebenden so rein zu Musik geworden wie in dem lyrischen Epos Tristan. Das aber ist unser aller Angelegenheit. Da ist auch eine Vorahnung Freuds, des »Todestriebes«, und anders als im Venusberg und Kundry-Akt klingt hier an, was man den »kosmogonischen Eros« genannt hat, die Ahnung der entzweiten Weltstruktur.

Die Nacht und Gottes Ehe

Ich habe es nicht immer so gesehen. Früher glaubte ich doch eine für mich fatale Unterscheidung machen zu sollen zwischen der Handlung und Haltung des Paares, die ich verurteilen zu müssen glaubte, und der Musik, der ich verfallen war. Derselbe Christ, der den letzten Parsifal-Akt als blasphemisch empfand, schien Tristans und Isoldens unfruchtbaren asozialen lebensfeindlichen Eros als Perversion ablehnen zu müssen. Nun hat alle moderne Erotik neben ihren antiken Wurzeln die mystische des hohen Mittelalters. Aber das Relative für absolut ausgeben, aus der Paar-Beziehung, die doch dem Leben zu dienen hat, eine radikal-mystische zu machen, die wie die christliche Mystik auf den Liebestod hinausläuft: das schien mir zwar großartig und interessant, auch ästhetisch fruchtbar zu sein – und Kierkegaards fatale Sinngebung des Ästhetischen war mir wohl bekannt –, aber »moralisch« oder besser anthropologisch schien das sinnwidrig zu sein. Ich hielt es nun einmal mit der Ehe, nicht mit der der Konvention, sondern mit ihrer Funktion und ihrer Transzendenz: mit ihrer Sakramentalität. Anderseits trat jene subtile Perversion musikalisch nicht nur aufregend, sondern, es ließ sich nicht überhören, überzeugend auf. In der Oper überzeugt ja nicht das Argument, sondern die Musik. Mozart, nicht da Ponte oder Schikaneder, regiert unsere Identifizierungen und Gegenidentifizierungen mit den Figuren der Szene. Und Wagner ist wahrhaftig ein sehr beredter Anwalt der rücksichtslos Liebenden.

Nun, und das scheint mir der eigentliche Ertrag dieser späten Begegnung mit »Tristan und Isolde« in Bayreuth zu sein: diesmal war der alte Vorbehalt gefallen. Inzwischen war in einem langen Prozeß das Erotisch-Sexuelle im christlichen Bewußtsein aufgewertet worden, der paulinisch-augustinischen Verfemung entrückt; seine Eigenständigkeit zwar entdeckt; eine unmittelbare Koppelung des Zweier-Verbandes mit Gott, was oder wer immer das oder der auch ist, wurde reflektiert. Wenn alles, wie sollte nicht Ehe und damit der neu entdeckte Eros-Sexus unmittelbar mit Gott zu tun haben? So theologisierten wir lange und hatten gelernt, in dieser Theologie die sexuelle Vereinigung als die höchste und tiefste Äußerung der zwischenmenschlichen Liebe zu verstehen. Gottfried von Straßburg mußte sich durch den Zaubertrunk gegen den Vorwurf sichern, den Ehebruch blasphemisch verklärt zu haben, aber schon er hat gespürt, daß er dem alten Stoff einen neuen revolutionären, in die Zukunft weisenden Sinn abgerungen hatte. »Tristan und Isolde, er und ich, wir zwei

sind immer beide / Ein Ding ohn Unterscheide«. Da ist die
Unio mystica beschworen. Helmut de Boor charakterisiert die
doppelte Emanzipation, die in dieser mystischen Erhöhung des
Paares und der Paarung liegt, mit dem Satz: »Wenn Gottfried
die beiden großen Liebenden ... nach Wesen und Wirkung den
Heiligen möglichst nahe rückt, so nicht weil sie von Gott
erwählt oder begnadet sind, sondern ... im Gegenteil: weil sie
die autonome, in sich religiös begriffene Minne zur Vollkom-
menheit zu verkörpern vermochten.« Gerade die Autonomie
des Tristan-Eros erlaubt mir, ihn so zu würdigen, wie Luther die
Ehe gewürdigt hat: nur als weltlich Ding ist die ein heilig Ding.
Die neuere katholische Auffassung des Sakramentes nähert
sich dem an. Die Liebe ist ein weltlich Ding und insofern ein
heilig Ding..., – genau das sagt Wagners Tristan-Orchester
aus. Ich kann in der orgastischen Tristan-Musik nun nur noch
die stärkste Annäherung der Musik an das Ereignis der Liebe
sehen, die je gelungen ist. Auch Spätere haben das selten
erreicht. Wen die Liebe etwas angeht, wen sie getroffen hat,
wem sie zu schaffen macht, der hört mit den Ohren des Leibes
und des Herzens; tua res agitur – dies geht dich an.

Das hohe Spiel im Vorspiel

Im zweiten Akt, auf der Bank im Garten, die Gottfrieds
kristallenem Bett der mystischen Brautschaft entspricht, vollzieht sich die leibliche Vereinigung vor den Augen der
Zuschauer nicht: sie kann es schon deshalb nicht, weil Wagner
hier die ekstatische Kurve nicht allein dem Orchester anver-
traut, sondern dem Wort, dem sich steigernden Dialog der
Singenden. Im Vorspiel aber bringt er uns die seelisch-leibliche
Kurvatur des Liebesaktes in die Ohren: vom Zartesten,
Innigsten über viel Sehnen und Drängen, über Retardierungen
bis zum Höhepunkt, zu dem, das heute in allen Gazetten als
»Orgasmus« isoliert und dadurch verfälscht wird, – bis dahin
und dann zum noblen Ermatten. Das ist einzigartig. Mir kommt

der kuriose Einfall, man könne diese Musik zur Initiation junger Menschen in das Geheimnis der menschlichen Vereinigung benutzen. Wagner ist da der Realität und dem Geheimnis dieser Vereinigung viel näher als etwa Mozart, wenn er Don Giovannis prahlerische Brunst andeutet – im scheinbar artifiziellen »Cosi fan tutte« haben gewisse Melismen der Verliebten mehr mit Eros zu tun –, oder auch Beethoven, wenn er Leonorens kostbare Gattenliebe, ihre Innigkeit und ihren Mut musikalisch ausdeutet. Die Veristen, Puccini eingeschlossen, und alle ihre Nachfolger, die sich so sehr mit der Liebesleidenschaft abgeben, wird man nicht einmal nennen dürfen, und bei Guiseppe Verdi sind es immer nur einzelne Komplexe, die uns an die Nieren gehen oder ans Herz greifen. Verständlich: Das Drama und die dramatische Oper können der Liebe niemals einen so ausschließlichen Rang geben wie das lyrische musikalische Epos. Richard Strauß freilich hat die nackte Inbrunst selber komponiert, doch wird man bei ihm nicht an Transzendenz und Mystik denken können.

Voraussetzungen im Material

Warum ist Wagner seiner Sache, der absoluten Liebesverfallenheit, musikalisch so viel näher auf den Leib gerückt als etwa Beethoven seinem Ideal? Ist das Material der Musik schwingende Luft und gegliederte Zeit, so hat der Komponist von vornherein die Chance, den Menschen besonders unmittelbar zu ergreifen, einerseits seine Körperlichkeit, seinen Atem, seinen Herzschlag, das Vibrieren der Nerven, die Bewegungen des Leibes, anderseits die Mathematik in ihm, die abstrakteste geistige Strukturierung von Ordnung. Doch war die auf solche Weise freie Musik bis zu der Wende in unserem Jahrhundert stärker an etwas ganz anderes gebunden, an sich selbst nämlich, an ihre eigene Erinnerung, an den jeweils vorgefundenen Vorrat von Musik. Auch Wagner fiel nicht vom Himmel, aber er machte sich von der Erinnerung frei, indem er die

Chromatik, die früher zur Färbung imgrunde diatonischer Strukturen benutzt werden konnte, an die Spitze seiner kompositorischen Möglichkeiten setzte, sie und eine teils sie bestimmende, teils von ihr bestimmende modulatorische Harmonik. Er wird dadurch im tonalen System beweglich. Das ist eine gute Position zwischen denen, die an die Tonalität gefesselt sind, und denen, die nicht mehr an sie glauben. Im Tristan nützt er das aus, indem er die überlieferte Diatonik der »Welt« vorbehält, der Gegenwelt der Liebenden, dem »Tag«, wie sie es nennen, die Chromatik dagegen der »Nacht«, der die Liebenden verfallen sind; nur Brangäne hat im Dialog mit Isolde Anteil an dieser chromatischen Nachtmusik. Sie vor allem, der Strom der polyphonen Melodik und ihrer harmonischen Sensationen, scheint durch das Nervensystem und das Assoziationspotential des Hörers durchzufließen. Hier hilft die so oft als Lieferantin von billigen Aha-Erlebnissen und also als Moment schlechter Erinnerung verkannte Leitmotivik. Sie sind deutlich genug, diese Motive, aber durch Färbung, Tempo, Dynamik höchst wandelbar, vor allem eng verflochten in den Vorgang auf der Bühne und im Orchester: indem sie die Empfindungen teils der singenden oder schweigenden Personen, teils des »idealen Subjekts« und damit des Hörers steuern, aber weithin auch die formale Struktur bestimmen. Der Erfinder dieser Technik war jedenfalls intelligenter als seine Kritiker. Setzt man hinzu, daß Wagners Einfallskraft groß ist, mehr allerdings in der ständigen Differenzierung relativ weniger Einheiten als in der Zahl der Motive – aber stimmt das nicht gut zum Charakter des Eros? –, dann scheint man ins Schwärmen geraten zu müssen.

Grenzfragen

Bin ich es? Dann will ich mich ernüchtern und hinzusetzen, daß diese hochsensible Musik, man kann es nicht leugnen, durchaus schön klingt, so schön, daß man kaltblütig auch sein Zwerchfell stillegen und alles kulinarisch nehmen kann, – wenn man kann. Nie wird man, wie beim älteren Beethoven, Kakophonien begegnen. Solche »Schönheit« mag mit Wagners Geschmack zusammenhängen, der hier einmal Knalliges ebenso vermieden hat wie die nackte Sentimentalität, aber auch mit der unleugbaren Tatsache, daß seine Musik gestischen Charakter hat. Von recht viel nachwagnerischer Musik kann man sagen, daß sie gerade den Gestus, und nur ihn übernommen hat: beredt gestikulierend sagt man wagnerisierend, was man zu sagen hat, aber man hat nichts zu sagen. Doch frage ich mich hinterher, ob nicht jeder musikalischen Figur gestischer Charakter zuzusprechen ist. Wie weit läßt sich Musik je einem Sein im Menschen zuordnen, wie weit nur einer Geste dieses Seins? Subtile Forschungen über das, was zwischen der Musik und dem Hörer passiert, stehen, wenn ich recht sehe, noch aus.

Musik als Realität und als verstandene Realität müßten auch unsere jungen Linken, wenn sie nicht ganz dem Soziologismus verfallen sind, zur Kenntnis nehmen, und zwar sowohl über vulgärmarxistische als auch über kybernetische und strukturalistische Ansätze hinaus. Ist solche Liebe, wenn man sie als Hörer nachvollzieht, ein Verrat an der Revolution der Massen, so wie er auch ein Verrat an der christlichen Ehe zu sein schien? Wenn Ihr Euch den Tristan einverleibt habt und nicht die große Veränderung preisgebt, wenn Ihr Euch dem Tristan aussetzt und nicht das Sakrament preisgebt, sehe ich Chancen.

Als es anfing

Ich habe mich zügeln müssen. Lieber hätte ich hemmungsloser meine Erschütterung bekannt. Es war mir schon ein bißchen sonderbar ums Herz, als ich nach dem Passieren der feinen Leute in den engen Gängen zwischen den Bankreihen auf meinem Platz gelandet war: Reihe 24, Platz 23, wie es mir die Vermittlerin am Telefon gesagt hatte. Es saß sich ganz und gar nicht ekstatisch auf diesem Platz, sondern asketisch, zudem hinter dem Lockenkopf, der mir, setzte ich mich zurecht, genau die ganze Bühnenfront verdeckte. Der Architekt hat vor hundert Jahren nicht damit gerechnet, daß sich heute zwei Volksstämme in den Raum teilen müssen: die normalgewichtigen Europäer und die jungen Riesen und Riesinnen der Schickeria. Die und ihre zahlreichen Anhänger und Nachahmer aus dem mittleren gesellschaftlichen Bereich haben mich im übrigen nicht gestört. Sie stellten etwas vor, und nicht nur ihre Frisuren, aber sie benahmen sich in der Furcht des Herrn, und es wäre töricht, durch sie eine Begegnung mindern zu lassen, die wohl die letzte gewesen sein wird. Ich empfand es wie einen Schlag im Herzen, als die Celli zum ersten Thema des Vorspiels ansetzten und dann sogleich das Seelen-Merkzeichen des Werkes erklang: jener Tristan-Akkord. Ein Musterstück der Vorhalt-Technik, so kann man ihn analysieren, aber er treibt einem das Wasser in die Augen. Nicht für sich genommen: er steht für vieles, für alles. Soll ich mich schämen? Ich schäme mich nicht.

Zweitausend Meter über dem Faschismus – September 1940

Im September 1940 versuchten Hilters Luftwaffe, London und die Britischen Inseln invasionsreif zu bomben. Die Kinder und Enkel der Engländer von damals begehen den 15. September als den Tag der »Battle of Britain«, sie feiern den Erfolg der Abwehr, Hitlers Scheitern. Was in jenen Tagen aber ich getrieben habe, keineswegs verwegen und gefährdet bei Görings Fliegern, sondern bloß ein Zivilist, der so um 2500 Meter Meereshöhe herum über den Ebenen und Hügeln des nazistisch beherrschten Vaterlandes wanderte und kletterte, das möchte ich erzählen. Jene Tage sind mir aus mehr als einem Grund erwähnenswert geblieben.
Ich habe mir etwas viel vorgenommen. Es lockt mich die

Schwierigkeit, das alpine Milieu, abgedroschen wie es ist, anschaulich zu machen. Dazu reizt mich nach so langer Zeit eine Komplikation: die Schwäche der Erinnerung. Da sind Mutmaßungen fällig. Natürlich ist die Zahl der Leser höchst begrenzt, die alpine Spezialinteressen haben. Sie sind mir lieb: es gilt sie bei der Stange zu halten.

Die Flucht nach oben

Mehr Anteil kann ich für den eigenartigen, fast gespenstischen Gegensatz voraussetzen, der zwischen der harten und rauhen Idylle des einsamen Kletterns im Kalk und dem Grundfaktum jener Jahre bestand: dem Albdruck namens Faschismus. Schon vier Monate früher, im Mai, hatte ich so etwas im Wilden Kaiser erlebt. Da trug mir in der Kaindlhütte morgens die Hüttenwirtin den Kaffee in die Stube und fragte mich: »Holland, was ist das?«. Sie hatte die Sondermeldung vom Einmarsch gehört, am 10. Mai, dem ersten Tag des Frankreich-Feldzugs. Jener Gegensatz war gerade an diesem Tag kaum auszuhalten. War ich doch von der Stille berauscht, als einziger Wanderer allein in diesem pathetischen Gebirge, den Blick immer wieder zu den im Frühlingsschnee noch unzugänglichen Graten und Türmen erhoben und zum blauen Himmel oder herüber zu den gleißenden Ketten der Zentralalpen; unter mir wußte ich die menschenleeren Wälder, – aber nun ganz im Grund in Dörfern und Städten eine Bevölkerung, die diese Sondermeldung und alles andere zu verdauen hatte, bayerische und österreichische Soldaten-Eltern, Kreisleiter und Block-warte, sogar Journalisten, Kollegen also, die nach der Pause des »drôle de guerre«, des kampflosen Kriegszustandes nach dem Polenfeldzug, nun wohl wieder beginnen mußten, Kriegsbe-richte zu kommentieren. Als durchaus privilegierter Zeitge-nosse, 39jährig, ungedient, konnte ich meine Urlaubstage in diesem höchst irritierenden Zustand zwischen dem reinen Himmel und der trügerischen und doch so realen Welt der bösen Herrschaft verbringen. Daß so etwas geschehen konnte, hing mit einer pervers-vernünftigen Vorstellung des Mannes mit der schrecklichen Stimme zusammen: Er hielt nun einmal die alpinen Hütten für wehrertüchtigend; sie mußten also nicht nur offenbleiben, sondern mir und anderen Einzelgängern sogar markenfreie Bergsteiger-Essen anbieten. Wo ließ sich der Urlaub zweckdienlicher verbringen? Daß es in jenen Jahren bedrückend wenige junge Menschen gab, die in der Lage waren, das auszunutzen, machte die Bergwelt sogar noch schöner, nämlich einsamer. Aber die untere Welt konnten wir damals, konnte ich an jenem Tag kaum einen Augenblick vergessen.

So ähnlich war es denn auch vier Monate später im September. Auch da war ich zunächst allein. Meinen Klettergefährten traf ich erst in einer unbewirtschafteten Hütte, im Oberreintal, ein paar Stunden von dem Einödbauernhaus oberhalb von Partenkirchen entfernt, das mein Urlaubsquartier war.

Als ich den Alpenvereinsschlüssel ins Schloß stecken wollte, war die Tür unverschlossen, und ein paar Minuten später kam ein Mann aus den Zwergkiefern heraus, das Tragholz mit zwei Eimern über den Schultern; er hatte sie am Wasserfall gefüllt. Mit ihm trat sofort ein typisches Problem jener Jahre an mich heran, auch hier oben im Bergkessel zwischen den Türmen und Graten der Dreitorspitzen: Was war das für ein Kumpel? War er einer von uns, oder gehörte er zu den anderen? Ein Abzeichen trug er nicht, die Bergkluft machte uns gleich. Der Fall mußte im Gespräch abgeklärt werden. Die Frage war akut genug; ein Abend am Herdfeuer zu zweien würde ebenso lang wie doch auch ein wenig intim sein, Bergkameradschaft selbstverständlich eingeschlossen. Zunächst aber lud der Mann mich ein, bei seinen Bratkartoffeln mitzuhalten. Ein guter Anfang, aber SS-Leute sind für ihre Hundefreundschaft bekannt, – sie können wohl auch Bratkartoffeln anbieten. Es war mit den Signalen, die ich geben konnte, in dieser Situation nicht so leicht wie etwa in einem Eisenbahnabteil. Da legte so etwas wie eine Hitlerjugend-Gruppe oder irgendein anderer Vorgang auf dem Bahnsteig leicht eine harmlose Bemerkung nahe, die der andere dann je nach seinem Standort so oder so beantworten konnte, – im guten Fall mit einer nicht so harmlosen Signalbemerkung; die machte den Fortgang des Spiels möglich, aber ließ doch auch den Rückzug noch offen. Hier in der Hütte gab es nichts, über das sich unauffällig ein Gespräch anfangen ließ. Als wir Stunden später auf die Matratzen stiegen, hatten wir viel geredet, und ich wußte immerhin, daß der Mann, ein Kriminalbeamter aus Nürnberg, kein Aktivist war, wahrscheinlich nicht einmal ein Parteigenosse. Aber sicher war ich mir nicht.

Sozusagen unterhalb dieses Spiels der politischen Signale war auch ein anderes Signalisieren noch nicht ans Ende gekommen. Sollten wir beide, durch den Zufall zusammengeführt, an den nächsten Tagen etwas miteinander unternehmen? Etwa wandern? Oder am Ende gar klettern? Was kann der andere? Hat er nach seinen Berichten Touren geklettert, deren Schwierigkeit ich beurteilen kann? Wenn er darüber erzählt: Gibt er dann an, oder kann ich ihm trauen? Und gar nicht leichter war gerade in diesem Fall die andere Frage: Kann ich ihm mich zumuten? Was kann ich mir selbst zutrauen?

Ich war in einem besonderen Fall, und gerade dieser Fall macht für mich noch heute, nach vier Jahrzehnten, jene Unternehmung bedenkenswert, sozusagen biographisch. Ich hatte die Technik der Kletterei vor nicht allzu langer Zeit von einem jüngeren Freund gelernt. Ich hatte mit ihm ein halbes Dutzend Klettereien des sogenannten vierten Grades gemacht, aber der Haken war gewesen, daß ich dabei als der Ältere, Ungeübtere und Schwächere immer der zweite Mann gewesen war, also beim Aufsteigen der nachfolgende, beim Absteigen und Abseilen der vordere Mann, dankbar dafür, daß ich den leichteren und weniger riskanten Part übernehmen durfte. Das aber nun dem unbekannten Partner ungeschminkt zu sagen, brachte ich doch nicht recht übers Herz. So sprach ich vom vierten Grad wie einer, der dazugehört. Ich bin Intellektueller, nicht stark im Leiblichen, alles andere als ein Sportler, – aber gerade deshalb hatte diese Nebenbeschäftigung Kletterei in der Ökonomie meines Daseins offenbar einen erheblichen Stellenwert. Und nun saß ich da am Holzfeuer der Oberreintalhütte einem unbekannten Kameraden gegenüber, der mich für voll nahm, und ich konnte mich nicht hinter meinem Kletterlehrer verstecken.

Wir diskutierten dies und jenes, aber alles blieb offen.

Den Augenblick, da ich morgens gegen drei Uhr wach wurde und plötzlich alles völlig klar war, werde ich nicht so leicht vergessen. Es war mir im Schlaf als ganz selbstverständlich zugefallen, daß ich dem fremden Mann eine große Überkletterung vorzuschlagen hatte, die wir in Erwägung gezogen hatten, eine nicht sehr ernstlich schwierige, aber äußerst anstrengende und, wie man zu sagen pflegt, ausgesetzte Kletterei. An der schmalsten Stelle sollte der Grat tatsächlich – so im Kletterführer – »messerscharf« sein.

Klettern, um Atem zu holen

Dieser Augenblick des Erwachens war ein Durchbruch, ein Moment von Emanzipation, und wenn die ganze Wanderung diesen Schritt, diesen Sprung dann durchaus bestätigt hat, so ist das ein weiterer Grund dafür, daß ich von diesen vier Tagen nicht loskomme. Zwei Monate später nämlich, im November 1940, hatte ich eine Entscheidung zu fällen, die für mich und mehrere andere Menschen äußerst folgenreich geworden ist. Die Diskretion verbietet mir, sie zu beschreiben. Ich bin fast sicher, daß sie in der Konstellation meiner Biographie nicht gewagt worden und nicht gelungen wäre, hätte ich zwei Monate früher nicht im spröden Kalkgebirge hoch über dem Faschismus diesen Augenblick auf der Matratze der Oberreintalhütte morgens drei Uhr erlebt. Es war der halbbewußte Entschluß, mich freizuklettern, auch von jenem überlegenen Freund, von der Abhängigkeit, von der eigenen Angst. Die Befreiung gelang an einer Nahtstelle der Leiblichkeit und der Seele, – darum auch wohl machte sie in meinem Leben Epoche. Und daß danach das Leben weiterging, daß Wichtiges geschah, während Hitler seine Pläne von England auf Rußland umschaltete: Jeder von uns hatte es in seiner eigenen Biographie erfahren können oder erfahren müssen. Ich habe es auch in diesem abseitigen Milieu erfahren, und auf höchst positive Weise.

Die Hütte, in der das passierte, liegt in einem gar nicht kleinen, aber ungemein geschlossenen Hochtal, dem Oberreintal, einer stattlichen Nische zwischen Hängen, Wänden und Türmen, die nur am Fuß noch etwas bewachsen, oben aber nackter steiler Fels sind. Jedes Geräusch hallt von allen möglichen Reflexionsflächen wider. Man erreicht diesen großartigen hochalpinen Raum von Norden aus dem Partnachtal durch steilen Hochgebirgswald. Der Talboden ist fast eben, mit Latschen, einzelnen Rasenstücken und Felsblöcken bedeckt. Doch steht die unbewirtschaftete Hütte unter einigen hohen Ahornen, den letzten Laubbäumen. Die Dreitorspitzen, mit denen nach der langen von Mittenwald nach Westen ziehenden Wettersteinwand der mittlere Teil der Südkette des Wettersteingebirges beginnt, sind als markante Gipfel im Herzen des höchsten Gebirges von Bayern wohl vielen bekannt. Wir hatten aber nichts mit ihnen zu schaffen. Wir mußten zuerst ins Oberreintalkar aufsteigen, das wie andere Karnischen über dem Talboden gleichsam »hängt« und mit einem steilen Abbruch in ihn abfällt. Da war zunächst etwas Steigerei und leichte Kletterei zu besorgen, erleichtert durch eiserne Hilfe; ich sehe in meiner Erinnerung nicht mehr, ob es nach oben führende Stufen oder waagerechte Passagen waren. Ich weiß überhaupt vieles nicht mehr. Das Kar selbst ist ein einziger sehr steiler Schuttstrom, eine schlanke S-Kurve. Vor den ersehnten Punkt, wo man den freien Ausblick nach Süden gewinnt, wie ihn die Scharte und der benachbarte Große Hundsstallkopf bieten, haben die harten Musen der Geologie viel Schweiß gesetzt: Wir hatten nicht weniger als drei Stunden mühsam durch den Schutt zu steigen, über 900 Meter Höhendifferenz, bis unsere Kletterei auch nur beginnen konnte.

Warum nimmt man eine solche Schinderei auf sich? Warum keucht man, nein – der zünftige Bergsteiger keucht nicht –, warum arbeitet man sich methodisch atmend von fünf bis acht Uhr morgens zwischen zwei nackten Felsmauern auf rutschendem Schutt in die Höhe? Neben den vielen Antworten über den Sinn des Alpinismus, welche die gängige Literatur anbietet, hat mir eine gerade damals eingeleuchtet. Erfährt man in der Ebene die Landschaft im Wandern wie eine Folge von Bildern, von Panoramen um den sich bewegenden Leib herum, als zweidimensionale Farb- und Formgebilde, wie sie der Maler und der Photograph festhalten könnten, so schlägt im Hochgebirge die gewichtige, die ständige und beständige Dreidimensionalität der Mauern und Gipfel auf die eigene Erlebnisweise durch. Man bewegt sich im dreidimensionalen Raum, nicht mehr als schauendes Auge, sondern als ganzer Leib. Diese aktive und erlittene leibhafte Dreidimensionalität ist offenbar besonders geeignet, ein Realitätsgefühl zu vermitteln. Sie wird von der Seele und vom Verstand als Gefühl und Erfahrung der eigenen Wirklichkeit erlebt. Indem man mit dem eigenen Leib die Wirklichkeit des Gebirges ausmißt, ist man auch sich selbst auf sinnlich-geistige Weise wirklich. In dem S-förmigen Schlauch aus Schutt und Fels wurde dieses Gefühl eher bedrängend. Aber es blieb, und als wir dann die letzte Schranke aus einigen Dutzend Metern Fels hinaufgeklettert waren und auf dem Grat den Beginn unserer eigentlichen Kletterei erreicht hatten, schlug diese Empfindung jäh in das Gegenteil von Bedrängnis um: in ein Gefühl von Freiheit angesichts der Realität, der ungheuren Masse des Zentralalpenzugs. Ich habe dieses Gefühl gegen vielerlei Begrenzung der eigenen Kräfte ausgespielt – in sechs Jahrzehnten des Umgangs mit den Bergen in dem großen europäischen Spielraum, den wir die Alpen nennen. Diesmal spielte ich es vor allem gegen die böse Macht aus, welche die untere Welt beherrschte. Hier fühlte ich mich stärker. Auch die Zeit mußte für den freien Menschen arbeiten, der den Raum als so ungemein real und gewaltig erfuhr, – auch gegenüber dem Anspruch jener Mächte.

Nun lagen jene sieben Stunden Gratkletterei vor uns, um derentwillen wir dieses Unternehmen beschlossen hatten, immer Richtung Westen, Richtung Gipfel des Hochwanner.

Aber wie soll ich diese Stunden anschaulich machen? Die Situation im Großen, sozusagen in der Geographie: Unsere Kette erstreckt sich zwischen zwei ziemlich genau parallelen Nachbarketten aus demselben Kalk. Im Norden ist es die mittlere, etwas höhere Wettersteinkette, die alle Touristen kennen: Sie zieht von der Alpspitze über die drei Höllentalspitzen nach Westen und endet in der Zugspitze. Im Süden ist es die etwas niedrigere Miemingerkette, gleichfalls aus Kalk. Im Rücken hatten wir die vier Dreitorspitzen, vor uns den Talschluß: die Riesennische des Platts mit dem Schneeferner und der Zugspitze. Dann war da über und rechts und links neben den Miemingern im Süden über dem Inntal die ganze Pracht der zentralen Alpen. Da waren vor allem die Stubaier, vor denen und in denen die Kalkkögel als bizarre Einlagen aus Kalkgipfelchen geschwisterlich herübergrüßten, und die größeren und größer geschnittenen Ötztaler. Ich verzichte darauf, die schwarzen Schneiden, die bläulichen und weißen Gletscher, die Schar der hohen Gipfel, das Gewirr von tausend Formen und gleißendem Licht zu beschreiben. Wir haben uns ja auch an jenem Tage im eifrigen Gehen und Klettern darauf beschränkt, immer wieder einmal überraschte Blicke herüberzuwerfen in die ganz andere Gletscherwelt. Die kalkbleiche Nähe, das Feld unserers aktiven Eifers, bannte uns viel zu sehr. Da zogen uns auch die Nahblicke links und rechts an, vor allem der nach rechts über das, was wir von den Karnischen sehen konnten, die ganz nah unter uns am Grat begannen. Es waren nach den beiden Hundsstallkaren die Kare mit den eindrucksvollen Namen Im Fall und In der Jungfer. Tief unter ihnen in einem Dämmern, das sich vom Licht unserer hohen Warte deutlich abhob, verlief das Oberreintal mit dem grünen Reintalanger und den beiden blauen Gumpen. Ich kannte sie gut, aber haben wir sie damals erblickt? Ich weiß es nicht mehr. Die vielen Stunden am Vormittag und Nachmittag müssen trotz der

Einfachheit der Grundstruktur – ein Grat immer geradeaus – in der Kletterarbeit voller Details gewesen sein. Türme sind zu überklettern oder zu umgehen, indem man rechts oder links herabsteigt; je mehr man abseits gerät, um so mehr muß man unerbittlich wieder hinauf, denn der Grat ist unser Weg. »Weg« aber bedeutet hier nichts Gemachtes oder Angezeigtes, sondern nur die Möglichkeit, zu gehen, voranzukommen. Ich erinnere mich daran, daß mich vor allem die einige Male plötzlich vor unseren Füßen auftauchenden Graskämme, wie sie den Felsgrat unterbrachen, wahrhaft entzückt haben. Mitten in dem abweisenden Felsbereich und zwischen den abschreckenden Abstürzen, die bald rechts, bald links steiler gewesen sind, wurde dann aus unserem Steigen ein Spazierengehen. Sogar ins trockene kurze Gras hineinwerfen konnten wir uns, zweieinhalbtausend Meter hoch. Das Gegenteil davon waren die berühmten Reitsitzstellen im Teufelsgrat. Dort spitzt sich der Grat extrem zu und bietet weder rechts noch links akzeptable Ausweichmöglichkeiten, und so verzichtet man ausnahmsweise auf die gewohnte und würdige Normalhaltung, die vom alpinen Ehrenkodex gefordert wird: in der man mit den vier Gliedmaßen auskommt. Im Reitsitz arbeitet man sich – der Name sagt es – mit einem fünften Körperteil, dem Gesäß, über die schmale Schneide fort. Zwischen Extremen wie dem Reitsitz und den grasigen Spaziereinlagen im Fels gab es für uns während viel längerer Zeit die Steigerei und Kletterei waagerecht, wenig aufwärts, wenig abwärts. So hakte man denn der Reihe nach eine Schwierigkeit nach der anderen ab, welche die Natur eingebaut hat.

In diesen Stunden waren die beiden Welten, in der unsereiner damals lebte, voneinander gründlich geschieden. Heute erscheint mir diese Wanderung unter dem blauen Himmel, Kalkhärte hin, Muskelhärte her, wie ein schwereloses Schweben. Man darf uns Zeitgenossen von damals wohl das Atemholen vom Politischen, das wir uns von Zeit zu Zeit erlaubten, indem wir musizierten, lasen oder eben wanderten, auch nachträglich gönnen.

Tage des geschenkten Friedens

In der ganzen Länge dieses Himmelssteiges lag der Gipfel vor uns, – in der letzten halben Stunde vor einer Gewitterwand, die von Westen aufzog. Als wir ihn endlich erreichten, brach das Wetter los. Nervös, im Zucken der ersten Blitze, verfehlten wir die Abstiegsroute, und Abend begann es wohl auch schon zu werden. Es war uns zu heikel, unter den Blitzen weiter ins Unbekannte abzusteigen. Wir fanden eine leicht gegen den Hang geneigte Steinplatte, eine glatte Unterlage für den recht geräumigen Seidenschlafsack des Kameraden. Wahrscheinlich war es die Enge dieses wasserdichten Gehäuses, die uns endlich unser politisches Signalisieren in einem bald stockenden, bald eifrigen Gespräch zu Ende führen ließ, während es in der Atmosphäre knatterte und rumpelte, während die nahen Entladungen knisterten und krachten, während die Wasser klatschten und raunten. In solcher Lage konnten wir offen miteinander reden. Ich hatte mit dem unbekannten Kumpel, dessen untersetzte Gestalt und dessen bedächtige Bewegungen mir während des langen Tages vertraut geworden waren, unterwegs kaum ein normales Wort gewechselt, sondern nur das, was sich beim Weg suchen und Klettern ergab.

Nun erwies er sich als einer von den Franken, denen gegenüber ich immer das Gefühl gehabt habe, die fränkische Seele sei durch den produktiven Rausch der Spätgotik und des Barock zwar sehr sensibel, aber auch etwas müde geworden. Der Mann, im Hochbauamt der Stadt Nürnberg tätig, hatte nicht recht gewußt, was er mit dem baulichen und theatralischen Aufwand der Reichsparteitage anfangen sollte, sie hatten ihn wohl fasziniert und doch auch irritiert. Streichers »Stürmer« dagegen hatte ihn abgestoßen. Das war das erste, über das wir uns verständigen konnten. Wie viele alte Wandervögel verband er offenbar eine gewisse Unentschlossenheit in den politischen Entscheidungen mit moralischer Empfindlichkeit. Ich selbst kam und komme aus dem Ruhrgebiet, wo man härter empfindet, auch politischer, auch linker. Vielleicht habe ich

den Geist in ihm ein wenig festigen können. Die Wandervogel-
bewegung war nun einmal ambivalent: Sie enthielt die Möglichkeit des nostalgischen Ausweichens, aber auch die, sich zu
emanzipieren und zu engagieren. Jedenfalls verlor ich in dieser
Nacht die Sorge, ich könne es am Ende gar mit einem Zuträger
zu tun haben.

Wir haben in dieser Nacht wohl auch ein wenig geschlafen.
Jedenfalls war um drei Uhr, als wir wieder einmal wachwurden,
das Getöse vorbei. Es war still, sehr still, und als wir aus dem
Sack herausschauten, waren die Wolkenmassen fort, der Mond
leuchtete uns, und wir entdeckten uns in einem Felskessel
zwischen unseren Bergen und der Miemingerkette, an der
Südflanke des Hochwanner, entweder des großen oder des
kleinen, ich weiß es nicht mehr, und wir mußten uns nun
absteigend westlich durchschlagen. So kletterten und stolper-
ten wir uns denn zurecht und fanden endlich bekanntes
Gelände: den »Hohen Kamm«. Der ist aufmerksamen Besu-
chern der Zugspitze vielleicht aufgefallen: In der Form eines
sehr regelmäßigen Kirchendaches sticht er völlig fremdartig
von den Ketten der Kalkgipfel ab, ein Mergelrücken zwischen
dem Kleinwanner und den Gatterlköpfen. Ungewohnt war er
nicht zuletzt auch für unsere kalksteingewohnten Füße und
Schuhe: Wir hatten mit einmal im tiefen dreckigen Lehm zu
stapfen. Aber wir wußten wenigstens, wo wir waren, das
nächtliche Abenteuer war zu Ende. Wir stiegen zum Gatterl
hinab und dann auf dem viel begangenen Steig zur Knorr-Hüt-
te am unteren Ende des Schneefernerplatts unter der Zugspitze. Wir mögen sie um acht oder neun erreicht haben. Wir ließen
uns die Matratzenlager zeigen und legten uns unverzüglich
nieder. Den Tag haben wir verschlafen.

Am nächsten Morgen war das schöne Wetter vorbei. Dennoch
– wir hatten auf dem langen Grat Blut geleckt – wollten wir der
ersten Kletterei eine zweite ähnliche hinzufügen, den noch
längeren Weg über die ganze mittlere Kette des Wettersteingebirges von der Zugspitze zur Alpspitze. Ich kann mir heute
weder die Zähigkeit dieses Entschlusses noch seine Ausfüh-

rung mehr vorstellen. Doch das Hüttchen, in dem wir übernachten wollten, kann ich genau beschreiben. Die Tür schlug im Wind, innen luden zwei harte und feuchte Bänke nicht zum Verweilen ein. Ein einsamer zerrissener und halber Roman war das einzige bewegliche Inventar. Wir waren gut vorangekommen, es war noch nicht Mittag, und so entschlossen wir uns, weiterzugehen: einen Rekord in der Kombination Bergwandern-Bergsteigen aufzustellen und am selben Tag noch den Grat bis zum Hochblassen-Alpspitzmassiv durchzugehen. Das enthielt dann die bittere Konsequenz, von der Grieskarscharte aus 1500 Meter tief abzusteigen ins Reintal und irgendwann spät abends noch einmal 500 Meter hinauf zu unserer Hütte ins Oberreintal. So haben wir es denn auch geschafft, über die reizvolle Almgegend am Stuibensee herunter zur Bockhütte und dann die letzte Mühe hinauf. Im sturen Steigen schlief ich auf den schmalen Serpentinen für Sekunden oder Sekundenbruchteile ein. Es war fast Mitternacht, als wir die Hütte aufschlossen. Auf dem Tisch lag unberührt der Zettel, auf dem wir die geplante Route aufgeschrieben hatten, – für alle Fälle.

Am vierten Tag stiegen wir mit unseren vollen Rucksäcken ab, der Wanderfreund Partenkirchen und Nürnberg zu – ich habe noch einmal eine Postkarte von ihm erhalten –, ich nur zu meinem Standquartier. Mutter Zahler reichte mir an der Tür ein Telegramm. Ich wußte damals noch nicht, was ich heute weiß: Unsere mütterliche Freundin hat vier Jahre später einen Mann vom 20. Juli versteckt, der in der Nähe eine Jagdhütte besaß, sie ist von der Nachbarin – zwei Höfe teilten sich das abgelegene Wiesengelände – angezeigt und nach Garmisch ins Gefängnis gebracht worden, erst die Amerikaner haben sie befreit. Wußte ich das also im September 1940 nicht, so hatte ich doch in langen Jahren erlebt, daß Mutter Zahler und ihr herzkranker Mann, ich habe ihn manchmal nachts auf dem Gang zum Häuschen untergefaßt, in der Wolle gefärbte bayerisch-katholische Instinkt-Gegner des braunen Regimes waren. Ihren Sohn haben sie opfern müssen. »Auch Treue bildet die Person« – Goethe –, und diese katholisch-demokratische Treue hat unsere Bergheimat zu einem passenden Stück im Netz der Freundschaften gemacht, das uns trug.

Das Telegramm? Mein Bericht über die Bayreuther Kriegsfestspiele in der »Frankfurter Zeitung« hatte dem Propagandaministerium mißfallen. Was hatte ich falsch gemacht? Vielleicht war mein Bericht insgesamt nicht patriotisch genug gewesen. Ich sollte sofort zurück und dann nach Berlin, mich zu rechtfertigen. Das fiel übrigens fort: Unsere tüchtigen Kollegen in Berlin, vielleicht Fritz Sänger, hatten die Affäre inzwischen ausgebügelt. Jedenfalls war ich froh, daß die Wanderung mir, während die bedrohliche Botschaft in Zahlers Stube auf mich gewartet hatte, noch ein paar Tage des Friedens geschenkt hat, zweitausend Meter über dem Faschismus.

Adalbert Stifter: Fragwürdige Tröstung

Wenn es einen Sinn haben soll, von meinem wechselvollen Umgang mit den Werken Adalbert Stifters zu erzählen, muß ich voraussetzen, und ich tue es, daß die Änderungen in diesem Umgang, die wechselnden Bewertungen etwas Typisches haben. Ich treibe auch Zeitgeschichte, wenn ich über meine Freuden und über meinen Ärger mit Stifter berichte. Der objektive Widerspruch, der zwischen 1840 und 1868, zwischen der ersten Publikation Stifters und seinem Tod, das deutsche Publikum zum Ja oder zum Nein bewog oder zum »Ja, aber« – selten zum »Nein, aber« –, dieser Widerspruch ist auch heute noch nicht ausgeglichen. Zwischen 1840 und 68: das war eine Zeit, an deren Beginn zugleich das Biedermeier und das Kommunistische Manifest standen, an deren Ende das Deutsche Reich wilhelminischer Prägung triumphierte, auch Richard Wagners Bayreuth, und der Naturalismus stand vor den Toren. Diese Widersprüche haben auch die Entstehung meines Bewußtseins begleitet.

Von der Oberfläche in die Tiefe

Das erste Stück Stifters, das ich las, war »Kalkstein« aus den Bunten Steinen. Da erzählt Stifter die Geschichte eines armen Pfarrers im Steinkar, die Geschichte einer anima candida, will sagen: eines so noblen wie einfältigen Herzens, eines gütigen Kinderfreundes, der nur einen Luxus kennt: die feine weiße Wäsche; im Testament bestimmt er seine Ersparnisse für den Bau eines Schulhauses, das den Kindern eines Dorfes den gefährlichen Übergang über einen von Hochwasser bedrohten Bach ersparen soll. Derweil hilft er ihnen jedesmal mit eigener Hand hinüber. Eine rührende Geschichte also, die den heranwachsenden Knaben mitten im Ruhrgebiet denn auch gerührt haben mag. Aber was in der Erinnerung geblieben ist, war nicht die sentimentale Fabel, sondern neben den Naturschilderungen die Figur: dieser so ganz und gar arme Priester, der auf einer Holzbank fast im Freien schläft, die Bibel als Kissen unterm Kopf, und der so etwas wie eine innere Vornehmheit durch die Schwäche für reinweiße Wäsche zu offenbaren scheint. Davon ist, als ich das Stück nun nach 65 Jahren wieder las, einiges geblieben, und die Klarheit und Zartheit der Landschaftsschilderungen fand ich – nach Jahrzehnten des Wanderns und Bergsteigens – bestätigt. Gerade zu der geomorphologischen Schlüsseldimension meines Interesses für Landschaft paßt das auch heute noch trefflich, und es erwies sich erneut, wie wenig man Stifter als einen Romantiker einordnen darf. Vergleicht man seine geschriebenen Landschaftsskizzen – seine gemalten kenne ich nicht – etwa mit den Bildern Waldmüllers oder gar Caspar David Friedrichs, so erkennt man in Stifter den Realisten, und wenn man am Gegenstand der erzählten Landschaft den Unterschied zwischen Naturalismus und Realismus fassen will, könnte er, so riskiere ich zu sagen, eben im geomorphologischen Aspekt gesehen werden: wer die Formen der Landschaft, die großen und die kleinen und die minimalen, durch die geologische Geschichte und Struktur bestimmt weiß, wird das auf der

Netzhaut des inneren Auges präsente Objekt nicht nach der Art der Vulgär-Photographie erstehen lassen, die zwischen dem Wichtigen und Unwichtigen, zwischen dem Typischen und dem Zufälligen nicht unterscheidet, sondern er sieht jene Strukturen mit. Wäre ich auch ohne den »Kalkstein« auf diese Dinge gekommen?

Jedenfalls besticht mich auch heute noch Stifters Sorgfalt, die anders als in seinen Wiedergaben menschlicher Rede niemals pedantisch wird, aber so zart wie scharf Großform neben Großform, Kleinform neben Kleinform, vor allem auch Farbfläche neben Farbfläche setzt.

Nun, das hatte ich erwarten können, aber ganz neu war beim Nachlesen der kleinen Erzählung das Erschrecken – war es ein freudiges Aha-Erlebnis, war es eine peinliche Entdeckung? –, als mir der Fetisch-Charakter jener weißen Wäsche klar wurde. Als 15jähriger wußte ich noch nichts von Tiefenpsychologie, und prompt habe ich dann das Kapitel aus der erzählten Vorgeschichte des Pfarrers im Steinkar völlig vergessen, durch das die Fixierung an weiße Wäsche begründet wird: die zarte Geschichte der zaghaft keimenden Liebe zur Tochter der Fein-Wäscherin, – eine Geschichte ohne Abschluß: das Mädchen zieht fort, der junge Mann entschließt sich, Priester zu werden: ein Zölibatär und ein Armer, der kostbare Wäsche trägt.

Abgründe der Reinheit

So hätte ich also schon um 1916 herum auf den »Fall Stifter« stoßen können, auf das Abgründige in diesem Mann, dem er im Medium des Schreibens eine nicht gerade nur helle, aber doch heile Welt mit entschlossener Zähigkeit entgegenzusetzen angetreten ist. Erst heute merke ich, daß ein Detail in dieser Erzählung noch an etwas anderes in mir gerührt haben muß. Jene Wäsche war nicht nur weiß und fein, sondern – selbstverständlich, allzu selbstverständlich? – auch »rein«. Das Motiv der Reinheit zieht sich durch die ganze Erzählung wie durch meine ganze Jugend. Heute weiß ich, wie problematisch dieser Begriff ist, wie gefährlich er werden kann wegen seiner Nähe zum Absoluten, – wieviel Blut geflossen ist, um die Reinheit der Lehre, die Reinheit des Prinzips gegen das zu sichern, was der eifernde Reine als Befleckung ansieht. Der Ajatolla Chomeini bringt's uns bei: die Ideologie der Reinheit ist so gefährlich wie Dynamit.

Das Stichwort liefert Stifter selbst, indem er den Landvermesser urteilen läßt, der Pfarrer sei »beinahe ängstlich reinlich« gewesen. Ängstlich, reinlich... Das Reinheitsideal hängt offenbar mit der Berührungsangst zusammen, also mit Angst schlechthin. Neurotische Symptome wie den Waschzwang habe ich freilich nie produziert, im Gegenteil: man mußte mich zum Waschen anhalten, und die Wandervogelzeit machte mich immun mindestens gegen die Art von Dreck, die wir als »natürlichen Dreck« empfanden und – aber auch das wäre typisch gewesen –, vielleicht sogar als »reinen Dreck« bezeichnet haben, den Dreck draußen in der Natur. Nein, neurotisch bin ich nicht geworden, als ich mich zum Schaden meiner Seele der sterilen Sexualmoral der Kirche treu und fest unterwarf, wohl aber unglücklich. Und dagegen habe ich damals – unter anderen – angelesen, als ich Stifter las.

So hat selbst diese frühe noble Charakterstudie über den armen Priester im Kalk etwas vom Abgründigen in Stifter, in dem, der nicht den Mut aufgebracht hat, um seine Jugendliebe zu kämpfen, der in die Ehe mit einer sterilen Frau flüchtete. Was bedeutet das für die Einschätzung Stifters? Ich liebte seine »Bunten Steine«, bewunderte seine genaue und breite Art des Erzählens, las über allzu pedantische Breiten hinweg, und wenn es dann heute peinlich wird, so lege ich doch das Zeugnis schöner Prosa und realer Naturnähe nicht unter »Neurose« oder »Wunschtraumliteratur« ab, sondern fühle mit dem armen Pfarrer und habe Mitleid mit dem Dichter, der sich so viel unbewußt von der Seele schreiben mußte. Die Sublimation sollte man gelten lassen, – beim »Kalkstein« schon um der

Armut willen. Sublimation kann ein Motiv und ein Element der Produktion sein, sie ist legitim.

Auf den Spuren der Wunschträume

Von diesem Stück der »Bunten Steine« aus gelangte ich dann im Lesen und Wachsen durch den ganzen Stifter hindurch, die beiden großen Romane ausgenommen. Aber man muß etwas von dem Hintergrund wissen, ohne den die Stifter-Liebe meiner Knaben- und Jünglingsjahre nicht verständlich ist, von der Industriestadt am Rand des Ruhrgebiets. Die Zeit jener frühen Jahre sagen wir von 1916–1920, war die Zeit der Krieges, der Massenschlachten; der ältere Bruder, bewundernswertes Vorbild, fiel nicht stolz bei Langemark, sondern wurde in der Materialschlacht um Verdun schwer verletzt und gefangen; just 1920 kehrte er zurück, bestimmt zu einem frühen Tod, der, um in der Chronologie dieser Überlegungen zu bleiben, in die hohe Zeit des hohen Nachsommers fiel, 1923. Dann war da 1917 der Steckrübenwinter gewesen, und kein Bauer zum Tausch in der Nähe: l as Klavier blieb mir erhalten, und den Hunger habe ich überstanden, unter anderem Stifter lesend. Und allerdings auch Balzac. In jedem dieser Kriegsfrühlinge lief ich einen Kilometer weit, um den einzigen blühenden Roßkastanienbaum zu sehen, den ich kannte. Die stärkste Erinnerung ist die Übermacht rußgeschwärzten Ziegels der Fabriken, der Häuser, der Mauern. Daß die Welt nicht heil war: ich habe es damals täglich erfahren, auf den 55 Minuten Schulweg an den Hochöfen vorbei und durch Dortmunds öde Randviertel zur Schule. Daß wir eine Vorstellung von menschlichen Räumen hatten, menschlicheren als den eigenen kleinbürgerlichen, auch das verdanken wir noch vor dem Nachsommer den Beschreibungen Stifters. Aber vom Bauhaus kaum berührt, höchstens im Besitz eines Fotos vom neuen Kaufhaus Wertheim in Berlin, waren wir in unschuldiger Sicherheit darüber verzweifelt, daß nach dem Ende des Historismus der Mensch offenbar die Fähigkeit endgültig

127

verloren hatte, anständig zu bauen. Als wir uns vorstellten, wie wir einmal später wohnen würden, und im bescheidenen bergischen Haus die Lösung fanden, die wir für uns in Aussicht nahmen: Fachwerk, zweistöckig, Schiefer zur Windseite und vor allem die weißlackierten Umrahmungen der Fenster und der zentralen Haustür à la Empire, – da fanden wir in diesem in der Tat die Zeit Stifters wieder, als einzige zeitgenössische Möglichkeit, in Zimmern zu wohnen, die denen Stifters glichen.

Ich denke nicht, daß mir die Wunschträume Stifters damals geschadet haben. Von heiler Welt zu träumen, mußte einem Heranwachsenden im Ruhrgebiet, der höchstens in Ansätzen andere, etwa politische Handlungsmodelle kannte, gestattet sein. Zu den Eltern, den guten Eltern, wie wir empfanden, war unser Verhältnis respektvoll und distanziert; das Gymnasium war uns ein Greuel, und was den einzigen Lehrer angeht, den ich geliebt habe, den Deutsch-, Latein- und Klassenlehrer der ersten Jahre, den Religionslehrer von Sexta bis zum Abitur, so habe ich mich nie getraut, ihm näher zu kommen, ihm etwa von meinem Umgang mit dem »Hagestolz« oder mit der »Mappe meines Urgroßvaters« zu erzählen. Er hätte mich wohl verstanden, war er doch als katholischer Priester, der reichlich und auswendig aus seinem Goethe zitierte, ein rarer Vogel. Was jene Pubertätsnöte betrifft, das unglückliche Innerste eines gepeinigten Herzens, so weiß ich heute noch nicht, ob er mir hätte helfen können. Da ich stumm blieb, mußte seine Güte als »repressive Toleranz« wirken: daß die hohe Norm, hinter der ich peinlich zurückblieb, von einem so verehrten Mann verkündet wurde, hat mir das Leben wahrscheinlich nicht leichter gemacht.

Stifter war auch insofern eine Entlastung, als sein Katholizismus nicht römisch, sondern christlich war. Anton Bruckners allzu triumphaler Katholizismus hat mir und meinem Freund damals andere Nüsse zu knacken gegeben. Balzacs Paris hatte uns nur als Stadtplan zur Verfügung gestanden. In Stifters Landschaften aber konnten wir allmählich hineinwandern. Im geliebten Sauerland suchten wir Anklänge sowohl an den stillen unberührten Wald als auch an die arme, aber menschliche Landschaft in Stifters Geburtsort Oberplan. Erst nach der Periode, von der ich sprach, gelang es uns, über die damals gesperrte tschechoslowakische Grenze von Linz aus heimlich ins Böhmische vorzudringen, und auf der anderen Seite suchten wir Stifterisches sowohl zwischen Traunstein und dem Böhmerwald wie vor allem in den österreichischen und steyrischen Voralpen. Stifters Ortsbeschreibungen waren bei uns, wenn wir wanderten. Am genauesten war ich Stifter wohl auf der Spur, als ich zwischen Riva und Limone den Ort hoch über dem Gardasee auszumachen suchte, in der der Hauptteil der »Zwei Schwestern« spielt.

Ich verlegte auch die Schlußkapitel des »Abdias« in diese Gegend. Nach über einem halben Jahrhundert kann ich im genauen inneren Bild nicht mehr unterscheiden, ob es die durch Stifter angeregten Vorstellungen sind, an die ich mich so deutlich erinnere, oder ob ich den Gang über die steilen Ziegenpfade und über den Gebirgsvorsprung gegenüber dem Monte Baldo mit meinen wirklichen Füßen wirklich gegangen bin.

War alles Lüge?

Es wäre zuviel des Guten, wollte ich Erinnerungen aus anderen Werken Stifters hervorkramen. Vom Abdias wäre zu sagen, daß diese Erzählung mir schon in jener Periode dadurch auffiel, daß Leidenschaft, sogar arge zerstörerische Leidenschaft darin eine große Rolle spielt. Heute, nach dem ich viel wieder gelesen habe, erkenne ich, wieviel verhaltene Leidenschaft, wieviel Tragik auch in den um Linz und Wien, in den Alpen und im Böhmerwald spielenden Erzählungen steckt. Freilich: außer dem Häßlichen fehlt auch das Gemeine ganz, denn auch das Zerstörerische ist von edler Gewalt, und am schlimmen Schicksal bewähren sich im Scheitern oder Gelingen – am Ende meist im Gelingen – die Menschen, in denen wohl Leidenschaft ist, aber kein Arg. Das Spiel auch grausamer Leidenschaften wagte Stifter, der sonst als Erzähler seiner eigenen Umwelt treu blieb, nur im Orient zu registrieren. Ich liebte nach den »Bunten Steinen«, darunter auch dem heute an unzähligen Weihnachtsabenden vom Rundfunk verschlissenen »Bergkristall«, nach der »Mappe meines Urgroßvaters« diesen »Abdias« besonders. So muß schon damals Stifters Welt mir allzu heil erschienen sein, wenn mir eines seiner dunkelsten Stücke so viel Eindruck gemacht hat. Das war doch eigentlich das Gegenteil von jener sanften Gewalt, jenem sanften Gesetz der kleinen Dinge, die Stifter im Vorwort zu den »Bunten Steinen« und anderswo beschworen hat.

Und ist nicht auch die Sonnenfinsternis, die Stifter beschrieb, kein kleines, sondern ein großes Ding?

Es ist Zeit, daß ich zum »Nachsommer« komme. In der Knabenzeit hatte ich ihn beiseite gelegt. Ich entdeckte ihn, als die Pubertät erledigt war und der große Rausch der Jugendbewegung das Herz des Zwanzigjährigen erfüllte. Wir waren voller Kulturkritik und bekannten uns zu dem neuen Menschen, wie er auf dem Hohen Meisner verkündet worden war, der in Freiheit und Verantwortung sein Leben gestaltet. In einer Übergangszeit, die zwei oder drei Jahre lang gedauert haben mag, schien uns die Welt des Heinrich Drendorf und seiner Natalie, mehr noch die seines Gastgebers, des Freiherrn von Risau und seiner Mathilde das zu verkörpern, was uns vorschwebte: eine tätige Gemeinschaft edler Menschen. Wie tief das damals in mich – oder sage ich auch hier besser: in uns – eingedrungen ist, zeigt die Dauer einer Detail-Vorstellung: der perlgrauen Seidenvorhänge in Risaus stattlichem Haus. Zeit meines Lebens hat diese Vorstellung die Wahl meiner eigenen Vorhänge mitbestimmt; waren sie nicht aus Seide, so doch oft genug perlgrau. »Der Nachsommer«: das späte Glück der Alten, das zage sprießende der Jungen, der tätige Friede der nach ständischem Rang eingeordneten Nebenpersonen, – alles das erschien uns einen Augenblick lang als die heile

Welt, die wiederherzustellen unsere, der erwachsenen Jugend Aufgabe war. Nur mußte man diese Vision – eine quälende Notwendigkeit – mit den Eindrücken und Erfahrungen verbinden, die wir im Ruhrgebiet gemacht hatten und täglich machten: mit der proletarischen Existenz – mir durch das leidenschaftliche Engagement meiner Mutter wohlvertraut –, mit dem Bürgerkrieg, in den ich 1919 unmittelbar verwickelt worden war, wörtlich und im übertragenen Sinn zwischen den Fronten, mit dem tristen Milieu der Fabriken und Vorstädte. Eine Weile jedenfalls war trotzdem aus dem Verehrer Stifters ein Nachsommer-Fan geworden.

Ich weiß nicht mehr, welcher von zwei verschiedenen Anstößen mir dann zu denken gab. Da brach eines Tages die erschreckende Information über mich herein, der große Mann Adalbert Stifter habe sich mit dem Rasiermesser die Kehle durchschnitten, und in Verbindung damit, seine Ehe sei unglücklich gewesen, seine Pflegetochter sei ihm entlaufen und habe den Tod in der Donau gesucht und gefunden, – eine rabiate Zerstörung der Vorstellung vom edel schreibenden, edel liebenden, edel dienenden Dichter und Schulmann. War alles Lüge? Dieser Schock irritierte mich am meisten im Blick gerade auf den Nachsommer. Der zweite Anstoß war die Umorientierung, die ich durch Menschen wie Rosa Luxemburg erfuhr: sie boten mir einen neuen Reim auf meine proletarische Erfahrung an. Einige Jahre später wurde dieser Reim durch die Frühschriften von Karl Marx, das erstaunliche Buch »Geschichte und Klassenbewußtsein« des damals noch unanfechtbaren Georg Lukacz artikuliert. Der »Nachsommer«, wenige Jahre nach dem kommunistischen Manifest geschrieben, ist, so mußte ich schließen, ein konterrevolutionäres Buch, ein reaktionäres Buch: es gehört zum Opium des Volkes oder genauer – »das Volk« hat ja nie Stifter gelesen – zum Opium des jungen zivilisationsmüden kritischen Intellektuellen. Ab mit dem Nachsommer. Und ab auch mit Wittiko. Ich hatte immer einen Affekt gegen den »historischen Roman« gehabt. Nun lag es ohnehin auf der Hand, daß hier ein Stück verklärender Geschichtsschreibung vorlag. Für den jungen kämpferischen Redakteur wurde Stifter zu einer versunkenen Welt.

Jene beiden Entlarvungen zusammenzusehen, war verständlich, aber grausam. Bewies der Selbstmord nicht auch, wie ernst es Stifter mit seinen Visionen gewesen sein muß? Ist er nicht wenn nicht ein Martyrer, so doch ein Opfer, einer, der das Erwachen des Volkes 1848 ehrlich begrüßt hatte und nach dem Scheitern der Revolution als Bürger par excellence mit der Geschichte nicht mehr fertig wurde und an ihr zerbrach? Nun, so dachte ich damals jedenfalls nicht. Ich reagierte moralistisch. Sieh an, was für einen Zauber hat dieser Mann uns da auf tausend Seiten ausgebreitet! Er preist den großen Adel der höheren Stände, den bescheideneren der niedrigen und schneidet sich am Ende den Hals durch!

Keine heile Welt, doch eine heile Insel

Nun, ich mußte neuerdings die Probe machen und den »Nachsommer« noch einmal lesen. Ich hoffte noch auf Bestätigung. Nietzsches Lob für dieses Werk gilt mir viel, in Sachen Stifter nicht weniger als in Sachen Richard Wagner; auch scheint der Mediziner Hermann Augustin in seiner Studie »Adalbert Stifters Krankheit und Tod« nachgewiesen zu haben, Stifter habe keineswegs Selbstmord verübt, sondern sich zwei Tage vor seinem Tod – der dann im Koma seiner Leberkrankheit eintrat – eine harmlose Schnittwunde am Hals beigebracht. Im übrigen: sei's drum: ob der Verfasser des »Nachsommers« und penible Innenarchitekt einer allzu heilen Welt das tragische Ende eines Verzweifelten gesucht hat oder ob er nach dem Gesetz nach dem er angetreten, einen normalen unglücklichen Tod gefunden hat: es sollte uns nicht irritieren. Aber der Versuch der erneuten Lektüre mißlang. Warum bleibt das letzte Wort zum »Nachsommer«, nach dem zu anderen

Werken ein Ja oder doch ein »Ja, aber« oder ein »Nein, aber« gesagt werden konnte und kann, warum bleibt es zum zweitenmal ein Nein. Ich denke das hängt mit dem Fazit zusammen, das ich auch sonst in Sachen heiler Welt für mich persönlich gezogen habe.

Es geht um die Legitimität der Tröstung, der Entspannung, der Ergänzung, auch der Nahrung aus dem Vorrat dessen, was wir als Heil empfinden. Daß unsere Welt nicht heil ist, kann ich als erfahrene Einsicht aller voraussetzen. Die metaphysische Frage nach der letzten Ursache des Unheils brauche ich nicht zu stellen. Auch die linke These, der Ursprung aller Unmenschlichkeiten seien die Produktionsverhältnisse, ihre Vermachtung, Vermarktungen der Arbeitskräfte, aller Produkte und auch aller Werte, kann dahingestellt sein. Was mich betrifft, so neige ich sowohl der christlichen wie der marxistischen These zu und suche sie zu kombinieren, – wodurch ich (aber das gehört kaum hierhin) zwischen sämtliche Stühle gerate. Zieht man aus der christlichen These die Konsequenz nicht etwa des Quietismus, des frommen Wartens auf das Jenseits, sondern des Engagements für eine heilere, nämlich menschlichere Welt, zieht man aus der marxistischen dieselben oder eine ähnliche, so fragt sich in beiden Fällen, ob das Unheil eine Dimension angenommen hat, die uns für unsere Aktionen gegen es total in Beschlag nimmt, oder – ich will es simpel sagen –, ob der Mensch das Recht behalten hat, zu schlafen, in Ruhe und mit Genuß zu essen, die Ehe mit dem Partner, die Freundschaft mit dem Freund auszuleben, Ferien zu machen, mit Kunstwerken zu kommunizieren, »Urlaub zu nehmen« aus der Geschichte und auch – das ist ebenso wichtig – Stärkung zu suchen für die Anstrengung des Begriffs und die Anstrengung der Tat. In diese Reihe gehört auch die Beziehung zu möglichen Elementen der heilen Welt. Daß sie nur so relativ heil sind, wie sie überhaupt relativ sind, versteht sich.

Ich selbst habe mich außer für das Engagement, den möglichen Kampf eingeschlossen, dafür entschieden, zu schlafen, zu essen, menschliche Gespräche zu führen, Musik zu hören und so weiter. Ich denke nicht, daß der Welt geholfen wäre, fiele ihr Schicksal ganz in die Hände von Unausgeschlafenen, Hungerschwachen, Glücklosen. Ein Rezept wie man den Schlaf, die Sättigung, das konkrete Glück mit dem Engagement in der unheilen Welt in Ausgleich bringen kann, habe ich allerdings nicht.

Doch der »Nachsommer« selbst mußte auf der Strecke bleiben. Warum ich das von »Kalkstein« und vielen anderen kleinen Werken nicht sagen kann, mag ein Bild verständlich machen. Es gibt weder den heilen glücklichen Erdball noch heile Kontinente des Glücks, wohl aber Inselchen und auch Inseln, sogar Archipele des Glücks. Jeder geglückte tiefe Schlaf, jedes wirkliche menschliche Gespräch, die Begegnung mit jedem großen Kunstwerk aus allen Perioden der Menschheitsgeschichte kann eine heile Insel sein, – zu der man hinfährt, wo man eine Weile bleibt – und von der man wieder nach Hause muß, ins Getümmel. Ich habe da bei Stifter eine Menge kleiner Stücke entdeckt, die für mich solche Bereiche des Verweilens sein können. Sie erscheinen mir legitim, weil sie und soweit sie Arrangements vorgestellter heiler Strukturen, heiler Menschlichkeit, schöner Natur sind. Auch da stoße ich immer wieder auf Äußerungen der stifterschen Ängste und eine Befangenheit in seiner ständisch gegliederten Welt. Als Elemente im gelungenen Arrangement kann ich sie ertragen, gelten lassen, ausklammern. Der »Nachsommer« aber will ja viel mehr. Nicht nur durch seinen Umfang, sondern durch seine ganze Anlage gemäß einem durchsichtigen Programm elitärer Art will er eine Beschwörung der heilen Welt als möglicher ganzer Welt sein. Er ist in diesem Sinn ein pädagogischer Roman. Das war zuviel gewollt, und daß es trotz den perlgrauen Seidenvorhängen und hundert anderen anziehenden Details mißlungen ist, zeigt Heinrich Bölls karikaturistische Fortsetzung. Große Werke, die sich karikieren lassen, müssen große Schwächen haben. Den »Tristan« kann man nicht karikieren, den »Ring des Nibelungen« wohl. Stendhal kann man nicht karikieren, diese oder jene schwache Balzac-Konfektion wohl. Eine Karikatur des »Kalksteins« hätte etwas von einem Frevel, die Karikatur Heinrich Dresdorfs aus dem Nachsommer befreit. Ja, der ganze Nachsommer kann als die Karikatur seiner selbst gelesen werden.

Gewiß liegt auch Tapferkeit darin, so hoch zu greifen, so lange durchzuhalten, – und sollte das Ende Stifters so oder so eine Kapitulation gewesen sein; auch das Scheitern fordert Respekt. Ist Stifters Werk kein Kontinent des Glücks, so ist er selbst doch ein tragischer Held, der in einer pointierten Situation der Geschichte den Weg nach vorn, den er einmal eingeschlagen hatte, verließ und das Heil in der Beschwörung des vergangenen Heils suchte, nicht konservativ, wie er sich als Wahrer des Ewig Guten und Ewig Schönen und der Wahrheit des sanften Gesetzes einschätzte, sondern reaktionär. Diese Tendenz macht die spröden großen Romane Stifters heute unlesbar. Sie hat nicht verhindert, daß er auf diesem Weg, der ins Unheil führte, Kleines geschrieben hat, das uns für das gemeine Leben und den ungemeinen Kampf ermutigen kann. Man kann ihn produktiv lesen, wenn man ihn liebend und kritisch liest, – aber ist das nicht überhaupt die Kunst des Lesens?

Das Beste behalten

Ehe, Eucharistie, Sozialismus

Die Zusammenstellung ist befremdend. Das mag mich gereizt haben, sie mir einfallen zu lassen. Aber es war mir ernst dabei. Als ich die drei Begriffe als »Grundpositionen« meines Lebens oder ähnlich bezeichnete, steckte eine überlegte Selbst- und Zeit-Analyse dahinter. Das war vor einer Reihe von Jahren. Inzwischen bin ich gelegentlich danach gefragt worden, wie ich das damals gemeint hätte, aber auch: ob ich heute daran festhielte?

Ehe: ein Verzicht auf Möglichkeiten zugunsten der Verwirklichung

Natürlich habe ich meine eigene Ehe im Sinn, die bestimmte, geschlossen am 28. August 1941 mit M., geb. O. Und natürlich meine ich zugleich die Struktur Ehe, die für meine Existenz konstitutiv geworden ist. Und – nicht ganz so natürlich – meine ich einige Momente dieser Struktur mit, die allgemeiner sind, die man aber an ihr und gerade an ihr »festmachen« kann.

Ich habe nicht vor, ein intimes Geständnis abzulegen und registriere darum nur. Der ich vierzig Lebens- und also zwanzig Mannesjahre ohne Ehe ausgekommen bin: ich kann mir die meine, seitdem es sie gibt, so wenig aus meiner Existenz wegdenken, daß ich sagen muß: es gäbe mich nicht, wenn uns nicht diese Ehe geschenkt worden und gelungen wäre. Das muß genügen, um die spezielle, die einmalige Bedeutung und »Leistung« meiner Partnerin für unsere Ehe anzudeuten. Ich weiß, wie altmodisch das klingt, wofür ich hier eintrete. Die

Ehe gilt als eine von vielen Möglichkeiten erotisch-sexueller Partnerschaft, und nicht einmal als die problemloseste. Sie ist vielleicht, so konzediert man, besser für die Kinder, die sie hervorbringt, vielleicht – auch aus demselben Grund – nützlich für die Gesellschaft; aber der Spontaneität, Freiheit und Fülle der erotischen und sexuellen Energien und allgemeiner der freien Entfaltung der eigenen Möglichkeiten, so argumentiert man, ist sie eher hinderlich. Das lasse ich dahingestellt: ich werde kein anthropologisch-soziologisches Material und auch keine irgendwie, etwa mosaisch oder christlich begründete Norm dagegen anführen, sondern im Grunde nur meine Erfahrung. Die Entscheidung für die Ehe, für die Dauer-Bindung, war zugleich in der Tat die Entscheidung zwar nicht gegen die Spontaneität und Fülle der erotisch-sexuellen Dimensionen – eher das Gegenteil –, wohl aber gegen die unendliche Fülle der möglichen Partnerbeziehungen und für diese eine: ein *Verzicht auf Möglichkeiten zugunsten der Verwirklichung.*

Insofern deckt die Struktur »Ehe« auch manche andere Entscheidung vergleichbarer Struktur ab: die Annahme gegebener genetischer, biographischer, zeitgeschichtlicher Voraussetzungen, das Bekenntnis zu einer Beschränkung, die zwar der Zukunft gegenüber offen ist, aber doch auch als definitiv akzeptiert wird. Sich zur Ehe entschließen, heißt auch: Stand gewinnen, einen begrenzten, aber eigenen Stand, heißt: in der fließenden Geschichte und im unbegrenzten Raum eine Wahl zu treffen, um sich zu realisieren. Ist es für den heranwachsenden Menschen gut, sich zwar nicht ganz, aber kräftig zu »entwurzeln«, sich loszureißen, sich zu befreien, so bedeutet die Ehe den Beginn einer schöpferischen (nämlich eigenen) Verwurzelung.

Eheleute – weiß man es? – sind Freunde. Der eheliche Eros vermittelt zwischen ihrer Sexualität und ihrer Freundschaft, die Freundschaft aber mehr als der Sexus trägt das Schwere und das Leichte, den Werktag und das Fest, Erinnerung und Erwartung, Schicksal und Freude, die Minute und das Jahr.

Eheleute sind Freunde, die sich nicht zu trennen brauchen. Es ist ein großer Entschluß, ein großherziges Wagnis, mich auf den ehelichen Freund und diesen auf mich festzulegen, aus Vertrauen. Ehe ist die Dauerprobe der Freundschaft. Auch der eheliche Widerspruch, vor allem der Grundwiderspruch zwischen der Selbstliebe und der Hingabe und der andere zwischen der Einsamkeit und der Gemeinschaft, der Konflikt um alles, was es geben kann, die erodierende Zeit auch bilden den Stoff für eine ständige Arbeit, in der sich die Freundschaft Ehe hält, bestätigt, erneuert.

Der negativen Abgrenzungen gegen die Fülle der Möglichkeiten (flüchtiger Bindungen und Kontakte, »Erfahrungen«, Abenteuer, Ausbrüche) entspricht eine positive Erfahrung. Die ausschließliche Bindung selbst ist fähig, die erotisch-sexuelle Dimension weit und tief (und sogar abenteuerlich) zu erschließen. Daß Eros und Sexus eingebunden sind in vieles andere, in die Konstellation zweier Biographien, Temperamente, in viele Umstände, Möglichkeiten und Begrenzungen, Begabungen und Defizite, das nötigt allerdings zu Verzichten, ein für alle Mal und immer wieder; aber die Verbindungen zu diesen trans-erotischen und trans-sexuellen Gegebenheiten machen die Erotik und Sexualität selbst nicht kleiner, sondern reicher und »gründlicher«: Sie gründet sie in alle Dimensionen der Existenz hinein. Sich tief in die Augen zu schauen, erstaunt und offen für eine groß empfundene Zukunft, das ist keineswegs ein Privileg der Verliebten oder der jäh Liebenden; Philemon und Baucis kennen diesen Blick, und sie erneuern ihn, in einer langen wendungsreichen Geschichte, die ihre Überraschungen hat. Es ist ein lebenslanges Abenteuer, die eigene Seelen- und Geisteslandschaft dem Partner und die des Partners sich selbst zu erschließen; genauer: es ist eine lebensgeschichtliche Erfahrung, die das Abenteuer einschließt. Eros und Sexus profitieren davon. Ich denke, daß nicht die Roués, die Lebemänner zuständig und sachverständig für Erotik und Sexualität sind, sondern nach langer Ehe der Ehemann und die Ehefrau.

Sich zur Ehe bekennen, heißt dann natürlich auch, die erotische und sexuelle Dimension selbst ernstzunehmen. Man braucht das in einer Gesellschaft, in der uns die Zerstörung mancher Tabus und der Kommerz sexbesessen machen wollen, nicht laut zu sagen, wohl aber in der anderen Richtung: den Erben der tödlichen Sexfeindschaft der christlichen Kirchen. Die erotisch und sexuell ausgelebte reife Ehe steht eben gegen zwei Fronten. Solange ein Papst nicht überzeugt von der Lust in der Ehe sprechen kann, wird man es ihm nicht abnehmen, wenn er vor der Lüsternheit in der Ehe warnt: wenn es die gibt, hat man sie nicht von der Zuwendung und Hingabe, sondern von der voll bejahten Lust abzugrenzen.

Ich halte – wieder eine andere Front – viel von dem »kleinen Unterschied«, von dem biologischen und dem Insgesamt vieler anderer Unterschiede zwischen Mann und Frau. Es muß zu denken geben, daß die Evolution der Pflanzen- und Tierwelt die männlich-weibliche biologische Polarität sehr früh erfunden hat. Machisten und Patriarchen haben ihn ausgebeutet, als sie die Herrschaft der Männer, der Väter und der Männerbünde etablierten. Die Frauen haben also recht, wenn sie den Aufstand proben. Auch soll alles erschlossen werden, was in gemeinsamer Menschlichkeit gefunden und entwickelt werden kann. Zärtlichkeit schlechthin sollte als menschliche Eigenschaft gelten. Doch Männlichkeit und Weiblichkeit sollten geschätzt und entwickelt werden, aber anders als bisher. Es ist ja tatsächlich viel von dem, was man lange bösen oder guten Willens als »Wesensbestand«, als »Natur« des einen und des anderen Geschlechtes ausgegeben hat, in Wahrheit ein Produkt von Herrschaft und ein Petrefakt der Geschichte. Was in den Unterschieden, die feststellbar sind, je zur »Natur« gehört, was zur Geschichte, ist aber keineswegs auszumachen. Ja, es wird niemals auszumachen sein; denn der Mensch ist untrennbar sowohl Natur wie Geschichte und wird immer auch Geschichte bleiben. Wir sollten uns weder an die angeblich ewigen noch an neu entdeckte Fixierungen von Männlichkeit und Weiblichkeit halten, sondern in beiden Geschlechtern menschlichere Menschen werden, die menschlicher mit ihrer Geschlechtlichkeit umgehen. Dann werden eine neue Männlichkeit und eine neue Weiblichkeit entstehen, wohl zu unterscheiden. Aber auch dann werden das neue Verständnis und das neue Verhältnis nicht endgültig, sondern der Zukunft gegenüber offen sein. Nicht nur dieser berühmte kleine Unterschied, aus dem soviel Lust, Glück und Menschlichkeits-Erneuerung durch Zeugung und Geburt kommen, sondern auch viele andere subtile Unterschiede machen Spaß, Freude, Erkenntnislust: sie sollten unbefangen ausgelebt werden, im öffentlichen Bewußtsein und in der Experimentierstube Ehe.

Ein anderer Aspekt: Wenn ein Mann und eine Frau, die einander lieben, ihr »Verhältnis« dauernd machen, einander heiraten oder gar »sich ver-heiraten« wollen, dann geht sie das nicht allein an, sondern, davon bin ich tief durchdrungen, die Eltern, die Brüder und die Schwestern, die Freunde und Freundinnen, die Nachbarn; die Gesellschaft, – sogar den Staat. (Nebenbei: Ich habe es damals nicht mitgemacht, als, nicht ohne den Blick auf den verhaßten Nazi-Staat, vor allem aber unter dem Einfluß der kirchlichen Erneuerung die katholischen Brautleute sich über das Standesamt lustig machten.) Gewiß, wenn man in einem akuten oder zeitgeschichtlichen ernsten Konflikt mit der etablierten Gesellschaft und dem herrschenden Staat lebt, kann man in die Lage kommen, dem Nachbarn und der Polizei sagen zu müssen: was geht's euch an? Aber das ist eine Ausnahmesituation. Für mich jedenfalls war es ein Vorzug, ein Gewinn an Lebensbeziehung, an Lebenstiefe, als wir unserer natürlich-normalen Beziehung die gesellschaftlich-normale Form gaben. Der Nazi-Beamte, der uns traute, stand da nicht für Adolf Hitler, sondern für einige tausend Jahre Sozialität und Staatlichkeit. Wenn Zweigeschlechtlichkeit und Fruchtbarkeit, bedeutende Natur-Konstanten, in zwei Geschichtssubjekten vermenschlicht, nämlich personalisiert sind, dann geben diese im Standesamt und vor dem Altar ihre auf Dauer angelegte Bindung der Geschichte zu Protokoll. Das ist, so finde ich, der Würde des Menschen, der Gesellschaft, der des Staates und der der Geschichte angemessen.

Daß die Ehe »auf Dauer angelegt« sein sollte, wird heute am nachdrücklichsten bestritten. Bei uns war es nicht nur die katholische Sozialisation – die auch –, sondern auch das transzendente Moment in der Liebesbeziehung, die uns das als selbstverständlich erscheinen ließ. Das ist natürlich nicht immer so. Natürlicher ist es, daß es der Überschwang ist, der auf Dauer besteht, – Nietzsches »Lust«, die »Ewigkeit« will. Die ur-natürliche Zweierbindung, die sich dem Evolutionsstand entsprechend personalisiert hat, intensiviert sich auf ein Zusammen für immer hin. Gut, wenn man daran nie irre wird. Aber natürlich gehen Ehen kaputt. Und das darf nicht das Ende zweier Biographien sein. Die Ehe, die ich preise, bleibt zerbrechlich, und wenn sie irreparabel zerstört ist, gilt fast nichts mehr von dem, was ich über sie – nicht als Rechtsgestalt, sondern als Lebensgestalt – gesagt habe. Übrig bleibt nach dem Bruch, daß eine reife Sittlichkeit je bestimmte bleibende Verantwortlichkeiten, große oder kleine, anerkennen wird. Natürlich hat von vornherein eine Ehe eine größere Haltbarkeits-Chance, wenn die Scheidung völlig außerhalb des Erwartungshorizonts der Brautleute steht. Aber das ist eine allzu pragmatische und heute nicht mehr plausible Begründung; es geht einfach nicht mehr: die Scheidung *ist* als Möglichkeit in unserem Bewußtsein. Den ernsthaften Willen aber, zusammenzubleiben, »bis der Tod uns scheidet«: das möchte ich allen gönnen, die dazu fähig sind, nicht aus jener pragmatischen Überlegung, sondern weil dieser Wille zu einer Beziehung gehört, die alle Dimensionen des Daseins ausloten will.

Die Ehe ist ein Sozialgebilde

Steht die Eucharistie, das wird noch zu zeigen sein, unter anderem auch konkret für das Ja zu »den anderen« – den

Wahl-Gefährten und den Zufälligen in der Versammlung –, steht »der Sozialismus« für das Ja zu »allen anderen«, so steht die Ehe für das Ja zu »dem anderen« (zu der anderen), und dieser eine bestimmte Andere vertritt nicht nur sein Geschlecht, s), ndern auch die Menschheit. Die Ehe ist ein Extrem-Modell für das Verhältnis, das ich zum anderen Einzelnen haben soll, durchweg latent, aber abrufbar. Der Ehepartner ist der Nächste schlechthin: der, der meiner sehr bedarf. Die Ehe ist die Nagelprobe. Hier ist mir der andere ständig und überall »nahe«. Ist er nicht ein Mitgefangener im Kerker, dann ist er der Partner schlechthin. Ich habe die Menschheit mitgeheiratet, als ich, ein männliches Subjekt dieser Menschheit und ihrer Geschichte, mit einer Person des ergänzenden Geschlechts vor den Standesbeamten und vor den Altar trat.

(In Klammern: Das alles muß nicht sein. So stark der Grundbestand der Zweigeschlechtlichkeit dahin zu weisen scheint: er hat die Autonomie des einzelnen Menschen nicht außer Kraft gesetzt, und die Plastizität des Menschen befähigt ihn, auch außerhalb der Ehe, ja auch außerhalb von Zweier-Beziehungen erotisch-sexueller oder freundschaftlicher oder anderer Art zu existieren: als »Zölibatär«, als »Single«, oder in Gruppen. Ob die damit gegebenen Verzichte durch äußere Umstände erzwungen oder ob sie frei bejaht sind: es geht auch ohne Ehe. Sowohl Partnerbeziehungen anderer Art, die homoerotische, aber auch die nicht-erotische eingeschlossen, wie die Einsamkeit sind menschliche Lebensformen, die ihr Recht und ihre Würde haben. Sie können sich auch der Gesellschaft und der Geschichte gegenüber bewähren. Ich habe in diesen Überlegungen die Ehe nachdrücklich gewürdigt, aber ich wollte nicht eine Übersicht menschlicher Lebensformen vorlegen, sondern eine »Grundposition« meiner Existenz verständlich machen.)

Und die Kinder? Ja: Schon in jener Stunde vor dem Beamten und dem Priester waren sie da, und inzwischen sind sie groß (und drei haben selber Kinder). Ich finde es großartig, daß wir imstande sind, Menschen zu machen. Die Ehe ist als Struktur menschlicher Normalität zugleich notwendig auf »Familie« hin angelegt. Josef Antz, ein großer offener katholischer Pädagoge, sagte mir einmal – es war auf der Kaiserstraße in Frankfurt, man konnte in ihr noch plaudernd zu Fuß gehen –: »Das war um 1890, – als Sie erst noch nur in der Liebe ihrer Eltern existierten« (elf Jahre vor meiner Geburt). Die Bischöfe sagen es anders, aber was richtig an ihrem Ansatz ist, hat mein Freund Antz damals besonders schön gesagt. Was die Anthropologen, Soziologen und andere über das Verhältnis von Ehe und Familie, Ehe und Generation sagen, ermittelnd oder normierend, hat in denen, die es erleben, die es er-lieben, eine ganz andere Farbe, die der Zärtlichkeit und zugleich der Evidenz. Warum scheuen wir so vor dem Normalsten des Normalen zurück: daß die männlich-weibliche Liebe Kinder will? Warum können wir nicht glauben, daß in diesem Sachverhalt kein Trick der Natur oder Trick der Bischöfe formuliert wird, sondern die Geschichte in der Evolutionsstufe Zärtlichkeit? Kinder sind keineswegs ihr Zweck. Sie ist auch um ihrer selbst willen, um der menschlichen Erfüllung willen da. Aber daß Kinder die Frucht von Zärtlichkeit sein sollten und können, das dürfen wir uns weder ausreden noch miesmachen lassen. Ich kann nicht anders, als diese Erfahrung wie alle anderen ehelichen Erfahrungen von Herzen unseren Priestern und der Kirche zu gönnen.

Ja, höre ich, ja, aber ... Gewiß, die Aber, so scheint mir, kenne ich auch, alle. Die Aber kennen auch unsere jungen Menschen sehr gut. Sie sollten sich diese Aber nicht wegideologisieren lassen. Schön wäre es, wenn sie sich darüber das Ja nicht nehmen ließen.

Das Sakrament der Eucharistie

Soll ich begründen, weshalb die Eucharistie zu den Grundpositionen gehört, so geht das nicht ohne eine fragwürdige

Verbindung von theologischen Abkürzungen und sehr persönlichen Erfahrungen.

Die lange Geschichte meines Umgangs mit dem »Leib des Herrn« kann ich hier nicht erzählen. Sie begann vor 75 Jahren, als der kleine dicke Dechant Z. eine schneeweiße reine runde Scheibe, in gotisches Gold gefaßt, unter dem brokatenen Himmel durch die Straßen trug: Böllerschüsse, Glockenläuten, Bläserchoräle, kleine weißgekleidete Mädchen mit Kränzchen im Haar, der Duft der ermattenden Büsche am Straßenrand.

Die Geschichte war von ihrem ersten Höhepunkt vor 70 Jahren an, der »Erstkommunion«, auf Strecken aufregend, den Kopf und das Herz beanspruchend und erhitzend, auf Strecken langweilig; aber immer wurde das, um was es jeweils ging, als wichtig, ja als zentral empfunden.

Heute geht es mir (und wohl auch anderen) auch in diesem Punkt »ums Ganze«. Natürlich geht es auch um »Liturgie«, vielleicht, je nach der Begriffsabgrenzung, sogar um »Kult«; es geht auch noch um andere religiöse Beziehungen und Vorgänge, aber im Grunde geht es um den Grund: um Gott.

Vorausgesetzt ist – heute – die Ferne, die Abwesenheit, die Unzugänglichkeit Gottes. Nach der Erosion eines religiösen Verhältnisses, das sich als »dialogisch« verstanden hat, das Gebet als Gespräch zwischen der eigenen Person und dem personalen Gott, stellte sich für viele heraus: nichts geht mehr, es sei denn, ich hielte mich an Jesus von Nazaret, den Menschen, der ganz von Gottes Geist erfüllt war. In dieser seiner Einzigartigkeit, wie immer man sie verstehe, ist er für uns, so scheint es mir, der einzige Schlüssel zum Geheimnis Gottes, der aufschließt. (Mir fällt der Schluß von Reinhold Schneiders »Winter in Wien« ein – und vieles andere.) Er ist die Information über Gott, und er ist der Erweis Gottes: das »Wort« Gottes. Unergründlich ist Gott zu jeder Zeit; im Zeitalter des Nihilismus ist seine Unzugänglichkeit radikal zutagegetreten; es ist nicht Auschwitz allein, aber es ist auch Auschwitz und der miserable Zustand der angeblich von ihm geschaffenen und geleiteten Welt, der sich zwischen ihn und uns gestellt hat. In dieser Gottesnot hat nur ein Argument Bestand: der, den Johannes »das Wort« nennt. Das halte ich fest, wenn ich nun vom Sakrament seiner Gegenwart spreche. Sakrament heißt Zeichen, Geheimnis, Zeichen des Geheimnisses, und es heißt Eid, Bund. Gottes Geheimnis ist angezielt, wenn die Verbündeten sich versammeln, um am Geheimnis des Wortes Anteil zu nehmen. Im Ursakrament Christus (Zeichen, Geheimnis, Bund) wird uns Gott zugänglich. Die zweite Dimension dieses Ur-Sakramentes ist die Kirche: als die Geschichts-Wirklichkeit seiner Freunde und als deren geschichtliches Weiterleben. Das Sakrament Kirche bietet uns »Sakramente« im Plural an, zwei oder (katholisch) sieben, die Artikulationen des Sakramentes Kirche in Grundsituationen des menschlichen Lebens hinein. Dazu gehören das Initiationssakrament Taufe (mit der Firmung), die Ehe als Sakrament der Zweigeschlechtlichkeit. Sie alle bilden das Grund-Sakrament Kirche, die aus dem Ur-Sakrament Christus, dem Zeichen Gottes, entsteht. Das Sakrament der Versammlung und des Mahles aber ist das regelmäßige, das praktische, das alltägliche und vor allem sonntägliche; in dieser Funktion (und nicht in ihr allein) vertritt die Eucharistie auch die Taufe, die Salbung zum Tode und alle Sakramente der Tradition. Sie werden sozusagen in den Sonntag hinein allgegenwärtig. Sie nährt auch die sakramentale Ehe, macht diese in erster Annäherung zu einer Veranstaltung zu dreien, in weiterer zu einer Veranstaltung des Bundes und seiner Geschichte.

Ist es so, dann ist die Eucharistie wie die Ehe ein Vehikel der Realisierung, der Konkretisierung. Was in unserer Gesellschaft und Geschichte nur im Zeichen und als Zeichen real werden kann, die Fülle der »religiösen« Möglichkeiten, der Heils-Möglichkeiten, konkretisiert sich auf diese Stunde in der unendlichen Zeit und in der artikulierten Geschichte, auf deren bestimmten Raum auf der Erdkugel und im Kosmos.

Hier, – ja, was geschieht hier? Zunächst die Verwirklichung eines Zeichens: eines Mahles. Jesus Christus hat an dieses Zeichen die Verheißung seiner »Gegenwart« geknüpft. Das nimmt sich ungeheuerlich aus, aber man muß es im Zusammenhang mit einer allgemeinen Verheißung sehen: »Wo zwei oder drei in meinem Namen beieinander sind, da bin ich mitten unter ihnen«. Warum soll ich diese Verheißung weniger real verstehen als die, für die man das Wort »Real-Präsenz« geprägt hat? Ja, in gewisser Hinsicht kommt Jesu reale Absicht definitiver ans Ziel, wenn zwei oder drei in seinem Namen einander oder andere wirklich lieben, als wenn sie sich im Zeichen des Mahles seiner realen Gegenwart versichern. Auch im Vollzug des Sakramentes zielt das Zeichenhafte auf die wirkliche Liebe der wirklich Versammelten ab: darin steckt das Geheimnis der Gegenwart genauso real wie in der Gegenwart des Herrn im Zeichen. Gewiß, ich sehe den Unterschied zwischen den beiden verheißenen Gegenwarten. Er ist allerdings sehr schwer zu fassen. Aber entscheidender als der Unterschied ist das Gemeinsame in ihnen und ihr Grundverhältnis: die im »Leben« ist nicht für die sakramentale da, wohl aber diese für jene.

Aber »Fleisch« und »Blut«? Realer als real geht nicht. Nicht der Leichnam Jesu von Nazaret, physikalisch und biologisch, ist anwesend, sondern er selbst. Fleisch und Blut sollte man parallel zu der Formulierung verstehen, die Johannes wählte, als er schrieb: »Das Wort ist Fleisch geworden«: die Pointe »Fleisch« meint nicht die Materialität, sondern die geschichtliche Konkretion. Der wirkliche Jesus ist da, der historische aus Nazaret, der wirkliche Christus, nicht seine Idee oder sein Auftrag, er selbst. Worin? In der Hostie und im Wein vom Weinstock? Gewiß, aber primär, das haben uns die Schriftgelehrten unserer Zeit erneut beigebracht, im Mahl, im Mahl der Glaubenden, hoffentlich der Liebenden, im Mahl des Bundes. Da bin ich gern, – in der Mitte (in der Liebe), wenn auch leider nur im Zeichen: großartig diese Verheißung, aber wenig ist sie – und nur das Zeichen bleibt skeletthaft übrig –, wenn sie nicht in der Liebe zunächst der Anwesenden, sodann in der Liebe des Werktags erfüllt wird.

Jesus, der lebende Garant Gottes, ist nicht mehr unter uns. Man hat ihn umgebracht, und als er auferweckt war von den Toten, ist er fortgenommen worden: er sitzt – man muß heute leider sagen: sehr weit weg – »zur Rechten des Vaters«. Er hat das Seinige getan, und obendrein den »Geist« gesandt. Er soll uns alles lehren, was er einige Dutzend Monate lang in Judäa und Galiläa gelehrt hat, sogar besser, als er selbst es fertiggebracht hat. Wir existieren also keineswegs im Zeitalter Jesu Christi, sondern in dem dessen, der – im westkirchlichen Verständnis – »ex patre filioque procedit«: der vom Vater und vom Sohne ausgeht. Man kann die Größe und die Grenze der Eucharistie nicht würdigen, wenn man nicht eben davon ausgeht. Jesus von Nazaret ist fort, aber der Vater (und er selbst) vermitteln uns den Geist Gottes, der nicht umsonst der »Tröster« heißt: er tröstet uns nicht zuletzt über die Abwesenheit Jesu.

So bleibt Erinnerung: »Gedächtnis des Todes und der Auferstehung«, des »Blutes«, das vergossen wurde, und des Lebens-Sieges über den Tod. Und es bleibt Hoffnung: das Liebesmahl nimmt das »himmlische Hochzeitsmahl« vorweg, die Vollendung des Bundes. In dieser Ein-Ordnung ist die Größe und ist die Grenze der Eucharistie deutlich genug gekennzeichnet. Wenn ihr in Liebe beim gemeinsamen Essen und Trinken dessen gedenkt, der nicht mehr bei euch ist und der wiederkommen und alles vollenden wird, auch dann ist er – große Gabe! – »mitten unter uns«. Die Konsequenz ist lange nicht klar genug erkannt worden. Wie Jesus selbst, sieht man von den Abschiedsreden bei Johannes ab, kaum von sich selbst spricht, auch im Vaterunser nicht, das wir beten sollen, sondern nach zwei Richtungen von sich wegweist: auf den Vater und auf die Brüder, vor allem auf den Bedürftigsten, so weist auch die Eucharistie von sich weg. Nicht nur im Text der katholischen Messe, sondern auch im Evangelium selbst ist das Mahl, das Jesus mit den Jüngern hält, in einen Gottesdienst eingebettet:

das Pascha-Mahl, und wie jeder Gottesdienst wendet sich auch die Eucharistie-Feier immer wieder zum Vater. »Gedächtnis«: das heißt auch, mit der Schrift umgehen, sie lesen, sie ernstnehmen, die Worte Jesu (und seine beredten Taten), die wir leider nicht selber hören können, wenigstens in den Aufzeichnungen in höchstmöglicher Intensität aufnehmen, verarbeiten. (Das Evangelium gehört zur Eucharistie-Feier.) Diesem seinem Wort und ihm selbst sollen wir nachfolgen. Vorwegnahme des Hochzeitsmahles: das heißt, ihn nicht nur erwarten, sondern ihm entgegengehen, die Heils-Zukunft Schritt für Schritt in die Gegenwart hineinholen, durch Nachfolge. Die Eucharistie findet also nicht in »Wandlung« und »Kommunion« allein statt, sondern mündet im Gotteslob, in der Schriftlesung, in der Bereitschaft zur Nachfolge, in der Offenheit gegenüber dem Gott in uns, dem Geist.

Ist die Welt vollendet, so wird es kein Sakrament mehr geben. Die Eucharistie ist »nur« das Sakrament der Anwesenheit Jesu Christi in seiner Abwesenheit. Sieht man das nicht so, unterschlägt man die Abwesenheit, so gerät man, ich habe es erfahren, in Träume und Ideologien hinein. Die aber reichen nicht aus, wenn wir den Weg des Lebens Stunde für Stunde gehen: sie machen vielleicht »fromm«, aber sie drängen uns aus der realen Geschichte der Menschheit heraus.

Zwei Orte

Wir feiern die Eucharistie sonntäglich, manchmal auch werktäglich, in unseren Kirchen. Früher habe ich mir solche ausgesucht, die mir gefielen, die für mich ergiebig zu sein schienen, wegen des guten Raumes, des guten Vollzugs, des guten Predigers, der guten Gemeinde. Allmählich hat sich herausgebildet, daß ich das Bedürfnis nach zwei verschiedenen Orten habe, in denen doch dasselbe geschieht. Aber während das, was ich bisher schrieb, wenn auch aus meiner Erfahrung, so doch sozusagen für immer gesagt sein sollte, gilt das Folgende wohl nur für unsere Zeit.

Wir leben in einer Kirche, die man als »Volkskirche im Übergang« bezeichnen kann. Die regional fixierte Kirche, in die man hineingeboren (und dann natürlich auch hineingetauft) und hineinsozialisiert wird, wird und muß sich einerseits durch die Weiterführung der Säkularisierung, anderseits durch die Erneuerung des Glaubens selbst in eine andere Gestalt verwandeln. Die kann niemand voraus wissen: sie wird sich ergeben, je nachdem, wie wir den Weg gehen werden. Jetzt aber existiert beides: die Volkskirche und der Übergang. So sehr liegt mir der Übergang am Herzen, daß ich das lebhafte Bedürfnis habe, Kommendes, Ersehntes vorwegzunehmen in der Wahl-Gemeinschaft der Gleichgesinnten, der Unruhigen, der Offenen, der Sehnsüchtigen, der Kommilitonen. Was auch immer an »Religion«, an »Christentum«, an Innerlichkeit und Aktivismus in mir ist (in uns, muß ich sagen), mag es im Leben, in der Praxis sich äußern, wo und wie es will, kulminiert sakramental in der Eucharistie-Feier der Freunde. (In einem Wohnzimmer, auf »Treffen«, irgendwo – kürzlich auf Burg Rothenfels –, in Basis-Gemeinden, in klösterlichen Heimaten.) Aber ich habe das Gefühl, daß ich den Boden unter den Füßen verlieren werde, wenn ich diese Erinnerung und Hoffnung nicht auch in der Volkskirche feiern dürfte, wo sie sich als solche manifestiert, vor allem in der Ortsgemeinde.

Zwei Aspekte stehen da im Vordergrund. Einmal hat uns hier nicht die »Wahl« zusammengeführt, Sympathie, Gleichartigkeit, sondern da sitzen die, mit denen ich auch sonst zusammenlebe, die Nachbarn, die Ortsgenossen (die Orts-Schicksals-Genossen...), die Freunde (sie auch), aber auch der Feind, Sympathische und Unsympathische. Das ist nicht nur eine Nagelprobe, sondern in sich in Ordnung und gut, – so normal, wie die Ehe normal ist. Die Mahl-Gemeinschaft führt hier die Altersgenossen zusammen, die verschiedenen Generationen, die Kinder, die Liebenden, die Eheleute, die Randgestalten und die armen Angesehenen. Sie alle sind ausgespannt zwischen dem Gedächtnis an den Karfreitag, an Ostern und an Pfingsten in Jerusalem und der Vollendung der Geschichte: sie alle sind – sakramental – dazwischen ausgespannt, und von dieser Stelle aus gerufen zu lieben, heute und morgen. Das ist eine andere Gemeinschaft als die der Geist-Verwandten, aber ich bedarf auch ihrer. Schon deshalb, weil ich auch weltlich recht kräftig der Nachbarn bedarf, wie sie meiner. (Ich lebe auf dem Dorfe ...)

Der andere Aspekt: In der Ortsgemeinde erfahre ich unmittelbarer die reale Gegenwart der existierenden Kirche, der Volkskirche unseres Jahrhunderts, eingebettet in die des Erdkreises, Produkt der zweitausendjährigen Geschichte der Jünger Jesu. (In diesem Zusammenhang kann ich auch die lateinische Messe akzeptieren oder die slawische oder griechische der Orthodoxen: die Kirche ist ja zugleich die je konkrete Versammlung und anderseits das Insgesamt aller Versammlungen auf dem Erdkreis.) Doch erfahre ich sonntäglich auch den schmerzlichen Verzicht auf die anderen, die Abwesenden: auf die Christen der Reformation und des Ostens, auf die Israeliten, auf die Gläubigen aller Religionen. Auch ihre peinliche Abwesenheit ist ein Aspekt der realen Kirche Gottes.

Das revolutionäre Sakrament

Ist das Mahl als Ganzes und sind deshalb auch seine traditionellen Elemente Brot und Wein unser durchaus konkretes, heutiges Mahl, eben »unser Mahl«, so ist es in seinem sakramentalen Vollzug zugleich das Mahl der Versöhnung: durch Christus und den Geist mit dem Weltgrund und mit allen Geschöpfen. Aber das Brot und der Wein (und alles andere: unser eigener Leib, unser Herz) sind Brot und Wein und Leib und Herz nicht nur aus unserer Schöpfung, sondern auch aus unserer Sünde. Gerade das Greifbarste an dem kommunikativen Vorgang, Brot und Wein, macht auch das greifbar. Wir bringen hier nicht nur Geschöpfe Gottes und Produkte des Fleißes der Landleute zum Altar, sondern auch »Waren«, Produkte des gesellschaftlichen Prozesses, Verdinglichungen, in denen unser gesellschaftliches Versagen steckt, Ausbeutung oder – nicht weniger schlimm – Unterlassung von Sorgfalt, Solidarität und Liebe. Solange wir aristotelisch, scholastisch und vulgär im Brot und im Wein physikalische Substanzen nebst ihren Akzidenzien gesehen haben, war diese Einsicht verdeckt. Aber den Waren-Charakter dieser Dinge und damit die Erkenntnis, daß in ihnen gesellschaftliche Zustände, Machtverhältnisse, Gewalt und Unterlassung der Gegenaktion materialisiert und kommerzialisiert sind, kann man nicht außer Acht lassen, nachdem diese realen Zusammenhänge nun einmal entdeckt worden sind, als Einsichten, die jedem, nicht nur dem Marxisten, zugänglich sind. Da nützt es nicht das Geringste, wenn das Korn von frommen Klosterbrüdern gesät und geerntet, die Hostien von heiligmäßigen Nonnen gebacken worden sind. Diese Sonderanfertigungen entlassen uns nicht aus dem gesellschaftlichen Zusammenhang, in dem unser tägliches Brot steht, und selbst wenn in diesen Kloster-Produkten nichts speziell Böses realisiert worden wäre, so bleiben doch wir als Geschichtssubjekte schuldig, wenn wir zum Mahle treten. Erfahren wir aber die Zusage der Versöhnung: wie sollten wir aus der Kirche treten können, als wenn nichts passiert wäre! (»Weiß wie frisch gefallener Schnee« sind wir, so hat man uns gesagt, in diesem Sakrament geworden.) Die Eucharistie ist durch solche unausweichliche wahre Erkenntnis ein politisches Sakrament geworden, – wie auch die Taufe und die Firmung, wie auch die Ehe. Wöchentlich einmal beunruhigt es uns, mobilisiert es uns zur Analyse der Gesellschaft, zur Strategie ihrer Veränderung, zum je nächsten Schritt, zu den Verbündungen, die damit gegeben sind. Der erste Schritt wird meistens unpolitisch sein: wenn wir zu Hause angekommen sind. Aber auch die politischen sind unbedingt gefordert.

Ist es so (oder ähnlich so), dann brauche ich nicht darzulegen, daß die Eucharistie in meinem geistlichen und weltlichen

Bewußtsein für vieles andere steht. Nicht zuletzt für die so schwierig gewordene Gottes-Beziehung, als artikuliertes Gebet. Oft ist ihr Vollzug spröde, oft ist sie nur in Stücken lebendig zu halten. Aber sie ist so konkret und sie ist so regelmäßig wie die Ehe, »normal« für die außerordentlich anormale Existenz eines Zeitgenossen, der zwischen Gott und der Welt, seiner eigenen Behaglichkeit und dem Elend der Mitmenschen sehr fragwürdig seinen Weg sucht, zwischen Dank und Buße, zwischen Not und Trost, Reflexion, Meditation und Aktion. Ein Zeichen und mehr: es steht für vieles, in etwa für alles.

Sozialismus – nicht in Konkurrenz zum Christentum

Es besteht Anlaß, wenn auch, wie ich meine, kein ausreichender Grund, die dritte Position, zu der ich mich bekannt habe, für eine Marotte zu halten, an der ich ein halbes Jahrhundert lang stur festgehalten hätte, blauäugig, ein Spinner. Auf den nächstliegenden Einwand, der Sozialismus sei doch sowohl in Schweden wie in den real existierenden Ost-Ländern, in Jugoslawien und vor allem im Ostblock, gründlich widerlegt, ist zu antworten: er kann gar nicht widerlegt sein, es hat ihn noch nicht gegeben. Er bleibt eine Konzeption für unsere Zukunft. Im Zusammenhang zum ersten und zweiten Teil dieser Feststellungen ist nicht der Sozialismus schlechthin mein Thema, sondern die gewiß befremdende These, er sei für mich ein »Existential«, das dem der Ehe und der Eucharistie entspreche. Repräsentiert die gelebte Ehe die konkrete Erfüllung und Eingrenzung des personalen Lebens in zweigeschlechtlicher Existenz, dann »Sozialismus« das politische Verständnis unserer Geschichtsstunde, das Engagement in unserer Region Europa und in unserer Epoche des geschichtlichen Prozesses. Der Sozialismus bezeichnet für mich das Ziel und die Strategie des politischen Handelns in unserer Epoche und in unserer Region: Konkretisierung und »Festlegung« politisch, wie Ehe personal und Eucharistie geistlich.

Nun gibt es zur Zeit allerdings nicht einmal eine einigermaßen geschlossene oder auch nur einheitlich strebende sozialistische »Bewegung«, sondern nur Bruchstücke, die aus ehemaligen dynamischen Bewegungen entstanden sind, immobile Institutionen und immobile Parteien. Es müssen also von vornherein zwei Bedingungen erfüllt sein, wenn sich die Treue zur Sache und zum Wort nicht endgültig als nostalgische Marotte erweisen soll: Vitalisierungen, also wohl auch krisenhafte Erschütterungen, die den Immobilismus des Status quo widerlegen und untergraben, und als Antwort darauf die Erneuerung alter und die Bildung neuer Kräfte einer Bewegung, die sich als sozialistisch versteht, mit altem und neuem Pathos, mit neuen und alten Emotionen, mit alten und neuen Erfahrungen. Als Bereich solcher Erschütterungen und Bewegungen kann ich mir nicht die provinziellen Kleinräume der gegenwärtigen Staaten vorstellen, aber auch nicht die viel zu große Welt mit den gewichtigen Unterschieden der Großräume von kontinentalem oder fast kontinentalem Ausmaß. Wohl aber sind sie im Bereich unserer Handlungsmöglichkeiten vorzustellen: in Europa. Auch die bisherigen Ansätze seiner Integration können ja kaum weitergeführt werden, wenn nicht eine originär-europäische Bewegung neue Tatsachen schafft. Das sind große Perspektiven, – ich wage sie nur noch unter der Voraussetzung zu vertreten, daß wider die Resignation oder Verzweiflung, die von unseren gegenwärtigen Erfahrungen gespeist werden, Sinn-Verwirklichung erhofft werden kann, mag sie als Vertrauen in die Evolution oder in die Geschichte oder in die Vernunft oder in den heiligen Geist begründet sein. Wenn es mit uns gut ausgehen, wenn es mit uns weitergehen soll, dann wird es im europäischen Raum sozialistisch gut ausgehen oder weitergehen, das ist nicht eine ideale Prognose, sondern eine These.

Sprachlich steht dieser Proklamation der Umstand im Wege, daß die Nachsilbe »ismus« durchweg theoretische oder ideologische Richtungen nennt, also gerade nicht konkrete Gestalten. Auch »Sozialismus« kann natürlich so verstanden werden: als eine vom Begriff des Sozialen abgeleitete Theorie oder Ideologie, in Konkurrenz etwa zum Liberalismus oder Individualismus oder Personalismus oder Kollektivismus oder Kommunismus. In dem besonderen Fall, der hier vorliegt, ist man jedoch durch den Sprachgebrauch gedeckt, wenn man das ismus-Wort ausnahmsweise als einen »Namen« verwendet: als den Namen für eine bestimmte historische Bewegung, eine von ihr entworfene elementare Strategie und ein einigermaßen bestimmtes Ziel. Ich jedenfalls gebrauche das Wort so, und zwar für eine von der europäischen Arbeiterbewegung vor 140 Jahren eingeleitete politische Bewegung, welche die entwickelte europäische Industriegesellschaft, die sie voraussetzt, politisch so organisieren will, daß sie den Bedingungen der Humanität entspricht, – daß sie ein »menschliches Antlitz« gewinnt. Sozialismus ist dann nicht primär eine Weltanschauung oder eine Theorie, wie etwa der Marxismus eine Weltanschauung oder aber eine Theorie sein kann, sondern der Entschluß zu einem Gefüge von Handlungen, zwar nicht zu einem System von Handlungen und Handlungsweisungen, sondern zum gerichteten Handeln in einer offenen und vor allem der Zukunft gegenüber offenen Gesellschaft. Ohne große Schwierigkeiten ließen sich zwar nicht ihre Strategie, aber einige ihrer konstituierenden Momente auf die nordamerikanische Gesellschaft (einschließlich Kanada), wohl auch auf die australische übertragen, nicht dagegen auf die mittel- und südamerikanischen, die afrikanischen und die asiatischen Gesellschaften. Wenn das Wort dort verwendet wird, dann nur in einem analogen Sinn, vergleichsweise. Doch kann natürlich keiner einen Musterschutz für es beanspruchen, sondern nur für den historisch-konkret gefüllten Komplex von Vorstellungen, den er so nennt.

Für mich als Christen steht dieser Begriff, eben dadurch, daß er historisch-konkret gefüllt ist, nicht in Konkurrenz zum Christentum. Er bezeichnet durchaus ein »weltlich Ding«. Er ist durchaus nicht unmittelbar am »Heil«, sondern am »Wohl« der Menschen unserer Region orientiert. (Wird dieses mit dem absoluten Heil gleichgesetzt, so ergeben sich totalitäre Entstellungen.) Anderseits hat auch die Dimension des menschlichen Wohls, auf die sich der Sozialismus bezieht – die gesellschaftliche und politische Ordnung der Produktion –, wie jedes konkrete Wohl mit dem Christentum viel zu tun; der Christ soll ja jeweils das konkrete Wohl der anderen, mit denen er konkret verbunden ist, wollen: das sagt ihm Jesu Appell zur Nächstenliebe. Ist Solidarität die Moral der beteiligten Interessenten, insofern ihre eigenen Interessen von denen der anderen abhängen und umgekehrt, so schuldet der Christ dem, der seiner Solidarität bedürftig ist, eben diese Solidarität in der Liebes-Zuwendung. (Braucht er dringend Brot, gebe ich ihm Brot, braucht er dringend meine Solidarität, so habe ich auch sie ihm zu geben.) Insofern wird für den Christen, der einen konkreten Sozialismus als helfende Ordnung erkannt hat, das Engagement heilsrelevant.

Dieselbe Verbindung ergibt sich, wenn wir nicht moraltheologisch denken, sondern geschichtlich. Der Christ geht in der Geschichte dem Heil entgegen: durch Nachfolge, – durch Nächstenliebe. Insofern kann das weltlich Ding »Sozialismus« durchaus etwas mit der Verheißung zu tun haben, daß »Gott jede Träne abwischen wird von eurem Antlitz«. Das Reich Gottes, das Jesus verkündet, fängt ja in unserer Welt und Geschichte an. Wie das weltlich Ding »Ehe« vermag das politische Engagement auf diese Weise sakramentalen Rang zu gewinnen: einen Anteil am Geheimnis des Bundes. Der »religiöse Sozialismus« hat ein Gefühl für solche Zusammenhänge gehabt, hat sie jedoch nicht immer genau genug bestimmt.

Grenzt man den Sozialismus aber unbeschadet der geistlichen Qualität, die er gewinnen kann, als weltlich Ding von anderen weltlichen Dingen ab, so möchte ich seine Struktur mit der des Entschlusses der Eidgenossen vergleichen; als sie mit dem Herrschaftssystem der mittelalterlichen Feudal-Organisation brachen, wollten sie im Bereich der bäuerlichen Alpenkantone einen eigenen Weg gehen, wie ihn dann nach dem Hinzutritt der ersten Städte Bruder Klaus in seinem Brief nach Stanz nach- und vorgedacht hat. Was er schrieb, war keine Ideologie, schon eher eine Charta, aber eine, die sich auf bestimmte Räume und Zeiten bezog und präzise Vorstellungen der Neben- und Unterordnungen, der Rechte und Pflichten vorsah: ein politisches Projekt. Und auch dieses Projekt setzte eine Bewegung voraus, proklamierte ein Ziel und enthielt eine Strategie. Der Sozialismus steht also nicht in Konkurrenz zu anderen weltanschaulichen, etwa philosophischen oder religiösen Weltentwürfen oder Daseinsinterpretationen. Diese können allerdings durchaus verschiedene und verschieden leichte oder schwere Zugänge oder Hindernisse des Zugangs zu ihm in sich haben. Weder als Bewegung noch als Zielvorstellung noch als Strategie lebt Sozialismus ja im luftleeren Raum; erst recht stehen die bewußten Interessen, die in der industriellen Gesellschaft unserer Tage und unserer Region vorhanden sind, mehr oder weniger in bestimmten Beziehungen zu ihm; die in ihnen existierenden Gruppen, heute keineswegs mehr mit dem fabrikarbeitenden Proletariat identisch, kommen als faktische und potentielle Träger der Bewegung und Aktion, als faktische oder potentielle Gegner, als neutral einzustufende Dritte in der sozialistischen Strategie in Betracht.

Der »dritte Weg«

Da ich nicht einen Sozialismus in irgendeinem Sinn zu rechtfertigen habe, sondern meine biographische Bindung an ihn als eine der Grundpositionen meines Lebens, habe ich auch den allgemeineren Rahmen zu skizzieren, in dem ich das zu tun versucht habe. In meiner Jugend wirkte sich der aristotelisch-thomistische Grundsatz aus, der Mensch sei einerseits »Person«, andererseits ein »zoon politikon«: ein gesellschaftlich-politisches Lebewesen. Aus dem judenchristlichen Erbe stammen zwei weitere Momente. Der erste: Der Mensch ist ein geschichtliches Wesen; er lebt nicht als Funktion von Prinzipien, auch nicht determiniert, sondern indem er einen Weg geht, – die Risiken, so die der Sackgassen, eingeschlossen. Auch die Völker hatten ihre Geschichte, doch beginnen diese in eine von uns neu erkannte Geschichte der Menschheit einzumünden. Wir haben diese Geschichte, deren Alleinsubjekte wir keineswegs, dessen Teilsubjekte wir durchaus sind, zu verantworten. Sie fällt nicht mit der Geschichte des Heils zusammen, hat aber mit ihr möglicherweise negativ, möglicherweise positiv ebenso zu tun, wie unser privates Handeln mit unserem persönlichen Heil. Das zweite jüdisch-christliche Moment, eng mit diesem verwandt, ist das prophetische: Wir sind nicht nur aus Solidarität, sondern auch um des Heiles willen zur Kritik des Bestehenden und zum Exodus aus ihm berufen, – zur Veränderung der Gesellschaft. Die Neuzeit brachte die Erkenntnis der faktischen Gesellschaft hinzu, durch ihre soziologischen Theorien. Der Marxismus zeigte uns die reale Gewalt der Interessen, ihre Vermachtung, die Klassenkonflikte, sodann speziell die Entfremdung, die der konsumierende und der produzierende Mensch durch eine technische und kapitalistische Produktion erfährt, die durch den Willen zur Gewinnmaximierung bestimmt ist, darunter lange Zeit auch die radikale Entfremdung, welche die »Proletarier« zu erdulden hatten: unvergeßlich. Wenn ich Einsichten solcher Art mit einer Tatbestands-Aufnahme der Gesellschaft unserer Epoche und unserer Region verbinde, dann ergibt sich das Ziel, die Bewegung, die Strategie, die ich Sozialismus nenne.

Was dabei unsere »Epoche« ist, versteht sich von selbst; außer den Konstanten und Variablen der gemischten Produktionsverhältnisse, in denen die Großindustrie dominant geworden ist, sind die beiden Weltkriege und ihre Folgen Grundtatbestände. Die »Region« bestimmt ihre Grenzen durch die Vergleichbarkeit der Produktionsverhältnisse. Für die helfende Strategie sind die ohnehin problematisch gewordenen National-Staaten zu klein, ist die Welt zu groß. (Von der Ostflanke unserer Region läßt sich nur sagen, daß wir die vom Sieg der

Alliierten, vor allem der Russen bestimmte Grenze akzeptieren müssen, solange die Ost-Gesellschaft selbst sie nicht in Frage stellt.) So stellt sich das historische »konservative« Europa zugleich annähernd als Zone gleicher Produktionsverhältnisse heraus. (Man mag eine Kernzone zwischen Hamburg, Wales und Mailand oder Rom, zwischen Bordeaux und Berlin-West von einer Randzone zwischen Lissabon und Stockholm, Schottland und der Ägäis unterscheiden.) Wenn die Strategie konkret sein soll, muß sie auf die so gegebene Region bezogen werden. Die europäische Aufgabe heißt Sozialismus, die sozialistische Aufgabe heißt Europa. Ohne ihre Integration verliert die Perspektive ihre latente Energie. Die großen Probleme des Ostens und des Westens, des Nordens und des Südens sind anderer Struktur: hier sind nicht Souveränitäten neu zu bestimmen, sondern gestörte Beziehungen zu ordnen.

Ich möchte für den Sozialismus eine Kennzeichnung nennen, die auch andere Positionen für sich in Anspruch nehmen: er ist der »dritte Weg« zwischen der Marktwirtschaft, wie sie vom Wirtschaftsminister der Bundesrepublik im bemerkenswert unschuldigen Bewußtseins-Zustand vertreten wird, und dem von der Oktober-Revolution Lenins in die Welt gebrachten »Bolschewismus«, dem wir, abweichend von dem Sprachgebrauch der ersten Marxisten, auch die Bezeichnung »Kommunismus« zu geben pflegen. Die Bezeichnung »Kommunismus« charakterisiert den Primat eines Staates, der von einer etablierten politischen Klasse beherrscht wird und sich auf das Kollektiv beruft; die Bezeichnung »Bolschewismus« bezieht sich eher auf die Konstellation der Entstehung dieses Systems, auf das Unternehmen Lenins, die aus einer Analyse der westeuropäisch-kapitalistischen Gesellschaft gewonnene Zielvorstellung in günstiger Stunde auf eine viel weniger entwickelte Gesellschaft zu übertragen und – im Widerspruch zum dialektischen Grundsatz seines Denkens – durch Täuschung und Gewalt durchzubringen. (In Polen sucht sich zur Zeit der sozialistisch-kommunistische ursprüngliche Entwurf Lenins durchzusetzen.) Der Sozialismus, den ich im Auge habe, steht also in Konkurrenz einerseits zu einer Konzeption, die außerhalb unserer Gesellschaft eine mächtige weltpolitische Wirklichkeit ist, der es aber bisher nicht gelungen ist, sich bei uns in nennenswertem Grade zu befestigen, anderseits zu einem Komplex von Interessen, Mächten, Ideen, Ideologien in unserer Gesellschaft selbst. »Sozialisten«, Kapitalisten und Bürger eines breiten Spektrums von Positionen, die weder das eine noch das andere sind, leben, fühlen, denken, handeln im Bereich unserer Region in Gemengelage.

Als Grundkräfte sind – zunächst nur in der BRD – die Bewegungen und Institutionen des historischen Sozialismus, der neuen christlichen Links-Impulse, der Gewerkschaften, in hohem Maße der primär nicht sozialökonomisch, sondern ökologisch orientierten Alternativen anzusehen. Der historische Sozialismus ist aber in die Sozialdemokratie und die linkssozialistischen Gruppen gespalten, und jener wiederum innerhalb der SPD in die sozialen Demokraten und die Sozialisten, der entschiedenere »Sozialismus« in die DKP, andere K-Gruppen und »heimatlose Linke« sehr verschiedener Prägung. Sie alle sind in hohem Grade an den Status quo fixiert: als seine Mitträger oder als seine Opponenten. Die gegenwärtige Parteienstruktur entspricht nicht mehr den in ihr vertretenen politischen Zielvorstellungen; mit Lockerungen alter Bindungen und neuen Verbindungen ist aber ohnehin zu rechnen; es scheint eine dynamischere Periode bevorzustehen, nicht zuletzt durch den wachsenden Einfluß »grüner« und »alternativer« Vorstellungen, auch neuartiger Gruppierungen in neuer Situation und mit neuem Bewußtsein, auch von Randgruppen. In ähnlicher Weise sind auch in den anderen Nationalstaaten der Region die gesellschaftlichen und politischen Kräfte nur in Ansätzen auf eine europäische Dimension des Sozialismus, auf eine sozialistische Konzeption Europas vorbereitet. Die Verwirklichung setzt voraus, daß die Grenzen der europäischen Staats-Gesellschaften durchlässig werden und daß sich die getrennten Erben des historischen Sozialismus aufeinander zubewegen, ebenso die Sozialisten ihrer Art und die sozialorientierten Christen. Dieser Prozeß wird nur vor neuerkannten Aufgaben aufgrund einer realistischen Analyse der europäischen Gesellschaft, ihrer Machtstrukturen, ihres Bewußtseins, ihrer dringenden alten und neuen Bedürfnisse in Gang kommen.

Sozialistische Zielvorstellung

Inzwischen und immer haben die, die sich zur sozialistischen Bewegung im allgemeinsten Sinn des Wortes rechnen und sich also von einer sozialistischen Zielvorstellung bestimmen lassen, zugleich auch viele Notwendigkeiten wahrzunehmen, die in solcher Gemengelage der Staat (bei uns: Bund, Länder, Gemeinden) und die bestehende Gesellschaft wahrzunehmen haben, um »über die Runden zu kommen«, um alles das zu tun, was zu tun Sache der öffentlichen Gewalt und der handelnden Gesellschaft ist. Sie haben also in mehreren Zeitdimensionen gleichzeitig zu planen und zu handeln. Außer den mannigfaltigen Interessen und Bedürfnissen vieler gesellschaftlicher Gruppen ist dabei der historische Grundsatz unserer europäischen Gesellschaft auszufüllen, wie er sich seit der Französischen Revolution durchzusetzen begonnen hat: Wir leben nicht nur im Einflußbereich der großen und kleinen Bourgeois, sondern auch im Staatswesen des citoyen, in repräsentativen Demokratien, in Republiken oder republikanischen Monarchien; wir wenden das Mehrheitsprinzip und das der Gewaltenteilung an; wir haben darüber hinaus bei uns im Land eine regional-föderative Macht- und Kompetenzverteilung, dazu sehr geringe Ansätze des basis-demokratischen Prinzips und des Räteprinzips. Wir verstehen das Bewußtsein unserer Gesellschaft pluralistisch. Aus allen diesen Gründen ist uns die Verkürzung auf den raschen Kampf und Sieg, von dem die ersten Sozialisten träumten, nicht erlaubt.
Die Erfahrung, daß es sich so verhält, hat zwei Gegensätze der älteren sozialistischen Bewegung gegenstandslos gemacht. Wir

160

haben nicht mehr wie die Marxisten der Zeit vor dem ersten Weltkrieg zwischen Orthodoxie und der Häresie des »Revisionismus« zu wählen; der orthodoxe Marxismus selbst verlangt heute die ständige neue Analyse der real existierenden Gesellschaft, also die ständige Revision. Wir stehen nicht mehr prinzipiell in der Versuchung, die Revolution an den Reformismus zu verraten; in jener Gemengelage ist das »revolutionäre« Ziel, die Vorstellung einer kräftig veränderten Gesellschaft, in unserer Region und Epoche situationsgemäß vor allem durch konkrete Reformen zu erreichen, – gestützt allerdings und kontrapunktiert durch Veränderungen eines Bewußtseins, das an jenem revolutionären Ziel festhält.

Im übrigen läßt sich dieses Ziel nicht genau beschreiben. Wie der Zustand sein wird, den die Sozialisten eines Tages als die annähernd erreichte Erfüllung ihrer Hoffnungen akzeptieren werden, kann erst in einem Prozeß geklärt werden, dessen Fortgang in jeder seiner wichtigen Phasen neu bestimmt werden muß. Die Marxisten – dialektisch denkend – und die Christen – demütig denkend – könnten sich darin einig sein, daß sich in der Geschichte nichts überspringen, nichts definitiv planen läßt. Jedes in einer Analyse begründete Handeln und die Reaktion der anderen darauf verändern das Feld des Handelns und nötigen dadurch zu neuer Analyse. (Es schallt immer anders aus dem Wald heraus, als man hineinruft.)

Vom »Ziel« läßt sich negativ allenfalls sagen, daß die Sphäre der Produktion ebenso von der Herrschaft von Menschen über Menschen befreit sein soll wie die Sphäre des Staates. Die Demokratisierung der Produktion mag in zwei Richtungen verwirklicht werden, in der »Verstaatlichung« der unteilbaren Entscheidungen oben und in der Vergesellschaftung der Entscheidungen an der Basis: ein Staatssozialismus und ein Räte-Sozialismus mögen einander durchdringen. Voraussetzung (und Ergebnis) wird das Überwiegen eines Bewußtseins sein, das diese Humanisierung der Produktionsverhältnisse, diese Vermenschlichung unserer Zivilisation als sinnvoll ansieht, sie entschieden will.

Ich habe absichtlich in konventionellen Begriffen gesprochen: Es gehört zur sozialistischen Option, daß die Verbundenheit mit der historischen sozialistischen Bewegung nicht geleugnet, sondern gewollt und gepflegt wird. Es wird vorausgesetzt, daß die Veränderungen der gesellschaftlichen, sozialen und staatlichen Strukturen gewaltlos geschehen werden. Ihr gegenwärtiges Gefüge ist ja in hohem Maße störungsempfindlich. Gewaltsames kann geschehen, aber es kann nicht mehr gewollt werden: eine Chance und eine Herausforderung für Christen, die Grundhaltung, aber auch die Methoden des Handelns betreffend. Bis zu einem gewissen Grade werden die Änderungen in Umschlägen von Quantität in Qualität bestehen. (Die Ausdehnung der paritätischen Mitbestimmung über den Montanbereich hinaus wäre zum Beispiel ein solcher Schritt: unmittelbar quantitativ, in seiner Konsequenz aber qualitativ.)

Wenn nicht das Gewicht von Argumenten sinnvoll erscheinen läßt, was ich dargelegt habe, dann wird der Eifer dieser Argumentation vielleicht wenigstens plausibel machen, warum ich meinen Kopf und mein Herz an die Konzeption Sozialismus gesetzt habe.

Zum Schluß nenne ich noch ein Motiv, das für mich wichtig war und ist. Die Neuzeit etwa von Descartes an, besonders aber das 19. und damit auch unser Jahrhundert, haben die Welt aus der Existenz des Bürgers heraus gesehen und erklärt (des Besitzes, der Besitzmehrung, der Warenproduktion, der Konkurrenz...); Karl Marx, der im übrigen privat möglicherweise weder ein Held noch ein Heiliger und nicht einmal so etwas wie ein guter »Sozialist« gewesen ist, hat von Ausgebeuteten aus gedacht: sein Weltbild entworfen. Das halte ich für seine eigentliche Leistung. So zu denken, erscheint mir sowohl wahrer, mehr dem Tatbestand des Seins und Sollens entsprechend, wie ihn ein menschlicher Mensch heute erfährt, als auch näher an der Perspektive Jesu von Nazaret.

Ehe, Eucharistie, Sozialismus: personales Leben, Glauben und Geschichte, – das wären diese drei, – nicht eine System-Trias, sondern eine, die sich aus der personalen Einheit eines

Zeitgenossen ergibt, der sich im Umgang mit seiner Welt nicht verschwenden, sondern – sich begrenzend – verwirklichen wollte und will.

Über meine Kirche: Protest und Dank

Ich bin nicht abergläubisch, trotzdem mag mich die Warnung »Qui mange du Pape, en meurt« heimlich beunruhigt haben. Die Kirche ist heilig, und etwas Heiliges anzutasten ist mehr als eine Norm- oder Regelwidrigkeit: es ist ein Frevel. Die mächtige Kirche hat etwas vom Rührmichnichtan, und das hat ein eingeborener und gewachsener Katholik »internalisiert«, verinnerlicht. Anderseits ist es eine Frucht des Alters, keinen übertriebenen Respekt mehr vor Ministern und Bischöfen zu haben. Und da ist auch noch eine andere Notwendigkeit des Alters: das Bedürfnis einer Bilanz aufzustellen. Wenn man über 80 Jahre alt ist, hat man dieses Bedürfnis bereits 10 oder 20 Jahre mit sich herumgeschleppt, und man findet es in sich immer wieder. Diese Bilanz aber schließt ein: Mach deine Rechnung mit dem Himmel, und: wie hältst du es mit der Religion? (Und wie mit den Inhabern der Schlüsselgewalt?)

Sich ärgern und danken dürfen

In einer Pressekonferenz aus gegebenem Anlaß fragte mich der Leiter – es sind eineinhalb Jahre her –, was mich, den »Publizisten«, während meines langen Berufslebens an meiner, der katholischen Kirche zur Kritik gereizt hätte. Mir schossen fünf oder sechs kritische Themen durch den Kopf, aber schon in der Darstellung des ersten ereiferte ich mich so sehr, daß die Zeit auf einmal um war. Ich kam nicht dazu, die anderen Malaisen vorzubringen. Ein Rundfunkkollege (und Freund), der mitgeschnitten hatte, forderte mich später auf, für eine Radio-Sendung die Liste zu vervollständigen. Ich war dazu bereit, aber als ich begann, darüber nachzudenken, wurde mir bald klar, daß es nicht fair war und auch nicht wahr, nicht meine Wahrheit, wenn ich nur mein Unbehagen, meine Kritik, meine Einwände äußern wollte, nicht aber mein Ja, meine Zustimmung. Ein weiterer Einwand: wer bin ich, daß ich wie ein Richter das Nein und das Ja zu dieser Seelen- und Lebensmacht eindeutig abzuwägen hätte? Bin ich zum Urteil befugt? Zum Urteilen nicht, stellte ich dann fest, wohl aber zur Äußerung meiner persönlichen Erfahrung und Empfindung. So beschloß ich, nicht so sehr die Kritik und Zustimmung zu äußern, sondern subjektiver und also auch emotionaler anzusetzen: an die Stelle der kühlen Kritik sollte der handfeste oder heiße Ärger treten, wie er schon in jener Pressckonferenz gleichsam ausgebrochen war, an die Stelle der gemessenen Zustimmung der kräftige Dank.

Sich über die Kirche ärgern: das wird man ja wohl dürfen; schließlich ist sie in ihrem emotionalen Anspruch an unseren Glauben, unsere Loyalität, unsere Disziplin auch nicht zimperlich. Sie ist – unter anderem – selber eine Groß-Emotion. Sie ist ein Über-Ich, das es fertig bringt, uns zugleich ein strenger Vater und eine liebende Mutter sein zu wollen. Widerstand ist die normalste Reaktion auf diesen imponierenden Versuch, Menschen teils hart, teils in gütiger oder repressiver Toleranz zu beherrschen und manchmal sogar zu manipulieren. Und danken werde ich auch dürfen: ich habe eine ganze Menge Gründe auch für solche Emotion. Bin ich oft enttäuscht, so bin ich doch ein Liebhaber geblieben.

Wie die Kirche sich selber versteht und wie sie gemäß diesem Verständnis auch von Freund und Feind verstanden werden sollte, das hat sie recht genau festgelegt, in jahrhundertelangen Prozessen, in der die jeweils neueste Fixierung niemals irgendeiner älteren widersprechen durfte. Es gibt keine Groß-organisation auf der Erde, welche die Arbeit der Selbstfestlegung so konsequent betrieben hat wie die katholische Kirche. Was sollte es da für einen Sinn haben, daß ich als Katholik zwar nicht so umfangreich wie Hans Küng in seinen Büchern, aber doch in einiger Breite darstellen soll, was ich von der Sache Kirche halte? Entweder bin ich ein guter Katholik, dann genügt es, Ja und Amen zu sagen, oder ich bin keiner oder kein guter, dann bin ich nicht zuständig.

Aber so einfach werde ich mit dem Problem nicht fertig. Die Kirche ist eine Institution, die eine gewisse Kenntnis über das absolute Heil aller Menschen und der Menschheit zu haben beansprucht, und von diesem Anspruch aus fordert sie wie das Herz und den Kopf jedes einzelnen, so auch mein Herz und meinen Kopf absolut und total an, bis in die geheimsten Regungen und – nebenbei – bis ins Schlafzimmer hinein. Wie diskret ist im Vergleich dazu der Gegenspieler Staat! Wenn der Praetor nicht über »Inneres« urteilt: die Kirche tut es, will gerade das Innerste erreichen, den Herzgrund und den geheimsten Gedanken. Sie läßt den Menschen nicht mit seinem Gott allein. Sie mischt sich ein. Sie beansprucht, im Namen Gottes zu sprechen. Es gibt keine indiskretere Groß-Institution. Sie betreibt »Sprachregelung« wie die Diktatur, und mit weitergespannten Sanktionen, als diese es tut, denn die Kirche, die über kein KZ und über keinen Kerker (mehr) verfügt, verweist den Abweichler in die Hölle, in das totale Verhängnis, in die Verdammnis, in den absoluten Sinn-Verlust. »Gemach«, sagt sie, »in die Hölle bringst du dich selber und bringt dich in schwer durchschaubarem Zusammenhang der Teufel und Gott, nicht ich«. Aber am letzten ersten Pfingsttag habe ich im Evangelium gehört: »Wem ihr die Sünden behalten werdet, dem werden sie behalten sein.« Das Amt der Kirche beruft sich erstlich auf dieses Wort.

Nun, ich finde schon einen Weg, um jenes »Behalten« zurechtzurücken, und ich glaube nicht orthodox an die Hölle, sondern auf eine kompliziertere Weise, die in Denzigers Lehrkatalog nicht vorgesehen ist. Ich habe mir auf Gottes Barmherzigkeit und Gottes Hölle einen eigenen Reim machen müssen.

Damit aber stünde ich – unversehens – bei meinem ersten Kummer und bei meinem ersten Dank.

Gegen die Entmündigung

Der tiefste Verdruß, der entschiedenste Protest richtet sich gegen das angedeutete absolutistische Selbstverständnis, das aus vielen intellektuellen und praktischen Ansprüchen der Katholischen Kirche spricht, und zwar aus den scheinbar menschenfreundlichen ebenso wie aus den harten und strengen. Dostojewski hat in seiner Vision des Großinquisitors gerade jene scheinbar tolerante Tyrannei ernstgenommen, die den Menschen ihre Freiheit und ihre Würde nimmt, sie ins Heil gängeln und sie aufgrund der eigenen bewährten Weisheit zu ihrem Glück manipulieren will. Dieses Mißverständnis Jesu, Gottes und dessen, was Gott nach Jesu Wort und Werk mit den Menschen vorhat, ist für mich ein Ärgernis, seitdem ich in der Jugend und in ihrer Bewegung selbständig zu denken begann. In dieser Haltung eliminiert man aus dem Glauben seinen Grund: das Vertrauen. Man versagt dem Glaubenden die Würde der Selbstbestimmung. In einer Diskussion zwischen Theodor W. Adorno und Eugen Kogon über »Vernunftautonomie und Offenbarung« habe ich einmal gegen einen katholizistischen Journalisten die Meinung vertreten, in der gläubigen und vertrauenden Annahme der Offenbarung danke die Vernunftautonomie keineswegs ab, sondern sie erhalte und bewähre sich in ihr: die autonome Vernunft bleibe die Instanz, vor der und in der der Christ ständig und immer wieder seinen Glauben verantworte. Damit steht und fällt die Freiheit und Würde des Menschen im Christen und damit seine christliche Würde und Freiheit. Soweit die Kirche ihre Mitglieder entmündigt, verrät sie den menschenfreundlichen Gott. Das ist der stärkste Einwand nicht gegen die Kirche Gottes, aber gegen »das römische System«, und das ist zwar nicht mit der Katholischen Kirche identisch, aber leider eine ihrer stärksten Versuchungen.

Ein neueres Beispiel fällt mir ein: der Wahlhirtenbrief 1980. Ich greife nur einen Punkt heraus. Daß der deutsche Episkopat uns (allerdings ohne Roß und Reiter zu nennen) nötigen wollte, nicht Helmut Schmidt, sondern Franz Josef Strauß zu vertrauen, obwohl doch die Entscheidung zwischen den Menschen, denen ich vertrauen kann, und denen, denen ich nicht vertrauen darf, eine zentrale Aufgabe des durch Erfahrung kundig gewordenen persönlichen Gewissens ist: eine der Grundkategorien der Politik – und der Religion.

Das Ärgernis solcher Versuche, zu entmündigen, hat die Reformation als einen innerkirchlichen Versuch gerechtfertigt, jenen Absolutismus und auch den von ihm abhängigen Triumphalismus abzubauen. Ich muß schon deshalb die Reformation als eine notwendige Korrektur der römischen Kirche ansehen, als ein auch für den Katholiken unentbehrliches und geradezu verpflichtendes Element einer gemeinsamen Geschichte. Schon die erste große Spaltung von 1054 hat in etwa das weströmische kirchliche System nebst der römischen Reichspolitik in Frage gestellt. Die beiden institutionellen Korrekturen ergänzen die römische Position; sie sind eine institutionalisierte Dauer-Kritik an ihr. Wenn ich in der römisch-katholischen Kirche nicht nur »auszuharren«, sondern loyal und kräftig zu bleiben entschlossen bin, bis der Tod uns scheidet, so bleibe ich – aus guten Gründen – in einer der christlichen Partikularkirchen, freilich zugleich durch sie und über sie hinaus in der Einen Kirche Jesu Christi, neben der es keine andere geben kann. Ich halte mich »praktizierend« in einem besonders geräumigen Saal jener Einen durchaus nicht unsichtbaren, sondern sichtbaren Kirche auf.

Die Mauer wird zur Brücke

An dieser Stelle ergibt sich ein Dank von selbst. Ich denke seit uralten Zeiten so differenzierend und so kritisch, bin aber weder gesteinigt noch ausgeschlossen worden. Die Kirche hat mich ertragen und erträgt mich. Sie runzelt gelegentlich die Stirne, aber sie läßt mich leben. Ich darf nicht nur schreiben, was ich bis hierhin geschrieben habe und was ich noch schreiben werde, sondern ich kann mich eben darin durchaus als katholisch verstehen. Viele katholische Mitchristen, auch Autoritäten haben mir zugestimmt. Ich vergesse nicht, mit welchem brüderlichen Verständnis mir mein zuständiger Bischof beigestanden hat, als mein Buch »Die Antwort der Mönche« aus nicht ersichtlichen, niemals genannten Gründen indiziert wurde und also unwirksam gemacht werden sollte. War Rom in diesem Augenblick mein Zensor und der Feind meiner katholischen Wahrheit, so war die Kirche in der Gestalt des Bischofs von Limburg in ganz anderer Weise zur Stelle. Der Vorgang hat nicht etwa meine Distanz vom Amt der Kirche vergrößert – man hätte ja argumentieren können, Rom sei typischer als ein »kleiner Ortsbischof« –, sondern er hat sie vermindert. Ich konnte in gewissen Jahren sagen: Was bedeutet eure berechtigte Kritik am Amt der Kirche für mich, wenn ich meinen Pfarrer, meinen Bischof und meinen Papst verehren und lieben kann? (Bischof Wilhelm war mein Bischof, Johannes mein Papst.) Das ist nur ein Beispiel für viele priesterliche und manche bischöfliche Ermutigung und Bestätigung. So habe ich auch der theologischen Fakultät von Münster, der Hauptstadt meiner westfälischen Heimat zu danken, die sich zu meiner laientheologischen Arbeit bekannt hat. Da stimmt doch alles, was meinen Ort in der Kirche betrifft. (Alles?)

Solcher Dank richtet sich sodann besonders an den guten Papst Johannes, der das Konzil gewollt hat, noch mehr an dieses Konzil selbst. Es war gewiß weder vollkommen noch in seinen Ergebnissen vollständig noch unproblematisch. Aber jenen Absolutismus hat das Konzil nicht mitgemacht, jenen Triumphalismus hat es verworfen. Es hat über viel guter Ekklesiologie und Pastoral und praktischer Reform manche Fragen liegengelassen, die uns heute bedrängen, so die Gottesfrage selbst, die Theodizee, das Verständnis des Amtes und des Sakramentes, die politische Theologie; aber es war ein Durchbruch, und im ganzen ist es seinem Papst gefolgt, der die zwei wichtigsten Orientierungspunkte benannt hat. Es sind die Punkte, die schon vorher die deutsche Bewegung der Erneuerung der Kirche erkannt hatte, und an die auch ich mich seit Carl Muth, Ernst Michel und Romano Guardini gehalten habe. Er nannte die »reinen Linien der Urkirche« (welche im hohen Grade noch die Kirche des Evangeliums Jesu Christi gewesen ist) und das »Aggiornamento«, den Dialog mit der Wirklichkeit der historischen Stunde, mit der Wirklichkeit unserer großartigen, gefährlichen, erbärmlichen tapferen Gesellschaft. Ich habe einmal niedergeschrieben, wie ich das Ereignis Konzil erlebt habe: als Risse in der Betondecke des römischen Systems, durch die Licht und frische Luft eindringen konnten. (Johannes selbst hat das schonender gesagt, als er von »Fenstern« und wohl auch von Türen sprach, von Öffnungen zur Menschenwelt hin: man sollte herausschauen und herausgehen, und man sollte die Menschen einlassen.) Die Mauer konnte zur Brücke werden.

Dank für ein besonderes Geschenk

Für ein besonderes Geschenk schulde ich dem Konzil (und vielen einzelnen, die es in diesem Punkt vorbereitet und möglich gemacht haben) besonderen Dank: für die Reform der katholischen Meßliturgie. Das werden nur die Insider verständlich finden; die Dichterin Elisabeth Langgässer (– auf deren Anregung hin ich doch als Endzwanziger das einzige Mal unternommen habe, die so überaus weltliche Kunst des Reitens zu erlernen...) nannte diese die »Commysten«: die Verschworenen desselben Geheimnisses. Da meine Mutter und meine ältere Schwester 1910 die allererste Anregung aufgriffen, die der sonst recht problematische Papst Pius X. durch sein Wort »Ihr sollt nicht in der Messe beten, ihr sollt die Messe beten« der noch gar nicht existierenden liturgischen Bewegung gegeben hat, habe ich sieben Jahrzehnte in der Nähe dieser sehr langsam erstarkenden Bewegung gelebt; ich habe dann mit vielen Freunden die französischen und belgischen benediktinischen Anstöße der Zwanziger Jahre aufgegriffen, habe mitgetragen, was mein Jugendbund »Quickborn« dazu beitrug, so auch unseren frühen liturgischen Ungehorsam, den Romano Guardini einen »vorausschauenden Gehorsam« nennen konnte. Ich danke an anderer Stelle der Kirche für das Geheimnis selbst, hier nur dem Konzil dafür, daß es sich jener Reformkraft nicht verschlossen hat. Seitdem feiern wir den eucharistischen Gottesdienst in der vertrauten und unserem Herzen nahen Muttersprache; erfahren wir die historische Gestalt des Sakramentes reiner und klarer; sehen wir nicht mehr einer Aktion zu, die ein Priester, der uns den Rücken zuwendet, in einiger Distanz vollzieht; klagen wir uns nicht nur unserer Taten, sondern zuerst unserer Unterlassungen an; sind wir nicht mehr Zeugen, wie ein rechtmäßig geweihter Priester durch sehr korrektes Aussprechen einer Formel das göttliche Leben herbeizwingt, sondern beten wir mit ihm zusammen um den Heiligen Geist, der allein den Gottessohn in unserer Gemeinde vergegenwärtigen kann; finden wir den Zutritt zum Kelch wenigstens grundsätzlich offen, wenn auch praktisch noch sehr begrenzt; fügen wir dem Vaterunser die in den letzten Jahrhunderten nur den Evangelischen vertraute altkirchliche Doxologie hinzu.

Das sind einige Beispiele für das Ergebnis der Arbeit sehr kundiger und frommer Männer, die sich an jene Doppel-Formel Johannes XXIII. gehalten haben, als sie der heutigen »Volkskirche im Übergang« für vielleicht manche Jahrzehnte die uralte geistliche Gestalt neu zubereiteten, ohne ihren Gehalt anzutasten. Ich danke dem Konzil auch dafür, daß es das Kind nicht mit dem Bade ausgeschüttet hat: es hat uns das gregorianisch und das lateinisch gesungene Hochamt nicht genommen, eine kostbare Frucht der antiken und frühmittelalterlichen Kirche.

Der Wunsch, diese besonders mit Geschichte gesättigte Meßfeier erhalten zu wissen, hat nichts mit dem Ritualismus der Anhänger Lefebvres zu tun. Sehe ich wie meine Freunde im landessprachlichen Gemeindegottesdienst die gereinigte und bereicherte Normalform der christlich-katholischen Feier und im gregorianischen Amt die Ergänzung sozusagen »rechts«, so hat mich kein Bannstrahl getroffen, wenn ich mit katholischen oder auch evangelischen Freunden das Abendmahl auch in freierer Form gefeiert habe, wie sie durch die besondere Zusammensetzung solcher Kleingemeinden legitimiert ist. Ich selbst lebe nicht gern nur in einem einzigen Milieu. Sonntags nehme ich an der Normalität der Ortsgemeinde teil, in der ich einmal oder zweimal im Jahr auch gregorianisch höre oder singe; im Konvent der Benediktiner darf ich an der feierlichsten »Hochform« teilnehmen; in der Mahlgemeinschaft der Wahlgemeinschaft erfahre ich das Abendmahl in einer besonders freien und lebendigen Form, in der Nähe derer, mit denen ich unterwegs bin; ich darf mich auch in evangelischen Gemeinden (und bei den Altkatholiken und den Orthodoxen) als Gast zu Hause fühlen. Welcher Reichtumg das ist, geistlich, doch auch sinnlich, dazu »kulturell«, im Umgang mit Überlieferungen, zu denen fast zwanzig Jahrhunderte beigetragen haben, – das ist Außenstehenden wohl schwer klarzumachen. Im Gerüst der Gottesdienste, wie sie in der Woche und im Jahr zeitlich geordnet sind, hat die Biographie eines doch auch unsteten und zu Zeiten labilen Christen einen Halt gefunden: nicht im Ritual, sondern im vertrauensvollen ständig erneuerten Bewußtsein der Gegenwart nicht nur Jesu, sondern auch der lebenden Schwestern und Brüder, aber auch der längst verstorbenen, vor allem der Opfer der Geschichte. Während der Nazi-Zeit habe ich diesen Halt besonders stark empfunden, aber auch, wenn mir die eigene Aktivität im Geschäft der Politik zu schaffen machte. Ärger und Kummer macht mir der langsame Tritt der offiziellen ökumenischen Bewegung auf das Eine Abendmahl hin. Nichts ist mir selbstverständlicher, als daß der Konfessionalismus eine Sinnestäuschung ist. Es kann nur Eine Kirche Jesu Christi geben, und diese Kirche ist in den Gesichtern, den Worten und den Taten aller Christen sichtbar. Sie verlangt nach einem Gottesdienst, der nicht mehr trennt.

Die schwerwiegende Kraft positiver Erfahrungen

Nun wäre es Zeit, von dem Rückschlag zu sprechen, der der Euphorie (des Konzils und meiner eigenen) gefolgt ist. Er ist Grund zur schweren Sorge, aber auch zu vielerlei Ärger. Doch will ich das nicht ausbreiten, sondern nur erwähnen und mich an die andere Seite der Sache halten, an die gute Seite. In der Theologie und an der Basis und auch in der Mitte der Pyramide gibt es eine Menge von Katholiken, die weiterhin im Kairos des Papstes Johannes und des Konzils zu leben suchen und sich davor hüten, jenes Angebot des Heiligen Geistes abzuweisen. Die Zukunft ist offen. Das letzte Wort über unsere Kirche ist noch lange nicht gesprochen. Sie ist in unserer Zeit eine überinstitutionalisierte Volkskirche, die aber schon lange nicht mehr nur Volkskirche ist, die sich vielmehr in deren Bestand nicht erschöpft, sondern die in vielfachem Übergang zu einer evangelischen Kirche existiert, deren Gestalt und Gehalt wir freilich noch nicht kennen können. Wir sind unterwegs, so wie alle Generationen unterwegs waren, meist ohne sich darüber, über die Geschichtlichkeit des Gottesvolkes, im klaren sein. Nicht alle Kirchenteile und Kirchenglieder leben und verstehen sich vom gleichen Zeitpunkt dieser Geschichte aus: es gibt rückwärts drängende, es gibt zögernde, es gibt beharrende, es gibt sich wandelnde, es gibt voranschreitende, es gibt v.̣raneilende Christen, und die Kirche ist auch auf diese Weise vielgestaltig. Damit habe ich mich nicht nur abgefunden: es gehört zu den Kennzeichen ihrer und unserer Geschichtlichkeit.

Da ich von Bischof Wilhelm und Papst Roncalli aus auf die Vielgestalt der Kirche zu sprechen kam, fällt mir etwas besonders Wichtiges ein. Wäre es nicht indiskret, so müßte ich an erster Stelle meine Ehefrau nennen. Durch sie ist mir ja die Kirche auf unwiderleglich existentielle Art im ehelichen Dialog begegnet, die christliche Kirche, aber auch die katholische. Durch sie bin ich mit ihr intim geworden. Um rasch ins Allgemeinere zu kommen: die christliche Normalität des

»gewöhnlichen Christen« erscheint mir authentischer für den Vollzug Kirche, für die Jesus-Nachfolge, für den Gottes-Dienst als das Amt. Das ist ja ganz und gar nicht um seiner selbst willen da, sondern radikal und ausschließlich um der Menschen willen, zu deren Heil es seine spezielle Vollmacht und seine eigene Würde hat. Wir sind ja nicht für den Papst, sondern der Papst ist für uns da. Ist er der »Diener der Diener Gottes«, so ist er der Sonderfall, und der Laie ist der, zu dem er gesendet ist: der, auf den es ankommt, der, der als normaler Mensch und Zeitgenosse Gott dient. Augustinus hat das gewußt; er sagt als Bischof zu den Laien: »Für euch bin ich Bischof, mit euch bin ich Christ; jenes bezeichnet das Amt, dieses die Gnade; jenes ist die Gefahr, dieses das Heil.« Es versteht sich von selbst, daß die Amtsträger, die wie wir geheiligte Sünder sind, in Absehung von ihrem Amte mitgemeint sind, wenn vom Volk Gottes gesprochen wird. Die Aufgabe, dann die Amtsvollmacht auch in ein Verhältnis zur primären eigenen Laienschaft (und Leidenschaft…) zu sehen, die eigene empfangene Taufe für wichtiger zu halten als die Gewalt über die Taufen anderer, ist gewiß ein priesterliches und bischöfliches Lebensproblem, zu dessen guter Lösung viel Weisheit und Einfalt gehört. Respekt vor dem, den ich zugleich als Amtsträger und als Christen respektieren und lieben kann.

Zu danken ist den Freunden, den Freunden vieler Jahrzehnte und der Gegenwart. Die Freundschaft ist ganz gewiß eine religiöse Kategorie; ohne das christliche Herz der Freunde wäre ich nicht aus allen Anfechtungen gläubig hervorgegangen. Nach dem Lebenspartner sind die Freunde die wichtigsten Zeugen Gottes und Christi. Zu danken ist aber auch den Zeugen schlechthin, auch denen der Geschichte. Wenn mir einige der offiziellen Heiligen nicht besonders schmecken, so sind im reichen Angebot gestorbener und lebender Glaubenszeugen genügend viele, die mich stärken, wenn mich neue faszinierende Denkansätze an der Kirche irre machen wollen oder wenn ich selber das Glaubenshindernis bin. Ich werde nicht vergessen, was mir geschah, als ich als junger Mann auf

einem gemeinsamen Gang Romano Guardini meine Glaubenszweifel vortrug. Aus seiner Antwort konnte ich schließen, daß
er meine Zweifel kannte und teilte, sie schärfer und tiefer
entwickelt hatte als ich selber, daß er aber in diesen Zweifeln zu
glauben vermochte. Das war ein existentielles Zeugnis und ein
intellektuelles zugleich. Ich konnte mich immer daran halten.
Das ist eine große Erfahrung, aber das Gesicht eines betenden
Kindes, die Haltung eines gläubigen Altersgenossen tut mir als
kleine Dosis derselben guten Medizin oft denselben Dienst.
Zeugen sind mir die hellen Gesichter und kräftigen Taten und
Worte der jungen engagierten Christen. Ich glaube, indem ich
nicht davon absehe, daß »wir« es sind, die glauben.
Die Basis-Bewegung halte ich nicht für eine flüchtige Mode:
eine demokratische Grundwelle ist fällig. Die kirchliche Basis
ist darüber hinaus in einem ausgezeichneten Sinn Kirche, Volk
Gottes. Ist sie offen für vielerlei Versuchung, so ist sie es doch
auch für den Geist Gottes, der in den Schwachen wirken will.
Eine kirchliche Basis, die sich ihrer eigenen Aufgabe bewußt
wird, kann auch in einer apostolischen, auf das Wort der
Apostel und ihrer Nachfolger gegründeten Kirche Träger ihrer
Dynamik, ihrer Geschichte sein – sie soll es sein.
Sonderbarerweise haben die negativen Erfahrungen, die ich
mit zu harten oder zu weichen Gesichtern von Kirchenchristen,
mit ideologischen Predigern, mit Gegen-Zeugen aller Art
gemacht habe, nicht die entsprechende Beweiskraft. Das ist
eine wichtige Erfahrung: Auch wenige positive Erfahrungen
wiegen eine Menge negativer auf. Sie haben mehr Beweiskraft,
weil sie mehr Kraft haben.

Mit katholischen Spezialitäten leben

Ich bin nicht originell, wenn ich als »meine Heiligen« den
Jünger Johannes, Benedikt, Franz von Assisi, Vinzenz, die
beiden Theresen, Philipp Neri, Charles de Foucauld, Johannes
Roncalli aufzähle, – nicht zuletzt zum Befremden vieler

Freunde die politischen Heiligen Jeanne d'Arc und Nikolaus von der Flüe. Wo bleibt die Mutter Maria? Der triumphalistische Volkskatholizismus hat sie so gründlich ausgebeutet, daß ich mir den Weg zu ihr immer neu bahnen muß, das Evangelium in der Hand. Ja, die biblische Maria steht mir nahe. Ich träume davon, sie einmal gegen die übereifrigen ihrer Verehrer kräftig zu verteidigen. Im Lexikon der Pastoraltheologie habe ich einmal in einem Beitrag über »den Mann in der Kirche« kritisch zusammengefaßt, wie der Marienkult zur Disziplinierung der Gläubigen mißbraucht werden kann: »Maria als Jungfrau und Maria als Mutter: diese Doppel-Imago schien die Antinomien des Systems zu entlasten. Die christliche marianische Frömmigkeit hat ihren sicheren Grund in dem Fiat dieser Frau zum Heilsentschluß Gottes und in ihrer Dienstnähe zu Jesus. (Jesus selbst setzt die Akzente so, wenn er die Frau zurechtweist, die Maria als biologische Mutter selig preist.) Wenn man diesen biblischen Grund verläßt und den Akzent auf die biologische Mutterschaft Mariens und vor allem auf die Jungfrau-Mutter-Identität setzt, wenn man also weniger ihren Topos, ihren Ort im Heilsgeschehen und mehr ihren »Archetypos« im Auge hat, so eignet sich Maria vortrefflich dazu, den Zölibatären die Sublimation zu erleichtern, die Frauen in ihrer Jungfräulichkeit und in ihrer Mutterrolle zu bestätigen, aber sie zugleich auch darauf zu beschränken, die Virilität der Männer zu bändigen, die »standesgemäße Keuschheit« der Jünglinge und der Ehemänner zu stützen. Bliebe diese Funktion eingeordnet in eine breite und tiefe, an der zentralen Heilswahrheit orientierte Frömmigkeit, so könnte sie legitim bleiben. Für ein einseitiges Verständnis der Kirche als eine die Männer bändigende, von Zölibatären geführte Frauenkirche lag es aber nahe, die Gestalt der Jungfrau und Mutter in den Mittelpunkt der Volksfrömmigkeit überhaupt zu stellen und sie für ihre speziellen psychischen Bedürfnisse umzufärben. Man muß die wahre Maria gegen diese fragwürdige Funktionalisierung auf eine gegen-geschlechtliche Macht verteidigen... Die tradierte Marienandacht jedenfalls hat in komplizierter Verschränkung viele Männer aus der Kirche herausgetrieben und andere – aus entgegengesetzten Gründen – um so enger und recht problematisch an sie gekettet. Ohne daß man sich dessen bewußt wurde, konnte das Frömmigkeitsleben der katholischen Kirche dadurch weitgehend geschlechtlich getönt werden«. Aber »unsere liebe Frau« sollte sie bleiben oder werden.

Kürzlich hat mich das Fronleichnams-Hochamt in meiner Dorfgemeinde bewegt: auch ein Zeugnis. Eine Dokumentation der Volkskirche: Böllerschüsse frühmorgens und während der Wandlung; in der Kirche neigten die Fahnenträger die Vereinsfahnen dreimal vor dem Geheimnis. Ich halte entschieden dafür, daß Brot zum Essen da ist, nicht zum Zeigen und Tragen, aber dieser Überschwang hat mich berührt. Blumenteppiche auf dem Weg, der Duft der in der Sonne vergehenden Birkenbüsche, das Ave Verum, die Gesichter der Erstkommunikanten, der besonders kräftige geradezu engagierte Gesang der Gemeinde. Gewiß: die Serie aller Fürbitten (so für »die Politiker, welche Verantwortung für den Frieden tragen«) erinnerte mich auch in dieser Stunde an eine Welt, in der dieses stattliche Fest wie aus anderen Zeiten wirkt. Aber nostalgisch habe ich es nicht genossen: ich habe es im Bewußtsein der Geschichtlichkeit der Kirche mitgefeiert. Zu Hause las ich dann Neues von Helmut Peukert. Der Abstraktionsgrad und der große Ernst der Thematik waren Kontraste zu der Blasmusik der Prozession, die in mein Zimmer hineindrang, während ich las. Aber es geht beide Male um den Einzigartigen, und sowohl die traditionelle Frömmigkeit meiner Gemeinde als auch die radikale Theologie verdanke ich der Kirche.

Ärger mit der Sexual- und Zölibats-Ideologie

Ich setze neu an, und zwar bei dem Thema, über das ich mich in jener Pressekonferenz so unziemlich ereifert habe. Es geht im Grunde um zwei Sorgen und Proteste, die miteinander verknüpft sind.

Das erste Ärgernis hat mich persönlich betroffen, erst fast tödlich in der Jugend, dann doch mindestens irritierend in den Mannes- und Ehejahren. Ich spreche von der überlieferten Sexualmoral. Was die Jugendjahre betrifft, so führe ich nicht näher aus, was ich in dem Beitrag »Zwischen den Fronten« angedeutet habe. Was die Ehe betrifft, so berichte ich gleichfalls andeutend nur, daß mir die Methode Knaus-Ogino auch in den Jahren, da ich mich selbst nach ihr gerichtet habe, als die künstlichste aller Maßnahmen gegen die Empfängnis erschienen ist. Als eine erste Auflockerung der Sexual-Ideologie der kirchlichen Tradition habe ich sie begrüßen können, aber ständig auf den Kalender zu blicken, das heißt das eheliche Leben tiefer zu manipulieren als durch andere Mittel. Nun war ich selbst allmählich alt genug geworden, um mich von der Tradition, der Ideologie und von schlechter Pastoral der Kirche frei zu fühlen: verantwortlich, aber frei, wenn auch nicht frei von Gottes Gebot und von dem weisenden und werbenden Ruf Jesu ins Reich Gottes. Aber der Gedanke an die braven christlichen Männer und Frauen, besonders die Frauen, denen die Kirche zum Teil noch heute, vor allem aber früher jahrhundertelang unnötige Lasten aufgebürdet hat, erregt mich mehr als mein eigenes Problem. Die Sache sieht sich noch schlimmer an, als der erste Blick auf sie verrät, wenn man sich klar macht, welches Gottesbild dahinter steht: oft wird die Vorstellung eines Droh- und Strafgottes mit der Sexualmoral zugleich vermittelt und tief in die Seelen und geradezu in die sensiblen Leiber gesenkt. Wenn sich die gesunde und kräftige Menschlichkeit der Geschlechtspartner nicht dagegen behauptet, kann ebenso verhängnisvoll das verkürzte Menschenbild sein, das jene Moral vertritt, so die Unterstützung der Zärtlichkeit, des Spiels, des Abenteuers der Liebe und die Verketzerung der »Lust« im zweigeschlechtlichen Leben. Hat sich die lehrende Kirche soweit von der Realität des Lebens entfernt, daß sie für wichtige Bereiche blind geworden ist? Gewiß: ein einzelner Priester und Bischof und Papst kann sich in der Kraft der Einfühlung auf alle diese Dinge besser verstehen als viele Eheleute, – aber es gibt Gesetze der Gruppenpsychologie, und das sind statistische Gesetze. So möglich es ist, daß ein einzelner Zigarrenverkäufer den Kopf und das Herz für eine revolutionäre Bewegung aufbringt, die über alle seine unmittelbaren Interessen weit hinausgeht – ich erzähle das Beispiel nicht zum ersten Mal –, so unwahrscheinlich ist es, daß ein Club der Zigarrenhändler als solcher auch nur ein fortschrittliches politisches Weltbild vertritt. Von einem zölibatären Männerbund ist nicht zu erwarten, daß sich in ihm eine wirklichkeitsgemäße, eine wahre und richtige Ehe- und Sexualmoral ausbildet und daß sie in ihm zur Reife kommt. Ein solcher Männerbund, von dem in hohem Maße die Kirche abhängt, hat es ständig mit zwei Versuchungen zu tun, die tief aneinander gekoppelt sind: mit der Versuchung, Macht über Seelen, Herrschaft anzustreben, statt zu dienen, und mit der Versuchung, eine Moral durchzusetzen, hinter der keine originären Erfahrungen stehen, ja, die vom Ressentiment mitbestimmt ist.

Nun hat sich zweifellos in beiden Hinsichten und Bereichen viel geändert, schon lange, und besonders durch die Wirkung des Konzils. Auch ich hatte bereits einen Religionslehrer, der die Sexualmoral als ein einsichtsvoller und gütiger Mensch vertrat, wenn auch ungewollt in »repressiver Toleranz«, und heute können die Heranwachsenden gewiß mit einiger Zuversicht auf priesterliche Lehrer rechnen, die daran sind, die überlieferte Moral zu differenzieren, von Auswüchsen zu reinigen, mit neuen Einsichten über das menschliche Leben zu bereichern, vor allem aber nicht mehr den Droh-Gott zu predigen, sondern ihnen den uns durch Jesus nahegebrachten väterlichen (und mütterlichen, und brüderlichen) Gott zu verkünden. Deshalb hätte ich im Hinblick auf die Gegenwart das Thema auch unter dem Stichwort des Dankes behandeln können, wenn nicht ein weiteres Ärgernis noch keineswegs aus der Welt geschafft wäre: die Unbußfertigkeit derer, die so lange den Menschen jene Lasten aufgebürdet haben. Selbst wenn sie gut lehren, verschweigen sie die Tatsache, daß die katholische Kirche in dieser Sache früher anders gelehrt hat. Sie lassen es uns, gewiß ohne Absicht, ganz einfach vergessen. Wer das Gewicht der Geschichtlichkeit kennt, dem kann das nicht genügen. Das ist der zweite Grund, zu protestieren.

Die problematische Kirche – des Dankes wert

Mit der Kirche des Pflichtzölibats, der also nicht nur den Zölibatär belastet, sondern auch die kollektive Glaubwürdigkeit der Männerkirche, darf und will ich meine Dankbarkeit für den freiwilligen zölibatären Dienst verbinden. Der Mensch ist so »plastisch«, so mannigfaltig formbar und sich selber formend, daß selbst eine so tief gegründete Struktur wie die Zweigeschlechtlichkeit – »als Mann und als Frau erschuf er sie« – nicht unbedingt in der Normalität der Ehe oder in andersartigen »normalen« Beziehungen gelebt werden muß; sie zwingt die einzelnen nicht zu dieser oder jener Normallösung. Einer der vorstellbaren Grenzfälle ist der freiwillige Verzicht auf die sexuelle Realisierung der Zweigeschlechtlichkeit und auf ein gemeinsames Leben in oder außerhalb der Ehe, der Verzicht um dieser oder jener menschlichen Möglichkeit willen. Als eine seiner kostbarsten Formen gilt die »Selbsthingabe«, sei ihr Ursprung der Versuch, sich ganz Gott hinzugeben, oder der Wille zu einem besonderen christlichen Dienst. Ist der Verzicht tief gegründet, völlig freiwillig und im Ganzen gelungen, so können, man darf es hoffen, und die Erfahrung bekräftigt es, überzeugende Priestergestalten heranwachsen, die nicht einmal zu »sublimieren« brauchen, sondern ohne Knacks in ihrem Leben ihre Menschlichkeit so jung wie reif entwickelt haben. Als ich, ein einsamer Wanderer in den Lechtaler Alpen, in einer Hütte außer der Hüttenwirtin zwei junge Männer antraf, die dabei waren, Brennholz fertig zu machen, war es nicht so sehr dieses Zeichen von Präsenz und Hilfsbereitschaft, sondern das ganze Verhalten, vor allem die lautere Fröhlichkeit, die Kraft ihrer Gesichter, was in mir plötzlich die Empfindung auslöste: diese Bergsteiger-Kameraden könnten katholische Priester sein. (Sie waren so bar jedes Pfäffischen, aber auch des Junggesellenhaften oder des Ehemännlichen.) Es stellte sich heraus, daß sie tatsächlich Priester waren, sogar aus der mir sehr nahestehenden Gemeinschaft der Oratorianer. (Die schätze ich sehr: es ist höchst angemessen, daß zölibatäre Priester in Gemeinschaft leben. Wie die Benediktinische Abtei als Brüdergemeinde der Mönche einleuchtet, so auch das Oratorium als die der Weltpriester.) In jenen Gesprächen der Berghütte kam die Wahrheit über den Status der jungen Männer heraus, nachdem genügend viele und zuverlässige Signale unserer politischen Haltung ausgetauscht worden waren: es war Nazizeit. Ein halbes Hundert typischer und überzeugender katholischer zölibatärer Priester – ich denke besonders an drei sehr alte, die noch leben, – waren für mich trotz dem Pflichtzölibat, aber in ihrem freiwilligen kräftige Zeugen des gemeinsamen Glaubens: ich konnte seiner auch in unserem Gespräch vor der Hütte froh werden.

Da steht eine bestimmte Erfahrung für eine allgemeinere. Die Kirche, so belastet durch falsche Entscheidungen an Kreuzwegen und durch die Ausstattung der Sackgassen, in die sie immer wieder hineingeraten ist, hat mir doch den Glauben vermittelt und dadurch das produktivste Element in meiner in vielem angefochtenen Existenz. Die Kirche war von Anfang an und ist heute mindestens der Tendenz nach zunächst die Gruppe derer, die sich auf die Botschaft Jesu eingelassen haben und auf sie hin getauft worden sind, und sie vertritt die Geschichte dieser Gruppe. Wäre sie nicht Pfingsten vor 1950 Jahren entstanden, wäre Jesu Leben und Werk nach dem Karfreitag (oder auch nach Ostern?) abgebrochen worden, so gäbe es für mich wie für uns alle wohl keinen Zugang zu dem Heilsereignis des als Mensch geborenen, lebenden, wirkenden, verkündigendem, am Kreuz gescheiterten und auferweckten einzigartigen Gottesboten, als den ich Jesus von Nazaret sehe. Sein Werk verlangte die Gemeinde und die Geschichte. So verdanke ich der Kirche Christi und zunächst der Kirche meiner Sozialisa-

180

tion das Kostbarste meines Lebens: den Sinnentwurf vom Gottesglauben und von Jesu Botschaft aus und alles, was in Verbindung mit ihm konkret sinnvoll hat werden dürfen. Ich habe die Erfahrung gemacht, daß die Zeiten der Unfähigkeit, zu beten und besonders zu lieben, in denen alles Asche zu sein scheint, mit den Zeiten gekoppelt waren, in denen ich nicht an Gott glauben, ihm nicht mehr vertrauen konnte. Ich habe die Erfahrung gemacht, daß die Produktivität und die Kraft der Zuwendung, sogar der unbefangene Blick auf die Schöpfung und auf die Nebenmenschen wiederkam und wiederkommt, wenn Gott wieder der ist, den der Name Jahwe benennt: der, der da ist. Ich hätte diese Chance des Heils, des Glücks, der Kraft nicht, wäre sie mir nicht durch die Kirche vermittelt worden. Deshalb ist sie, die mich in vielem so ärgert, plagt, mir Kummer und Sorgen macht, deshalb ist die problematische Kirche dieselbe, der ich wie keiner anderen geschichtlichen Macht tief dankbar bin.

Ist das alles zu subjektiv gedacht, muß man nicht von Gott her denken, statt von sich selber? Ich muß das als eine falsche Alternative ansehen. Gott selber hat uns durch seine Offenbarung in sein Spiel gebracht. Er braucht uns, und wir brauchen ihn. Ich muß es als legitim ansehen, daß ich meinen eigenen Gottesbeweis geradezu einen »biographischen Gottesbeweis« nennen muß. Das bedeutet keineswegs eine Absage an eine ganz »uneigennützige« Gottesverehrung. Selbstlose Anbetung, Lobpreis Gottes ist wohl das höchste religiöse Ereignis, selbstloser jedenfalls als der Dank und als die Buße. Aber auch Anbetung setzt einen Glauben voraus, in den unsere Existenz eingebracht wird, und auch Anbetung ist ein Ereignis, das wir »brauchen«.

Amtsträger und mündige Laien

Ich weiß, daß die kontinuierlich lebende Kirche als Menschengruppe und als Geschichtsmacht strukturiert sein muß, sodann auch »organisiert«, bis hin zu den Institutionen ihrer Leitung.

Aber man wird es mir nachsehen können, wenn ich mich als sehr alter Mensch, der sich dem Tod nahe weiß, nicht so sehr an die gesetzlichen Instanzen der Kirche halte, sondern an die nahe Kirche. Die nahe Kirche wird immer mehr die Kirche, die mir helfen kann. Das ist die Frau, das sind die Freunde und die christlichen Nachbarn, sie in der ganz normalen Ortsgemeinde, in der ich lebe. Sie brauche ich in solcher Lage unmittelbarer als den Vorsitzenden der Bischofskonferenz oder den Papst oder gar den Präsidenten des Zentralkomitees. »Unmittelbarer«, versteht sich: mittelbar brauche ich die Amtsträger durchaus; denn daß auch jene Menschen, die mir leibhaftige Kirche sind, ohne die ganze Kirche, ihre Struktur und ihre Geschichte nicht die Christen wären, die sie sind, das weiß ich sehr wohl. Aber mögen die gegenwärtigen Inhaber der Ämter es mir nachsehen, daß ich mich nicht mehr so intensiv wie früher für sie interessieren kann. Die Nahen sind es, die ich brauche, und sodann die Menschen und die Gruppen, die auf die Zukunft der Einen Katholischen Kirche hin leben und wirken. Theologen und Laien und auch die Bischöfe und Priester, die nicht ausschließlich kraft Amtsgewalt, sondern im Geist des guten Papstes Johannes wirken.

Die zölibatäre Männerkirche habe es schwer, sich unbefangen auf die Ehe und die Sexualität einzulassen, habe ich ausgeführt. Die apostolische Bischofskirche weist ein ähnliches Defizit auf, für das ich schon ein Beispiel gebracht habe: jenen Wahlhirtenbrief. Die Bischöfe sind als Nachfolger der Apostel aus der Menschengemeinde herausgehoben, zu ihr gesendet, können – und sollten – deshalb nicht für sie sprechen, sondern zu ihnen, als Boten des Evangeliums. Die besondere Würde dieser Sonderstellung ist ihnen und ist uns bewußt. Was die Amtsträger nicht so oft kennen, ist ihr Defizit gegenüber der geschehenden Politik und gegenüber der geschehenden Geschichte, das sich aus ihrer Sonderstellung ergibt. Es sind die Laien, die den Kopf hinhalten, die Wege ausprobieren, die Risiken auf sich nehmen, die sich verbünden (und entzweien), die Strategien entwerfen, die kämpfen und die handeln. Ohne diese

Dimension aber ist weder Veränderung noch Erhaltung noch Verantwortung möglich. Das Problem, das dadurch entsteht, ist nicht gelöst. Das kirchliche Amt kann und soll auch auf dem Gebiet der Politik teils Normen, teils »Ideale« verkündigen; es darf und soll sodann Zustände und Strukturen kritisieren; es kann und soll zur Änderung ermutigen. Aber es kann keinen Aktionsplan der hilfreichen Veränderung (oder Erhaltung), keine politische Strategie entwerfen und verkündigen. Es darf aber nicht diese Distanz auch von den Laien fordern (und sie einerseits aufs Gebet, anderseits auf die Fachleute, auf die »Politiker« verweisen). Es soll sie vielmehr ermutigen, ihre eigene Aufgabe anzupacken, die Würde des Geschichtsträgers wahrzunehmen. So mutig Johannes Paul II. auf seinen Südamerika-Besuchen die Norm verkündet, die Zustände, die Ideologie »der nationalen Sicherheit« angeprangert, die Armen und Unterdrückten durch die Bekundung seiner Solidarität ermutigt hat, so hat er doch weder ebenso deutlich erklärt, daß er für den Weg, den man gehen muß, um die sozialen Forderungen der Kirche zu erfüllen, und für den Entwurf des konkreten Zieles dieses Weges nicht zuständig ist, noch hat er die Betroffenen selbst als zuständig erklärt. Er hat nicht gesagt: »Wenn ihr die Verhältnisse ändern wollt – und das ist notwendig – so müßt ihr selber wissen, ob und wie ihr die Reform oder ob und wie ihr die Revolution wollt, und welche Reform und welche Revolution.« Seit Ernst Michel die Verantwortung der »christlichen Weltperson« proklamiert hat, hat mich diese Schwäche der Verkündigung bekümmert.
In der Friedensfrage hat der Papst dagegen neuerdings genau gewußt, was er sagen kann und was nicht. Er hat die Lehre vom gerechten Krieg für so verstaubt erkannt, wie sie ist, und sich unmittelbar mit der geschichtlichen Situation unserer Zeit konfrontiert. Das ist eine wichtige Veränderung: die Wendung von der Kasuistik zur Geschichte. Und hier hat er (und neuerdings auch Kardinal Höffner) auch die Strategien der Friedenssicherung dem Laien überlassen. Das ermutigt mich zu der Hoffnung, daß das kirchliche Amt auch im Bereich der

Dynamik der gesellschaftlichen Strukturen präziser erkennen könnte, was er selber kann und soll und was er nicht kann, aber den Laien anvertrauen und zumuten sollte. Das Amt hat schon lange gelernt, die Kompetenz der Fachleute und Experten anzuerkennen; es sollte auch die der Geschichtsträger anerkennen, der Laien, die den Kopf hinhalten. Auch sie, gerade sie sind die Kirche.

Übrigens: Jener Mangel in der Haltung zur Ehe und Sexualität wäre behebbar: wenn der Pflichtzölibat fiele. Die politische Unzuständigkeit dagegen ist mit der Amtszuständigkeit gegeben.

Zu einer pluralistisch-einheitlichen Kirche

Ein anderes Thema. Daß der Katholizismus telegen ist, nehme ich ihm gar nicht übel. Daß er konkret ist, pluralistisch: das habe ich zu schätzen gelernt. Ich will ihn nicht gegen den strengeren Protestantismus ausspielen, der uns die Wahl zwischen Orthodoxie und Pietismus, zwischen den Marienschwestern und der dialektischen Theologie läßt, aber doch im ganzen einförmiger geblieben ist. Wir haben für das Benediktinische, das Franziskanische, den dominikanischen Eifer und mindestens seit den Jahren des Konzils auch wieder für die Gesellschaft Jesu und ihren Lebens- und Handlungsstil zu danken, und mehr: dafür, daß wir die Freiheit der Wahl vor einem so reichen Angebot haben, für das jene kurze Liste der Ordensstile nur ein Beispiel ist. Es ist ja nicht nur der junge Theologe, der vor der Frage steht, ob er sich für das Weltpriestertum oder für das Ordensleben, und wenn für dieses, dann für welches er sich entscheiden soll. Jene Ordensstile sind ja zugleich Angebote für unser eigenes geistliches Leben, für unsere Spiritualität. (Was mich betrifft, so habe ich erst eine franziskanische, dann eine benediktinische Periode, dann die neuartige Weise der Weltbegegnung hinter mich gebracht, die mich von allen Frömmigkeitsstilen distanzieren mußte, und jetzt nähere ich mich wieder der ersten

Liebe: dem heiligen Franz, – ohne ihm Benedikt oder Jeanne d'Arc oder Vinzenz zu opfern.)

»Pluralistisch« also sagte ich, sei der Katholizismus, und er sei konkret. Die Sprache der greifbaren und deutlichen Symbole ergänzt das verkündigende und glaubende Wort, und davon halte ich viel. Ich habe eine ganz persönliche Neigung: ich danke vor allem für das Kreuzeichen, die Geste der Hand, mit der ich mich selbst ganz in das Heilsereignis des Scheiterns und Lebens unseres Heilsbringer stelle. Ich gönne dieses Zeichen auch den anderen, nicht nur den Evangelischen, sondern auch den Protestanten; ich freue mich, daß ich reformierte Freunde habe, die sich bekreuzigen. (Es hat sich für mich zu einem universalen Zeichen entwickelt: ich schlug das Kreuz, als ich im Untergrund des Louvre zu Paris den Raum betrat, in dem die Stele des Hammurabi aufgestellt ist, eines der ältesten und vielleicht das älteste bekannte Gesetz, das Menschen sich mit Gottes Hilfe gegeben haben.) Wie ich dankbar dafür bin, daß wir Katholiken neben der Eucharistie die gleichrangige Bedeutung des Wortes und des Wortgottesdienstes erkannt haben, so freue ich mich über die wachsende eucharistische Praxis der Evangelischen und ihre Offenheit gegenüber vielen Elementen des katholischen Pluralismus, so auch gegenüber dem Zeichen des Kreuzes. Das ist eine Bewegung aufeinander zu. Irgendwann habe ich einmal entdeckt, daß ich, ohne davon zu wissen, nur in katholischen Gegenden gewandert bin; das ist zweifellos eine Beschränkung, wie sie auf vielen Gebieten jeder Biographie zustößt: Warum ließ ich den riesigen Komplex des europäischen protestantisch geprägten Nordens links liegen? Es spricht sich darin aber wohl auch die Affinität zum Zeichen, zur Wegkapelle, zum Herrgottswinkel aus, vielleicht auch zu einer sinnlicheren Lebensform. Solche atmosphärischen Entsprechungen erklären wohl nicht entscheidend, aber stützend, daß ich bei einer zum Teil grimmigen Neigung zum Grundansatz der Reformation und der reformatorischen Theologie mich niemals ernstlich gedrängt sah, mir durch eine Konversion in den evangelischen Bereich einen christlichen Lebensraum zu sichern, der dieser Neigung entspricht und deshalb auch bequemer sein könnte. Auch die Altkatholiken, deren Gegen-Positionen gegen das römische System mir insgesamt sehr nahe liegen, waren für mich keine Möglichkeit. Ich mußte den weiteren, offeneren, den farbigeren Raum vorziehen. (Eine wahre »EKD«, die nicht nur ein Kartell wäre, sondern eine Kirche, hätte mich bisweilen locken können, das reformatorische Erbe der Landeskirchentümer dagegen nicht. Allzuviel in ihnen habe ich als kleinkatholisch empfunden, und das pfäffische Laster in seinen verschiedenen Ausprägungen findet sich nicht nur bei uns, sondern auch bei ihnen.) Die ständig erneuerte Entscheidung für die römisch-katholische Kirche, nicht zuletzt für die Kirche meiner Kindheit und unserer Jugendbewegung, wurde wohl definitiv in der Erfahrung des Konzils. Ich konnte einige Male am Reformationsfest von protestantischen Kanzeln herab die gemeinsame Feier dieses und des Allerheiligenfestes vorschlagen, die im Kalender so nahe beieinander liegen, – die gemeinsame Feier der *ecclesia sancta reformata semper reformanda,* der heiligen erneuerten und immer zur Erneuerung aufgerufenen christlichen Kirche. Das wurde durchs Konzil möglich; es hat eine verzweifelte Hoffnung auf den Wandel der römischen Kirche in eine Erwartung verwandelt, die nicht mehr ganz so unvorstellbar erscheint.

Die Kirche im Nationalsozialismus:
unfähig zu erkennen und Schuld zu bekennen

Themenwechsel: die Kirche und der Nationalsozialismus, – besser: die Kirche und der Faschismus. (Sie hat den Nationalsozialismus erst bekämpft, dann mit ihm paktiert, schließlich unter ihm gelitten, – den Faschismus hat sie nie zur Kenntnis genommen.) Es ist für mich oft ein Anlaß zu zorniger Bestürzung, daß der deutsche wie der internationale Katholizismus dem deutschen Faschismus, von dem er überrascht wurde, völlig wehrlos gegenüberstand. Das hätte nicht sein müssen. Als Erkenntniswerkzeuge standen auch den Christen Erkenntnisse der neueren Sozialpsychologie, Politologie und Geschichtstheorie zur Verfügung, sodann vor allem marxistische Einsichten; man hat sie hochmütig ignoriert: in der totalen Ablehnung des Marxismus hielt man sie nicht für entdeckenswert. Dazu kam seit 1922 die äußerst lehrreiche Erfahrung des italienischen Faschismus, aus der man die Struktur des drohenden deutschen hätte erkennen können. Der Mangel an politischer Theorie, noch heute in vielen Defiziten des katholischen Weltbildes nachzuweisen, ist gerade deshalb mehr als nur ein ideologisches Defizit, sondern ein praktisches, im geschichtlichen Maßstab. Der Mangel wiegt um so schwerer, weil die Theorie (als Theologie und Philosophie) doch in der Geschichte der Kirche sonst eine so große Rolle gespielt hat.

1933 geschah, was geschehen mußte: man kapitulierte »politisch« das bedeutete dem faschistischen totalen Staat gegenüber, daß man total kapitulierte; die vielen Gemeinsamkeiten konnten sich auswirken, die mit einem Mal zu entdecken waren, vom hierarchischen Denken und der Führer-Idee, vom Antiliberalismus und – vor allem – Antibolschewismus bis hin zur sauberen Leinwand. Meine Freunde und ich haben sich damals, nehmt alles nur in allem, von unseren Bischöfen verlassen gefühlt; daß diese bei ihrer theoretischen Vorgeschichte nicht wissen konnten, was auf sie zukam, was sie taten und was sie unterließen, das entlastet nur den einzelnen, nicht das Kollegium. Um so schlimmer, wenn bei so hohem Anspruch der Espiskopat ahnungslos reagierte, nur re-agierte. Nach solchem sehr schlechten Anfang bestimmte dann denn auch nur die Praxis der Nazi den wechselnden Grad von Zustimmung und Distanz. 1933 war die Hoch-Zeit; die Röhmaffäre schreckte ab, die Olympischen Spiele (und die Rücksichten, die Hitler auf sie nahm) zogen an. Der Punkt, an dem die Kirche mit einer gewissen Konsequenz gegengesteuert hat, waren die »Vernichtung lebensunwerten Lebens« und der in den Prozessen gegen Ordenspriester und durch andere Terrorismen immer wieder sichtbar werdende Antikatholizismus des Regimes. Das ließ sich nicht verdrängen. Der Kriegsausbruch mag die Bischöfe – einen Laienkatholizismus gab es nicht mehr und noch nicht wieder – hoffentlich ebenso Kummer gemacht haben wie ihren Gläubigen, aber als erst Polen, dann Frankreich am Boden lag, hatte offenbar doch Gott gesprochen. Der Krieg wurde als nationaler Krieg akzeptiert. (Unter den Vorwürfen, die ein deutscher Oberhirte im Entwurf zu seinem ersten Hirtenbrief 1945 den bösen Nazis machte, fehlte das Argument nicht, sie hätten durch ihre Verbrechen im Krieg die nationale Sache verdorben.) Im Herbst 1940 war wie in der Bevölkerung, so auch in der Führung der Kirche die Zustimmung zum Krieg am größten, der doch von Anfang bis zum Ende mit dem verbrecherischen Nationalsozialismus geradezu identisch gewesen ist. Natürlich hat sich das seit der Landung der Alliierten in Nordafrika und in der Normandie, der Katastrophe von Stalingrad rasch geändert. Und da sich die Kirchenführung kein Jota vom Dogma und der Praxis und Lehre der Sakramente abgewinnen ließ, also ihrer »eigentlichen Botschaft« offensichtlich vorbildlich treu geblieben war, ließen sich 1945 sowohl die massiven Schwächeanfälle als auch die traurigen Defizite an theoriegestützter politischer Kritik rasch vergessen: die katholische Kirche gehörte zu den Siegern, sie verstand sich als Kraft des Widerstands und sie dachte nicht daran, den Anteil an Schuld, den sie handelnd und unterlassend auf sich genommen hatte, öffentlich zu bekennen. Auch nach dem evangelischen Schuldbekenntnis hat sie weiterhin geschwiegen. (Als wir Freunde aus Frankfurt und Offenbach der ersten Bischofskonferenz 1945 aus der Sorge um einen falschen Neuanfang in behutsamer Scheu Vorschläge für das erste Hirtenwort machten, wurden diese nicht einmal beachtet, geschweige denn beherzigt.) Das alles hat mich und meinesgleichen, die wir den Faschismus und den Krieg vor der Machtergreifung scharf und zäh bekämpft hatten, und die wir dann unter dem Regime und seinen verbrecherischen Krieg gelitten hatten, betrüben, ja erbittern müssen.

188

Doch hat das den Blick nicht von zwei elementaren »Leistungen« der Kirche in jener Zeit abgelenkt: sie ist trotz jenen Mängeln im ganzen eine authentische Vermittlerin der evangelischen Botschaft und des inkarnatorischen Ereignisses geblieben, und sie hat uns durch den ganz normalen Gottesdienst Heiligkeit und Menschlichkeit inmitten der Barbarei vermittelt, sonntags für sonntags, mit den Feiertagen während des Faschismus grob berechnet 720 mal. Sie hat uns so viele Male nicht nur getröstet, sondern auch gestärkt. Die evangelischen Mitchristen waren in einer anderen, teils besseren, teils schlechteren Position. Indem sie sich überall da, wo das möglich war, an geistesverwandte Pfarrer hielten, an die Deutschen Christen ganz rechts, an die Bekennende Kirche ziemlich links, an den bürgerlich-nationalen Pfarrer rechts von der Mitte, war der Gottesdienst im Schlechten oder im Guten durch die politische Grundentscheidung charakterisiert. Bei uns gab es zwar Kriegspredigten und national Gesinnte in einigen speziellen Sparten, so in der Wehrmachts-Seelsorge, aber in den normalen Sonntagsgottesdiensten war die Gemeinde auf die Dauer gerade dadurch in einer produktiven Weise »politisiert«, daß die Texte, Gebete, Gesänge, Handlungen unpolitisch waren: auf originäre Weise Distanz von einer Politik zu wahren, ist in einem total politisierten System selber politisch. Das konnte man erst in der langen Reihe dieser Gottesdienste über zwölf Jahre hin verspüren. Hörten unsere Ohren und Herzen und Köpfe selten ein deutliches Wort zum Unheil der Zeit, so wurden diese Zonen der Stille doch wenigstens nicht vom Gebrüll und Gehetze und von der Sprache des Unmenschen beleidigt. Natürlich war es für uns damals auch die Zeit, da uns der Umgang mit dem Geheimnis der Eucharistie selbst noch mehr als schon früher stützte und nährte. Aber schon jene Situation der Oase in einer Welt, für die die Wüste, die saubere Wüste, ein viel zu gutes Bild ist, hat uns auch das Überleben erleichtert. Sie hat diejenigen, die einigermaßen immun gegen den faschistischen Anspruch waren, wenn nicht zum Widerstand, so doch wenigstens zum Durchhalten angeregt. Und hier gilt der Dank nicht nur den bestimmten Pfarrern und Kaplänen, die uns jeweils diese Oase bereitet haben, sondern auch der Institution, ohne die es keine Messen gäbe. Sogar die Sonntagspflicht, die eigentlich durch das sonntägliche Bedürfnis der Gemeinde und des einzelnen Christen ersetzt werden sollte, erwies sich in jener Zeit als im ganzen nützlich. Von der Wohltat der reineren Oasen-Luft konnten unter dem Druck dieser sanften Pflicht auch naivere Gläubige profitieren, oft ohne es zu wollen: sie haben im Gottesdienst regelmäßig wenigstens erfahren können, daß die Nazi-Welt nicht die einzige und ganze Welt war, daß es ganz anderes gab, einen anderen Ton, einen anderen Anspruch. Diese Erfahrung hat ihnen (wie mir und meinesgleichen) geholfen, mit einigem Anstand zu überleben. Das ist eines kräftigen Dankes wert.

Dankbar für die Friedensinitiative

Eine mit Ärger durchsetzte Sorge beginnt in Hoffnung umzuschlagen: die Kirche, und zwar sowohl in ihrer Basis als auch in ihren Leitungen, beginnt ihren Friedensauftrag zu erkennen. Es scheint möglich zu werden, was ich in den Zwanziger Jahren über ihn gemeint habe. Damals waren meine Freunde und ich nicht bereit, den »Friedensbund deutscher Katholiken« mit billigen Mitteln in eine Massenbewegung umzuformen; als wir ihn als eine avantgardistische und aktivistische Bewegung auffaßten, argumentierten wir: die breite Massenbewegung für den Frieden muß eines Tages die Kirche selbst werden. Inzwischen darf und muß man das differenzieren. Zwischen der Vorhut der aktiven Pazifisten und den Massen der Volkskirche muß der Kampf gegen den Krieg als Moment einer Basisbewegung aufgefaßt werden, in der ganz allgemein der christliche Impuls lebendig, bewußt und aktiv wird. Die Friedensbewegung, die zum größeren Teil außerhalb der Kirchen entstanden ist, scheint in ihren christlichen Teilnehmern mit der Basisbewegung christlicher Erneuerung eins zu werden. Ich sehe darin eine späte Erfüllung der Vision der katholischen Jugendbewegung. Der Ring schließt sich. Wenn wir vor sechzig Jahren hochgemut aufbrachen, ohne aber viel Resonanz im Katholizismus zu finden, so können wir unsere Biographie nun in den Bewegungen aufgehoben fühlen, die sich als christliche Bewegungen dem Geist-Anstoß Johannes XXIII. geöffnet haben und dann im Atomzeitalter auch die außenpolitische und weltpolitische Konsequenz zu ziehen beginnen. Gegen alle pessimistischen Prognosen und Anfechtungen ist diese Erkenntnis eine Bestätigung, ein Trost und mehr: Ermutigung.

Wir sind theologisch längst über jene Anfänge des katholischen Pazifismus hinausgekommen. Die klassische Lehre vom gerechten und ungerechten Krieg, die wir damals heranzogen, um gegen den modernen Krieg zu argumentieren, ist inzwischen als in der Wurzel unzureichend erkannt worden. Sie setzte die Struktur »Krieg« selbst unkritisch als selbstverständliche Gegebenheit voraus, stellte sie christlich nicht in Frage, und dies ist möglich, weil das Denken der Theologie, das dahinter stand, kasuistisch verengt war und die Eigenart der politischen Dimension nicht ins Auge faßte, darüber hinaus nicht die Eigenart der Geschichte, der Geschichte der Menschengesellschaft. Diese Moraltheologie konnte nicht erkennen, daß wir gegenwärtig lebenden Menschen angesichts der Eskalation der Rüstung für eine weltgeschichtliche Entscheidung gefordert sind. Das klägliche Gutachten der sieben Moraltheologen zum Atomkrieg, das sich durch die kasuistische Argumentation an die Nato-Politik Adenauers anpaßte, hat an jener Entscheidung vorbeigedacht; Spuren davon finden sich noch in heutigen Stellungsnahmen.

Ich bin tief dankbar dafür, daß Teile der Kirche den Weg von der Kasuistik zur geschichtlichen Entscheidung zu gehen begonnen haben. In der Bundesrepublik ist zur Zeit weder die

Bischofskonferenz noch das Zentralkomitee so weit. Die Identifizierung des offiziellen deutschen Katholizismus mit der CDU/CSU, eine Weile durch den Wunsch nach einer »Äquidistanz« von allen Parteien korrigiert, hat sich nach dieser Weile wiederhergestellt. Obwohl auch die sozialliberale Regierung zur Nato in (einigermaßen kritischer) Solidarität stand, ist unser Katholizismus durch jene Identität nach wie vor viel enger mit der Politik der Nato verbunden, statt sich für eine sachliche und leidenschaftliche Diskussion der verschiedenen Konzeptionen der Friedenssicherung zu öffnen und offen zu halten. Ich bin dankbar dafür, daß diese Diskussion in Holland eröffnet wurde, auf unser Land übergesprungen ist und neuerdings sogar in den USA offen geführt wird – dankbar für den Papst, der eindeutig für die christliche Konsequenz angesichts der geschichtlichen Stunde eintritt. Ich bin dankbar für die christliche Friedensinitiative in vielen Ländern und in unserem Land. Ich warte darauf, daß sich der offizielle deutsche Katholizismus von seinen Fixierungen loslöst.

*

Bin ich fertig? Im Grunde nicht, ich breche eher ab. Auch ist der Vorsatz, schlicht den Ärger und den Dank abzuliefern, durch meinen Hang zur Argumentation zwar wohl nicht verfälscht, so doch modifiziert worden.
Bei mir bleibt ein Gefühl des Ungenügens zurück, beim Leser gewiß nicht minder stark. Das letzte Wort über die Kirche sollte nicht die Kritik und nicht einmal der Dank sein, sondern ein Gebet – aber das muß natürlich ungeschrieben bleiben. Im Büßen und im Danken für das Geheimnis und für christliche Mitmenschlichkeit weiß ich mich jedenfalls eins mit der Kirche Jesu Christi.

Noch eine Bilanz

Die autobiographische Skizze »Zwischen den Fronten«, die dieses Buch eröffnet, ist im Dezember 1970 geschrieben worden, diese Fortsetzung im Frühherbst 1982, anderthalb Jahre nachdem dem Achtzigjährigen alte und neue Freunde und Kameraden viel Mut gemacht hatten.

Negative politische Bilanz

Doch sind die Zeiten dazu angetan, Resignationen wachsen und Hoffnungen erlahmen zu lassen. Die Konstellation Heinemann–Brandt, die mir vor 12 Jahren das Ja zur Bundesrepublik leicht gemacht hat, ist gründlich vorbei. Sogar die Epoche des tüchtigen, aber gefährlich begrenzten Brandt-Nachfolgers neigt sich dem Ende zu, und was meine Bemerkung über die »Furcht« und die »Angst« betrifft, die mir vor zwölf Jahren Spitzenpolitiker der Union gemacht haben, so habe ich zwar durchaus zurückzuziehen, was ich damals über Rainer Barzel geschrieben habe, aber einige seiner Kollegen machen mir heute fast noch mehr Beschwer. Ein »Machtwechsel« ist im gange, der die letzten Jahre meines Lebens nicht heller machen wird.

Diese negative Bilanz gilt zunächst für das eigene Haus, die bundesrepublikanische Provinz. Von anderswo ist Schlimmeres zur Kenntnis zu nehmen und zu verarbeiten, ein Krieg liegt hinter uns, den im Südatlantik Regierungen mit pubertärem Eifer geführt haben, ein Krieg, wie er etwa 1910 normal gewesen wäre, wenn ein Krieg überhaupt normal sein könnte. Von 1918 an haben wir in unserem Lebensbereich diese Sorte Krieg für nicht mehr möglich gehalten. Zeitgemäß an diesem makabren Streit war die Waffentechnik, aber die gerade hat uns Angst gemacht. Das bedeutet einen Rückschlag auch in meiner eigenen Biographie: denn vor 60 Jahren gehörte zu unserem und meinem politischen Leben als eines seiner Grunddaten die Erkenntnis, daß die Nationen in unserem europäisch-westlichen Bereich dabei seien, die Lehren aus dem Ersten Weltkrieg zu ziehen; daß wir in das Endstadium der nationalstaatlichen Neuzeit eingetreten seien. Es ist kein erhebendes Gefühl, zu entdecken, daß ich mich damals zu früh beruhigt habe. Der iranisch-irakische Krieg ist in seinem kulturellen Kontex weniger atavistisch, und Israel ist gewiß ein Sonderfall, durch die Araber gereizt, sich nicht völlig jahrhundertgemäß zu verhalten; aber ein schwerer Schock ist der Krieg im Libanon für mich und für uns doch gewesen, und ich fürchte die Folgen.

Gefährlicher noch sind die Krise der Entspannungsversuche und die Spirale der Aufrüstung der beiden Blöcke, von deren Antagonismen die Fratze unserer Zeit gezeichnet ist. Ich werfe mir vor, daß ich die im Grunde schon seit Hiroshima und seit der sowjetischen Wasserstoffbombe drohende Gefahr erst spät als so akut empfunden und reflektiert habe, wie ich sie jetzt in meinen Nerven spüre, nun genauer und differenzierter informiert, angestoßen von der Friedensbewegung. Wir waren gewiß wach, aber offenbar waren wir nicht wach genug.

Politisches Ja zur Friedensbewegung

Auf der Aktiv-Seite der Bilanz steht eben diese Friedensbewegung. Ich hatte einen solchen Aufbruch in den Bevölkerungen unserer Weltregion nicht für möglich gehalten. Ihr Ziel ist die Rettung vorm Untergang, also viel mehr als nur ein Friede, ist der wahre Friede, also viel mehr als nur die Rettung: ein universales Ziel. Bedenke ich meine eigenen Anfänge, die Erschütterung durch den Ersten Weltkrieg, die beiden pazifistischen Erstlings-Artikel des Jahres 1923, die Arbeit im Friedensbund deutscher Katholiken – und Hitler war dann der Krieg und dieser Krieg war die geschichtliche Sinnlosigkeit schlechthin, das absolut Böse –, dann gibt die Friedensbewegung meiner politischen Biographie einen sinnvollen Abschluß. Ich kann mein politisches Ja in ihr bergen. Nach dem Zweiten Vatikanischen Konzil, in dem »die Betondecke des römischen Systems Risse bekam und Licht und Luft eindrangen«, erfahre ich nun zum zweiten Mal den guten Schock der guten Überraschung: die positive Möglichkeit von Geschichte. (Der Prager Frühling und der Aufbruch in Polen erzeugten gleichfalls solche guten Schocks, – aber sie wurden vom Status quo übermächtigt.) Auch schließen sich dieser Bewegung andere an, in denen ich die Jugendbewegung der Zwanziger Jahre wiederfinde. Die Friedensbewegung scheint integrativ angelegt zu sein: sie sammelt offenbar in der Basis viel, was wohl nur in ihr ganz wirksam werden kann, so die grüne und alternative Bewegung und die der Frauen. Sie könnte sich zu einer demokratischen Grundwelle verstärken, zu einer neuen Kraft, welche die Politiker produktiv herausfordern könnte. Zwar warnt man uns vor »Bewegungen«, spricht man von der Gefahr der Emotion und des Irrationalismus, weist auf den Nationalsozialismus hin, der sich ja auch als Bewegung, ja als »die Bewegung« schlechthin verstanden hat. Aber ich bin vor dem Angebot des Hierarchismus etwa des noblen Theodor Haecker und des gefährlichen Carl Schmitt nicht auf den Primat von »Form« und von »Ordnung« hereingefallen und habe »Form oder Leben« immer als eine falsche Alternative empfunden. Im Zweifelsfall, in der Stunde nach dem Ersten Weltkrieg, habe ich auf das Leben gesetzt, auf die Bewegung, auf die Evolution als die Grundfigur der Schöpfung, auf eine Geschichte, in der es nicht nur kausal zugeht, sondern auch final: in der auch bewußte Menschen, um Not zu wenden, das Notwendige zu tun versuchen. So stimme ich zu, wenn mich gegen Ende meines Lebens eine Bewegung neu beansprucht. Ist das ein vorbehaltloses Ja? Ganz gewiß nicht. Man kann nach zwei Weltkriegen und während der allerneuesten atavistischen Kleinkriege nicht mit problemlosen Lösungen rechnen, auch nicht mit der Lösung der Spannung zwischen politischer Gestalt und politischer Bewegung.

Es ist David, in dessen Zeichen die Friedensbewegung gegen Goliath antritt: gegen die irrsinnige Gewalt der Rüstungsspirale, gegen ein Mißtrauen, das die Welt zerfrißt, gegen die ungeheure und ungeheuerliche Macht des Status quo. Das Bilanzieren wird in dieser Stunde der Geschichte dramatisch. Es kann ja sein, daß noch zu meinen Lebzeiten der Blitz des wechselseitigen Nuklearschlages alle Hoffnungen endgültig zerstören wird. Kann einer, der jenseits der Achtzig lebt, heute getrost dem Tod entgegengehen? Er kann sich in solcher Lage nicht vom Schicksal der Mitmenschen absondern, nicht von dem seiner eigenen Kinder, von dem seiner Enkel und von dem seiner Freunde und ihrer Kinder und Enkel. Es kann nicht leicht sein, dann »seinen Frieden« zu finden, den weisen des Seneca oder den Frieden mit Gott, der sich nicht vom Unfrieden der Menschheit isolieren kann. Der alte Mensch wird dennoch versuchen, zu dem zu kommen, was man »Herzensfriede« nennt, aber dieser wird brüchig sein: er hat sich immer neu gegen das Unheil zu behaupten. Ich werde vom Anblick der Opfer der Vergangenheit und der Zukunft nicht loskommen. (Der fundamental-theologische Ansatz Helmut Peukerts hat mir in diesem Dilemma geholfen und neue Lösungen alter Fragen vermittelt. Er nimmt diese Opfer ernst, denkt nach Jesu Vorbild von ihnen aus und entwickelt daraus mit Hilfe der modernen Wissenschaftstheorie und einer Theorie des kooperativen Handelns eine große geschichtlich-heilsgeschichtliche Perspektive. Ich lernte sein Denken im rechten Augenblick kennen.)

Eine Kette von Revisionen

Noch einmal ein Blick zurück. Ich habe beschrieben, wie ich aus dem Prozeß, den wir heute »Sozialisation« nennen, als katholischer Christ hervorgegangen bin; ich lebte ursprünglich ziemlich normal im katholischen System, wandte mich jedoch systemfremden Entdeckungen neugierig zu und empfand mich

196

von ihnen positiv herausgefordert, bis ich jeweils das »alte Wahre« mit neuer Erkenntnis zu alt-neuer Überzeugung differenziert hatte. Als solche Herausforderer habe ich Kierkegaard, Feuerbach, Marx, Nietzsche, Darwin, Freud, Heidegger, Wittgenstein genannt. Mir wird nun aber zunehmend klar, daß zwei der kritisch akzeptierten Komplexe von Ideen, Kräften, Einsichten für mich stärker als die anderen den Charakter von Systemen gehabt haben. Das erste war der Katholizismus selbst, nicht das neuscholastische System oder das kirchenrechtliche, gegen deren Enge ich früh gemeutert habe, sondern der ganze Katholizismus. Er ist gewiß nicht im strengen Sinn des Wortes ein System, aber doch ein geschlossenes Ganzes, mit dem Glauben an den Gekreuzigten und Auferstandenen im manchmal vergessenen Zentrum, mit der Hierarchie vom Papst bis zum Kaplan, mit dem sakramentalen Leben, mit der »natürlichen« Theologie und der natürlichen Philosophie zwischen Aristoteles und der Neuscholastik, mit viel volkskirchlicher Tradition, so der Heiligen- und besonders der Marien-Verehrung. In einem langen Prozeß wurde in mir diese Theorie, Ideologie und Praxis verwandelt, teils in neue systemimmanente Erkenntnisse, teil in Erweiterungen, die oft Ergebnisse jener Herausforderungen waren. Dabei ereignete sich unter anderem eine Folge von Revisionen historisch vermittelter katholischer Positionen, deren erste Stationen ich in dem Artikel »Liquidationen« irgendwann in den Zwanziger Jahren formuliert habe. (Seit dem man Menschen »liquidiert«, hat das Wort einen fatalen Sinn bekommen, – das Wort »Revisionen« mag genügen.)

Da war, so stellte ich fest, zunächst die Konstellation des »Kulturkampfes« zu revidieren, – in der Nachfolge von Carl Muth. Dann mußte die gegenreformatorische Bastion fallen: in einer neuen ökumenischen Verarbeitung des Gegensatzes Reformation–Gegenreformation. Dann entdeckte ich, und ich war stolz darauf, daß das Mittelalter eine – großartige – Sackgasse gewesen ist: aus vielen Gründen war das Doppelsystem Kirche–Imperium und der in späteren Zeiten von ihm

197

abstrahierte Begriff der »christlichen Kultur« zu revidieren. (In dem Buch »Die Antwort der Mönche«, das weniger ein Buch über die Mönche und mehr ein Buch über die Antwort ist, nämlich die des Christen auf die Kulturen, habe ich viel später vor allem durch die Deutung des Benedikt von Nursia und des Heiligen Franz skizziert, durch welche Heiligkeits-Formen die Irrwege und Sackgassen der jeweiligen Zukunft vermieden worden wären: als Angebote, welche die Christenheit nicht aufgegriffen hat.) Bis zum Mittelalter kam ich damals in der Revision der Vergangenheit. (Mit der Spaltung in Westrom und Ostrom, Abendland und Orthodoxie 1054 habe ich mich zu wenig befaßt.) Dann entdeckte meine Generation die »konstantinische Wende«, die als Befreiung des Christentums gesehen worden war, als ein im hohen Grade ambivalentes Ereignis, das zur Heiligung des Staates und zur Verstaatlichung der Kirche beigetragen hat. Eine weitere Kreuzweg-Situation schien mir durch die Zerstörung der judenchristlichen Gemeinde in Jerusalem mitsamt der Jakobus-Tradition vor und nach der ersten Jahrhundertwende schlecht bewältigt worden zu sein: seitdem überwogen das griechische Wesensdenken und das römische Rechts- und Staatsdenken, und das gefährdete das prophetische Element und das geschichtliche Denken des ersten Bundes und das Prophetentum Jesu von Nazaret. Nun grübele ich darüber nach, ob nicht in Paulus und ob nicht sogar auch in Johannes, den ersten Theologen, auf sublime Weise die Weiche neu gestellt, das Wort Jesu begrenzt worden sei. Da Klarheit zu gewinnen, ist freilich ein Unterfangen, dem ich nicht gewachsen bin.

Solche geistes- und strukturgeschichtliche Revisionen haben ihren Sinn nicht in historischer Wissenschaftlichkeit; sie helfen uns vielmehr, uns über uns selber christlich klar zu werden. Wir sind ja von jenen Stationen und Strukturen selbst geprägt, finden in uns selber Vergangenheiten fixiert. Sie müssen flüssig gemacht werden: um der Zukunft willen.

Zurück zum Thema: diese Revisionen sind Elemente jenes Prozesses, in dem zum Teil in innerkirchlicher Motivation, zum

Teil in der Auseinandersetzung mit außerchristlichen Erkennt-nis-Ansätzen das katholische System modifiziert worden ist. Aber die katholische Bindung hat sich nicht aufgelöst, und sie wurde jeweils nur für kürzere Zeit ernstlich in Frage gestellt. Gestützt durch die kaum unterbrochene kirchliche Praxis – Kardinal Faulhaber, der meine Katholizität bezweifelte, fand sich sofort beruhigt, als er erfuhr, ich sänge in der Schola meiner Ortsgemeinde mit –, gestärkt durch christliche Freunde, Zeugen des Glaubens, habe ich das persönliche Ja zur ökumenisch verstandenen (und dadurch relativierten) katholi-schen Kirche durchgehalten, so auch in der letzten Phase, in der die gemeinsame jesuanische Christlichkeit für mich wichtiger wurde als die Konfession.

Ein Katholik durch den Marxismus geprägt

Im Vergleich damit bin ich weder durch den Darwinismus, das Weltbild der Evolution, noch durch das der Psychoanalyse noch durch den alten und neuen Positivismus noch durch die Wissenschaftstheorie entscheidend und für die Dauer geprägt worden, wohl aber in hohem Maße durch den Marxismus. Er konnte als System in mir zwar nicht so wirksam sein, wie der Katholizismus, nicht nur weil sein Ansatz begrenzter gewesen ist, sondern leider auch, weil ich, entgegen der primären Forderung des Marxismus selbst, die Praxis, die konkrete revolutionäre Praxis schlimm vernachlässigt habe. Beeindruckt von der Spaltung der sozialistischen Bewegung 1917 konnte ich mich niemals entschließen, mich in einem der beiden Zweige zu engagieren, deren einander so scharf widersprechende Ange-bote (grob gesehen des Kommunismus und des Sozialdemo-kratismus) ich als falsche Alternative wertete; ich wurde dadurch – mit schlechtem Gewissen – ein »freischwebender Intellektueller«, der mehr durch seinen Katholizismus gehalten wurde als durch den Marxismus. Die Analyse und den Denkansatz des jungen Marx habe ich jedoch immer als entscheidendes und prägendes Ereignis festgehalten. Dabei hat mir ein Buch geholfen, das in denselben Jahren auch Hans Mayer und gewiß viele andere Generationsgenossen ebenso intensiv beschäftigt hat: »Geschichte und Klassenbewußtsein« von Georg Lukacs. (Ich habe bereits darüber berichtet.) In ihm arbeitet der Marxist die Konzeption der Geschichtlichkeit heraus, welche die Kirche in einer Aufspaltung von Weltgeschichte und Heilsgeschichte preisgegeben hatte; das geschah in einem Denken, das ich selber als einen Akt der Geistes-Geschichte verstanden habe. Sodann war in jenem Buch die vom späteren Marxismus so oft vernachlässigte personale Dimension ernstgenommen: Freiheit und Liebe des konkreten individualen Menschen. (Meine an der Machtergreifung gescheiterte Dissertation handelte eben davon.) Vor allem ist mir immer bewußt geblieben, daß das historische christliche Denken seit Konstantin stark von der Position der jeweils Mächtigen und Besitzenden geprägt worden ist, während Karl Marx der erste Mensch gewesen zu sein scheint, der von der Position des Machtlosen, Besitzlosen und Ausgebeuteten aus zu denken unternommen hat, von ihr aus sein ganzes Weltbild entworfen hat. (Jesus, Franziskus, Vinzenz und andere große Christen haben kein auch die Politik umschließendes Weltbild entworfen.) In diesem Sachverhalt gründet meine Bewunderung und Verehrung dieses Mannes, von dessen späterer Entwicklung und privaten Verhalten auch Negatives zu sagen wäre. Es ist klar, daß ich diesen Denkansatz nicht für genuin christlich halten konnte: da er von dem Ereignis absieht, dem das Christentum seinen Namen verdankt: von dem einzigartigen Ereignis des Lebens, Wirkens, Leidens und neuen Lebens Jesu von Nazaret. Aber daß der marxistische Ansatz als innerweltliches Denken vom Bedürftigsten her sich besser mit der Botschaft Jesu verträgt als das hellenistische, das mittelalterliche und das bürgerliche Denken, das ist mir immer evident geblieben.

Mir erschienen der christliche und der marxistische Ansatz gerade deshalb vereinbar, weil sie unvergleichbar sind: die innerweltliche Analyse und Strategie im Marxismus, das Angebot des von Gott erfüllten Menschen im Christentum. Dieses Ja zur Grundstruktur des Marxismus ist für mich so konstitutiv geworden, daß ich doch wohl seinen Einfluß auf mich mit dem der Kirche vergleichen kann. Das, was ich gegen die Folgen von Marx, gegen den Vulgär-Marxismus, gegen den Bolschewismus, gegen den sogenannten »realen Sozialismus« vorzubringen habe, ist, soweit es nicht vom Grundimpuls der französischen Revolution geprägt ist, durchweg katholisch-christlicher Provenienz; und viel von dem, was ich gegen Elemente des katholischen Systems und des historischen Christentums vorzutragen habe, ist marxistisch bestimmt. (Auch die Aufklärung, die ich lange als gesonderten dritten Ansatz verstanden hatte, ließ sich sowohl im christlichen Denken als auch im Marxismus integrieren.) Wenn ich Stand gewonnen habe, dann wahrscheinlich zwischen diesen beiden »Systemen«, aber auch in einem Widerstand gegen Systeme überhaupt, in einem personalen, kreatürlichen Widerstand gegen das totalitäre Element in jedem System.

Wenn das stimmt, so ist der Titel jenes ersten Beitrages in diesem Buch nicht völlig richtig. »Zwischen den Fronten«, das sollten in diesem Zusammenhang besser heißen: Zwischen zwei Denkansätzen. Das Salz und der Sauerteig der Botschaft Jesu und die Gesellschafts- und Geschichtskritik des jungen Marx und in beiden Ansätzen das prophetische Element ergänzen einander; im Verhältnis beider Ansätze bestärkten einander die prophetischen Züge. So haben mich beide Geistes- und Seelenmächte immer wieder beunruhigt, aber beide halfen mir auch, die geistige Biographie offen und in Bewegung zu halten.

Deshalb muß ich auf der Passiv-Seite meiner Lebensbilanz neben der ungeheuerlichen Drohung der Vernichtung der Menschheit durch Nuklearkrieg und Ausplünderung der Erde auch die mangelnde Kraft der beiden Bewegungen nennen, auf die ich mich so intensiv bezogen habe. Die marxistische Bewegung hat die in ihr früh grundgelegten und 1917 ausgebrochenen Widersprüche sogar unter den Schlägen Hitlers nicht überwinden können. Die sozialistische Vision ist noch in keiner regionalen Gesellschaft der Erde verwirklicht worden. Das christliche Salz ist trotz dem Zweiten Vatikanischen Konzil nicht gerade total schal geworden; aber sehr geschichtsmächtig hat es sich nicht erwiesen. Anderseits gibt es in beiden Bewegungen in Fülle Ansätze, Anfänge, Teilverwirklichungen, die mich ermutigen. So muß ich im Blick auf beide Bewegungen für vieles danken, darunter auch für die Freundschaft mit jungen Menschen, die sich in derselben doppelten Grundrichtung engagieren: sie tragen die Hoffnung weiter.

Gegen die Lust am Widerruf

Aber als eines schlimmen Tages die schlechten Nachrichten aus der großen Welt sich wieder einmal häuften und ich zugleich den plötzlichen Tod eines mir nahestehenden Menschen erfuhr, überfiel mich von neuem die große Versuchung, die peinliche Lust zum Widerruf. Schluß mit dem tödlich ermüdenden Kampf (dem Krampf...): kündige Gott, der Welt, Goethe und der Sozialdemokratie, protestiere oder verstumme, wähle die Anarchie oder die Verzweiflung, – fahre fort, die Deinen und Dich selbst zu lieben, und fange an, deinen Garten zu bebauen; gib das Wort ab: stottere und singe nicht mehr. Bin ich auch das? Ja, das bin ich auch. Aber ich habe gewählt. Ich bleibe beim Ja zu Gott, der Welt, der Humanität, dem Sozialismus. Es ist die Grenze, auf der ich schwankend stehe, aber ich habe mich entschieden. Diese Entscheidung definiert mich nicht, aber sie ist das letzte Wort.

Im übrigen fühle ich, der viel Umgetriebene, mich ein wenig ausgeglichener. Dorothée Sölle hat mir in ihrem Aufsatz »Bach lieben in der Folterwelt« in diesem Punkt geholfen; sie hat mich ermutigt, an den eigenen Sinn-Entwürfen entschieden festzuhalten, die vom Wahnsinn der Ereignisse doch immer wieder peinlich bedroht sind. Es ist mir ohne die frühere angestrengte Anspannung möglich geworden, nicht ohne Nachdenklichkeit, aber ohne Skrupel trotz dem Hunger der Millionen, trotz den verrückten Kriegen dieses Jahres, trotz drohender Nuklear- und Umwelt-Katastrophe, trotz Tod und Teufel zu wandern und »Bach zu spielen« und Mozart, und diesem und Gustav Mahler zuzuhören. Solange es mir Gott erlaubt. Und der Teufel: der Wahn der Mächtigsten.

Oft habe ich anderen Menschen, vor allem jungen, die von der Versuchung der Resignation bedroht waren, in einem äußerst simplen Vergleich den Unterschied zwischen dem Optimismus (den Schopenhauer als »ruchlos« gekennzeichnet hat) und der Hoffnung klarzumachen versucht. Erklärt der Arzt von Mann zu Mann dem Vater, sein Kind habe, Gott sei es geklagt, nur zehn Prozent Lebenschancen, so interessieren ihn die neunzig Prozent der Todes-Wahrscheinlichkeit nur kritisch, indem er gegen sie anarbeitet, aber positiv werden ihn die geringen Lebenschancen leidenschaftlich interessieren; in dem was er denkt und fühlt, und in dem was er tut, setzt er auf sie, lebt er aus ihnen. Es war Paul Claudel, der den Satz geschrieben hat: »Le pire n'est pas toujours sur«. Man darf es sich sagen: es ist nicht sicher, daß die Geschichte schlimm ausgeht. Das rechtfertigt immer wieder den Versuch, sich wider die Wahrscheinlichkeit für reale Möglichkeiten des guten Endes zu engagieren. »Für uns gilt allein das Versuchen. Der Rest ist nicht unser Geschäft.«

Nachweis der Veröffentlichungen

Bereits veröffentlicht:
Tristan oder: Im Umgang mit bourgeoiser Musik. In: Frankfurter Hefte 31 (1976) H. 3, 43–50.

Zweitausend Meter über den Faschismus – September 1940. In: Frankfurter Hefte 37 (1982) H. 5, 57–64.

Ehe, Eucharistie, Sozialismus. In: Frankfurter Hefte 36 (1981) H. 4, 31–40 und H. 5, 49–55.

Auf der Grundlage von Rundfunksendungen überarbeitet:
Zwischen den Fronten.

Der singende Stotterer.

Als ich noch keine Rolle spielte.

Gestalten der Kindheit.

Eine wärmere Welt.

Über das Wachsen am Widerstand: Meine Penne.

Adalbert Stifter: Fragwürdige Tröstung.

Erstveröffentlichung:
Ein Nachtrag, zwölf Jahre später.

Über meine Kirche: Protest und Dank.

Noch eine Bilanz.